首发留念

北京·钓鱼台

贰零壹陆年柒月叁拾日

CHINA
ENTERPRISE DEVELOPMENT
REPORT 2016

中国企业发展报告
2016

国务院发展研究中心企业研究所

中国发展出版社
CHINA DEVELOPMENT PRESS

图书在版编目（CIP）数据

中国企业发展报告 2016／国务院发展研究中心企业研究所编著．
北京：中国发展出版社，2016.3
ISBN 978-7-5177-0477-5

Ⅰ.①中… Ⅱ.①国… Ⅲ.①企业发展—研究报告—中国—2016
Ⅳ.①F279.2

中国版本图书馆 CIP 数据核字（2016）第 040805 号

书　　名：中国企业发展报告 2016
著作责任者：国务院发展研究中心企业研究所
出 版 发 行：中国发展出版社
（北京市西城区百万庄大街 16 号 8 层　100037）
标 准 书 号：ISBN 978-7-5177-0477-5
经　销　者：各地新华书店
印　刷　者：北京市庆全新光印刷有限公司
开　　本：787mm×1092mm　1/16
印　　张：20.75
字　　数：287 千字
版　　次：2016 年 3 月第 1 版
印　　次：2016 年 3 月第 1 次印刷
定　　价：88.00 元

联 系 电 话：（010）68990630　68990692
购 书 热 线：（010）68990682　68990686
网 络 订 购：http：//zgfzcbs.tmall.com//
网 购 电 话：（010）88333349　68990639
本 社 网 址：http：//www.develpress.com.cn
电 子 邮 件：bianjibu16@vip.sohu.com

专家委员会（按姓氏笔画为序）

序言
Preface

2016年刚一开始，全球多地遭遇了罕见的寒潮，一场突破历史极值的寒潮也席卷了中国南北。当下的世界经济萎靡不振，复苏乏力，似乎近似这寒冷的天气。截至1月22日，以往被看作是世界经济晴雨表的波罗的海干散货指数BDI在跌跌不休中不断创下历史新低至354点，相当于2008年金融危机时一半，国际原油价格也一度跌破30美元。世界经济仍然还在2008年全球金融危机后的泥潭中挣扎，复苏的希望之星在茫茫迷雾中若隐若现。

2015年正是在这样的全球经济漫漫寒意中悄然离去，中国以6.9%的全年经济增速完成了“十二五”的收官之战。虽然这样的经济增速为近20年来最低，但这份成绩单置于全球来看依然靓丽，来之不易。2015年，党中央、国务院面对错综复杂的国际形势和不断加大的经济下行压力，主动适应引领新常态，坚持稳中求进，以改革促发展，以开放谋大局，国企改革系列文件陆续出台，便利中小微企业发展的商事制度等改革扎实推进，自贸区试点进一步扩展，吸引外资再创历史新高，我国经济保持了总体平稳、稳中有进、稳中有好的发展态势。尤为值得一提的是，中国在习总书记带领下，以“一带一路”等宏伟战略在国际上纵横捭阖，取得了累累硕果。其一，由中国倡议成立、57国共同筹建的亚洲基础设施投资银行正式成立，全球迎来了首个由中国倡议设立的多边金融机构；其二，国际货币基金组织IMF宣布将人民币纳入SDR，理论上人民币已可与美元、欧元、英镑、日元等发达货币并列，这在人民币国际化进程中具有里程碑意义；其三，IMF提升了中国份额，中国的份额占比将从3.996%升至6.394%，跃升为仅次于美国和日本的IMF第三大份额国，标志着中国的综合实力和全球话语权得到显著提升。2015 年，中国朝着伟大复兴的中国梦又迈出了坚实的一步。

2016 年是“十三五”的开局之年，至关重要。展望“十三五”时期我国的外部政经环境，正如《中共中央关于制定国民经济和社会发展第十三个五年规划的建议》指出：“国际金融危机深层次影响在相当长时期依然存在，全球经济贸易增长乏力，保护主义抬头，地缘政治关系复杂变化，传统安全威胁和非传统安全威胁交织，外部环境不稳定不确定因素增多”，“我国发展仍处于可以大有作为的重要战略机遇期，也面临诸多矛盾叠加、风险隐患增多的严峻挑战”。对此，广大企业家朋友一定要有清醒的认识。具体到 2016 年，中央经济工作会议已经定下了“去产能、去库存、去杠杆、降成本、补短板”这五大任务，供给侧改革是全年经济工作的重点。当前的经济形势和产能过剩问题在某种程度上与 1998 年很相似，唯有以壮士断腕的决心与勇气，扎实化解煤炭、钢铁等行业的落后过剩产能，稳步推进企业脱困和产业转型升级，以大众创业、万众创新积极培育新产业新优势，并积极扩大内需，中国经济才可能在新常态下实现动力转换和结构优化，再上新台阶。阵痛在所难免，唯有砥砺前行。

非常高兴看到新的一本《中国企业发展报告》付梓面世。此报告较为全面地记录了过去一年里中国各类企业奋斗的足迹，也浸透着国务院发展研究中心企业研究所的研究人员对于中国企业发展的观察与思考。“十三五”已然开篇，全面建成小康社会的百年目标要靠我们大家尤其是中国企业的顽强拼搏去实现。希望本报告给中国企业提供有价值的参考，也衷心祝愿中国企业在新的一年中在创新发展和转型升级方面取得更大的成绩！

是为序。

李伟

国务院发展研究中心主任

2016 年 1 月 25 日

目录
Contents

前言

Foreword

每年的这个时候，我们都要写这本《中国企业发展报告》；每年的这个时候，我们都要认真思考在即将过去的一年里国家发生了哪些大事、要事；每年的这个时候，我们都要全面盘点各类企业一年来的进步与发展、机遇与挑战、困难与问题、方向与出路。这是我们的工作，也是我们的责任。国务院发展研究中心企业研究所是专门研究企业改革与发展政策的决策咨询机构，既要为国家服务，也要为企业服务。

刚刚过去的2015年是我国经济进入新常态的重要一年。为了实现“保持中高速增长、迈向中高端水平”的“双中高”目标，中央全面部署“大众创业、万众创新”，扶持小微企业发展，打造经济增长新引擎。随着中央政策的逐步落实，全国上下掀起了创新创业热潮，新引擎的轰鸣声已经响起。据国家工商总局统计，2015年1~9月，全国新登记市场主体1065.5万户，比2014年同期增长15.8%；全国新登记企业315.87万户，同比增长19.3%。与过去的经验相似，本轮创新创业高潮也是由改革政策激发，其中最关键的是三方面措施：一是商事制度改革。“三证合一”“一照一码”“先照后证”“一址多照”“一照多址”等工商注册登记便利化改革全面推开，企业办照时间由过去的平均15~20个工作日，减少到现在的3~5个工作日，审批效能提速75%以上。二是中央出台的普惠性减税政策基本落实到位，让广大小微企业受益，促进了小微企业发展。三是不少地方采取多种手段促进小微企业发展，如增加中小企业政策性担保财政投入，利用PPP方式建立孵化器、创业园等，这些措施帮助小企业解决了创设和发展阶段面临的普遍性问题。

刚刚过去的2015年也是国有企业改革不断深化的一年。经过一段时间的深入调查研究，有关部门开始密集出台国企改革的相关政策。8月，中共中央、国务院关于深化国有企业改革的指导意见发布，提出了分类推进国有企业改革、完善现代企业制度、完善国有资产管理体制、发展混合所有制经济、强化监督防止国有资产流失、加强和改进党对国有企业的领导、为国有企业改革创造良好环境条件等七个方面改革措施。9月，国务院关于国有企业发展混合所有制经济的意见发布，在分类推进国有企业混合所有制改革、分层推进国有企业混合所有制改革、鼓励各类资本参与国有企业混合所有制改革、建立健全混合所有制企业治理机制、建立依法合规的操作规则、营造国有企业混合所有制改革的良好环境、组织实施等七个方面提出了指导意见。11月，国务院关于改革和完善国有资产管理体制的若干意见发布，在推进国有资产监管机构职能转变、改革国有资本授权经营体制、提高国有资本配置和运营效率、协同推进相关配套改革等四个方面提出改革意见。12月，关于国有企业功能界定与分类的指导意见发布，国有企业划分为公益类和商业类，分类实施改革和发展措施。国企改革政策的密集出台，为国企改革的推进奠定了基础和提供了动力。

我们预计，2016年将是经济结构调整的关键一年。2015年底的中央经济工作会议指出，引领经济发展新常态，要努力实现多方面工作重点转变。推动经济发展，要更加注重提高发展质量和效益。稳定经济增长，要更加注重供给侧结构性改革。战略上坚持持久战，战术上打好歼灭战，着力加强结构性改革，在适度扩大总需求的同时，去产能、去库存、去杠杆、降成本、补短板，推动我国社会生产力水平整体改善。按照中央经济工作的精神，国家将出台相关政策措施，包括继续简政放权、降低成本、促进创新和转型升级、化解产能过剩和处理僵尸企业等等。这些政策直指当前经济发展的要害问题，无疑将加快我国经济结构调整的步伐。

国务院发展研究中心企业研究所长期跟踪研究中国企业发展的新环境、新问题，《中国企业发展报告2016》是国务院发展研究中心企业研究所对2015年中国企业发展状况的总结和对2016年中国企业发展趋势的判断。《报告》坚持“用事实说话、对历史负责、对未来预判”的指导方针，立足于客观、具体、准确的数据和调查，力求能够较为全面、真实地反映过去一年来中国企业发展与改革的新情况、新特点、新问题、新挑战，能够较为深入、准确地分析即将来临的一年可能面临的新形势、新趋势、新机遇，以便为政府的政策和企业的发展战略提供参考。

《报告》包括“中国企业发展环境：2015 年回顾与 2016 年展望”、“国有企业改革与发展”、“中小企业发展”、“企业跨境投资”、“企业创新”、“我国制造业上市企业创新能力评价”和“企业经营者调查”共七章。其中，第一章由贾涛、张永伟、张哲撰写；第二章由项安波、张林、梅雄撰写；第三章由王继承撰写；第四章由袁东明、马淑萍、亓长东、祁欢撰写；第五章由范保群撰写；第六章由袁东明、周健奇、马淑萍、廖博撰写；第七章由李兰撰写。

由于时间紧、任务重，本《报告》难免存在不少缺点甚至错误，我们诚恳地希望各位读者批评指正。

马骏

2015 年 12 月

第一章 企业发展环境：2015 年回顾与 2016 年展望

1.1　2015 年企业发展环境回顾

1.1.1　2015 年全球经济复苏仍然缓慢

2015 年的全球经济复苏仍然缓慢。正如国际货币基金组织 IMF 在 2015 年 10 月发布的《世界经济展望》更新报告中所指出的那样，“世界经济走出战后范围最广、程度最深的衰退已经 6 年，但仍然难以实现回归强劲的全球扩张”。总体而言，2015 年世界经济增长缓慢，发达经济体与新兴市场和发展中经济体出现分化；国际贸易持续低迷，波罗的海干散货指数（BDI）屡创新低；铁矿石、石油等大宗商品价格不断走低，令巴西、俄罗斯等大宗商品出口国经济雪上加霜；2015 年底，美联储开始了加息周期，将对未来几年全球经济造成重大影响。

（1）2015 年世界经济增长不及预期

自 2014 年 10 月至 2015 年 10 月，国际货币基金组织 IMF 连续 4 次下调 2015 年世界经济增长率，从预计的 3.8% 一路下调至 3.5%、3.3%，至 2015 年 10 月最新发布的《世界经济展望》，预计全球经济 2015 年仅增长 3.1%。IMF 认为，不确定性和复杂的因素正在对全球经济增长产生不利影响，世界经济面临比几个月前更为明显的下行风险。

而经合组织 OECD 和世界银行 World Bank 对 2015 年全球经济增长的预测更不乐观，分别为 2.9% 和 2.8%。

值得注意的是，2015 年发达经济体的增长有所回升，而新兴市场和发展中经济体的增长继续放缓。

（2）发达经济体的增长有所回升

具体而言，IMF 预测 2015 年发达经济体的经济增长为 2.0%，其中：美国和英国的复苏进展最快，货币政策看起来很快会收紧（美国已于 2015 年 12 月加息），预测美国 2015 年经济增长为 2.6%；得益于石油价格下跌、宽松的货币政策以及金融条件的改善，欧元区经济温和复苏，2015 年预计增长 1.5%，但各经济体的增长表现依然不均衡，预计 2015 年德国经济增长为 1.5%，法国经济增长为 1.2%，意大利为 0.8%，西班牙为 3.1%；2015 年日本经济恢复正向增长，预计日本经济增长 2015 年为 0.6%①。

从图 1.1、图 1.2 主要发达经济体近几年 GDP 季度同比增长率来看，从 2012~2013 年开始，发达经济体尤其是主要欧洲国家的经济增长的确出现了回升的趋势。

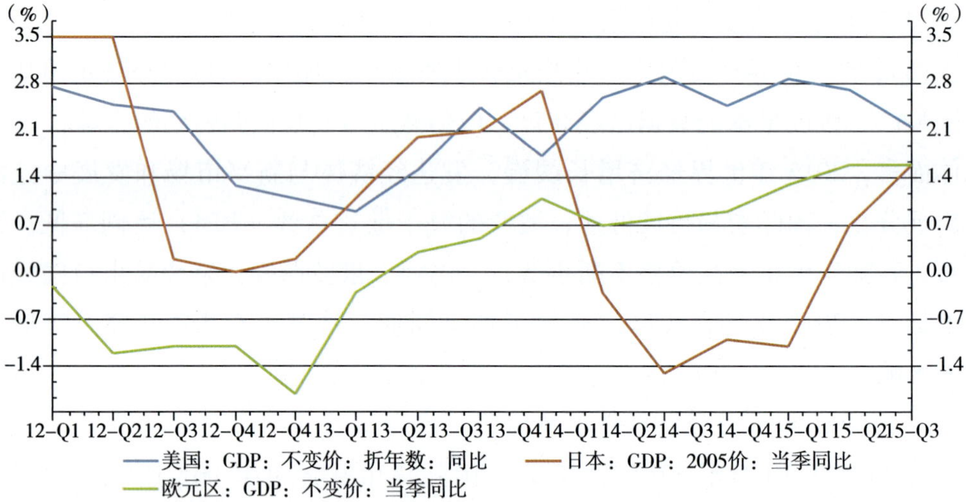

图 1.1　美国、日本及欧元区近几年的 GDP 同比季度增长率

资料来源：wind 数据库，作者整理。

（3）新兴市场和发展中经济体增长缓慢

IMF 预测，2015 年新兴市场和发展中经济体经济增长仅为 4.0%。其经济增长连续第五年放缓是由多个因素共同作用的结果，主要原因包括石油出口国增长减弱；中国经济减缓，对大宗商品密集型投资的依赖下降；信贷和投资繁荣之后的调整以及其他大宗商品出口国在出口价格下跌后增速减弱。在主要新兴市场和发展中经济体中，预计 2015 年中国经济增长为 6.8%，印度经济增长为 7.3%，巴西为 -3.0%，墨西哥为 2.3%，俄罗斯经济增长为 -3.8%②。

①② 国际货币基金组织 IMF：《世界经济展望》（World Economic Outlook），2015 年 10 月 8 日。

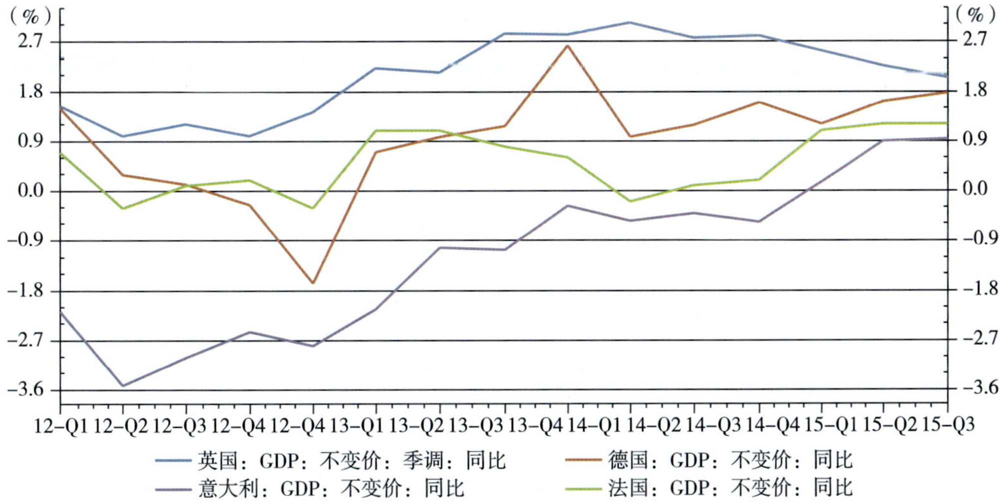

图 1.2　主要欧洲国家近几年的 GDP 同比季度增长率

资料来源：wind 数据库，作者整理。

从图 1.3 可以看出，在除中国外的主要新兴市场和发展中经济体中，在 2008 年国际金融危机冲击下 GDP 增速明显下降，但随后回升，2015 年印度 GDP 增长状况稍好，墨西哥、南非状况基本持平，而俄罗斯和巴西 GDP 增速则显著下降。

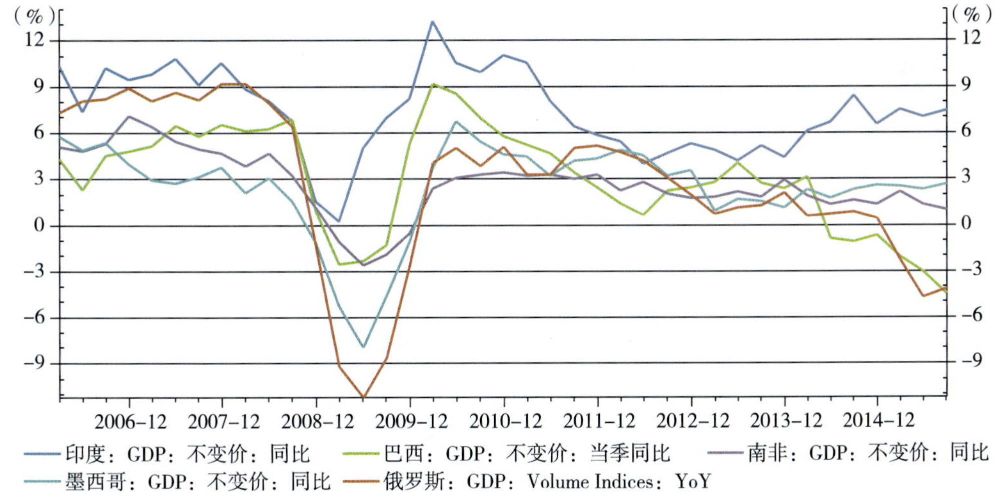

图 1.3　主要新兴市场和发展中国家近几年的 GDP 同比季度增长率

资料来源：wind 数据库，作者整理。

（4）国际贸易持续低迷

近几年国际贸易持续低迷，商品和服务无论是出口增速还是进口增速都明显放缓。如图1.4所示，据世界银行统计，在2008年国际金融危机之前，全球商品和服务的进出口增速都在15%左右；2008年国际金融危机爆发，使得2009年的进出口增速降至-20%左右，随后快速回升接近20%；然而到2012年，全球商品和服务的进出口增速又明显放缓，以出口增速为例，2012年、2013年、2014年分别仅为1.49%、3.00%、1.18%。

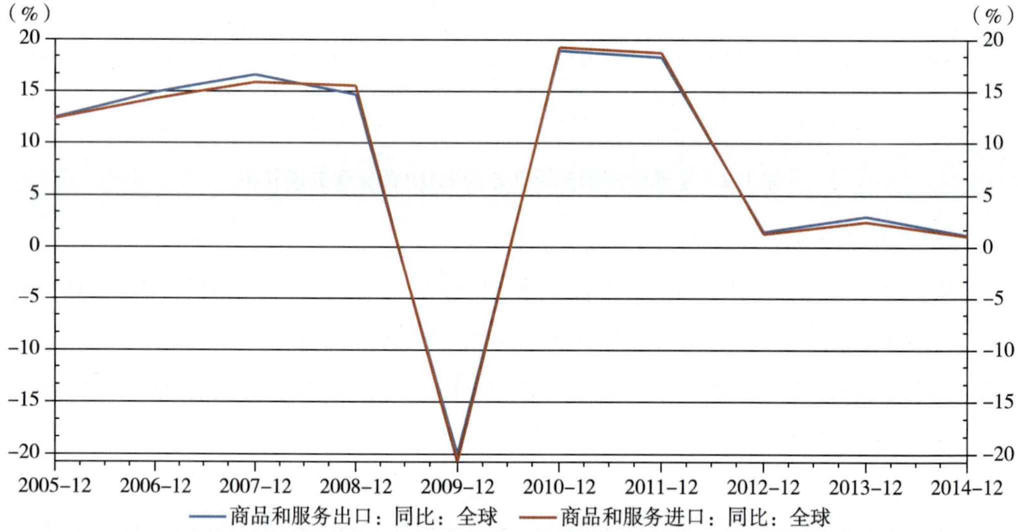

图1.4　世界银行统计的全球商品和服务进出口增速状况图

资料来源：wind数据库，作者整理。

另据OECD计算，世界贸易实际增速在2003~2012十年间平均为5.6%，但2013年、2014年仅有3.3%、3.4%，2015年的世界贸易实际增速可能仅有2.0%[①]。

国际贸易增长放缓，使得曾经红火异常的干散货运输一落千丈，曾被视为世界经济晴雨表的波罗的海干散货指数（BDI）在2015年连续创出历史新低。2015年年初，BDI指数曾经接近500点，但并没有破位；随后一路回升到8月5日达到阶段高点，为1222点；但随后BDI又震荡下行，至12月16日，BDI

① OECD Economic Outlook 98, Nov, 2015.

创下近年来的最低点，仅为471 点，比2008 年5 月历史高点11793 点的零头还低一大块，说明了国际经济的极度萎靡。

航运业内人士认为，目前干散货运输市场的供需矛盾依然严峻，运力过剩已成新常态，航运市场行情回升的过程会比较漫长，全行业恢复盈利预计至少要到2018 年。

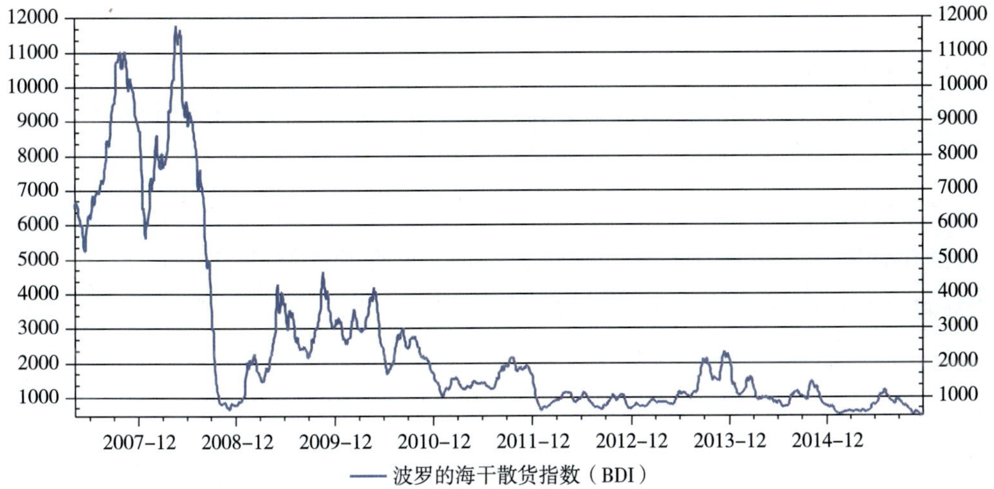

图 1.5　2007～2015 年波罗的海干散货指数 BDI 指数状况

资料来源：wind 数据库，作者整理。

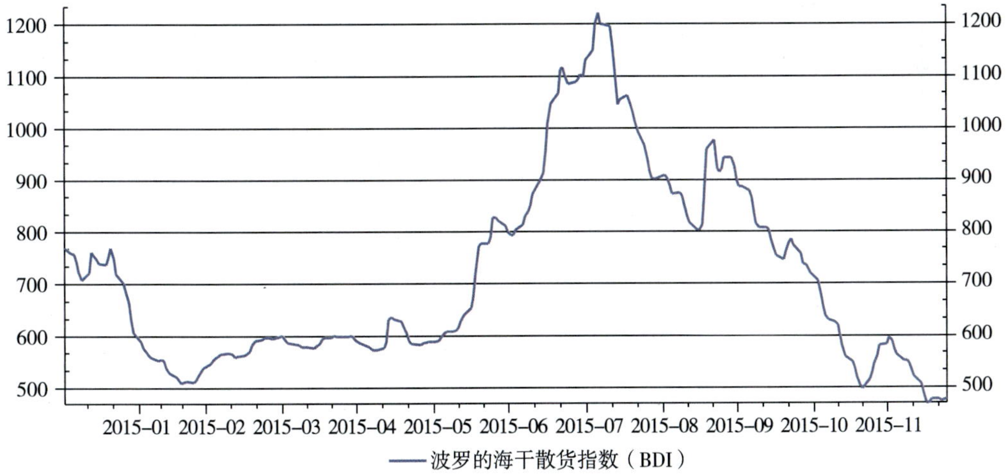

图 1.6　2015 全年波罗的海干散货指数 BDI 指数状况

资料来源：wind 数据库，作者整理。

（5）大宗商品价格不断走低

2015 年，大宗商品市场陷入五年来最差行情。据金融时报 FT 报道，大宗商品暴跌行情正接近一个难看的新的里程碑，彭博大宗商品指数（Bloomberg Commodity Index）中，价格下跌的大宗商品种类超过自金融危机以来的任何年份。从 2015 年初至 12 月中旬，在彭博大宗商品指数的 22 种期货合约中，有 21 种合约价格下跌，跌幅从蔗糖的 6%，到天然气的惊人 50%。上一次出现如此多的大宗商品价格下跌是在 2008 年。在截至 12 月 18 日的 2015 年里，彭博大宗商品指数已累计下跌 26%，即将进入连续 5 年下跌的最糟糕行情①。

以曾经价格高企的铁矿石价格为例。巴西 66% 铁精粉的矿石价格在 2014 年初时价格还在 150 美元/吨以上，可近两年来价格一路下跌。在 2015 年 1 月 9 日的年初高点，价格还有 84.95 美元/吨；可到了 2015 年 12 月 18 日，价格仅为 42.22 美元/吨，已经再次腰斩。

图 1.7 近几年来巴西 66% 铁精粉矿石价格

资料来源：wind 数据库，作者整理。

大宗商品价格的暴跌给出口国经济造成了巨大的困难。仍以巴西为例，据路透社报道，巴西总统为了“省钱”竟然取消访日。路透社称，在多年大规

① 《大宗商品市场陷五年来最差行情》，2015 年 12 月 21 日，http：//www.ftchinese.com/story/001065386？full = y。

模政府开支削弱了投资者对巴西经济的信心以后，面对几十年来最严重的经济衰退，巴西总统迪亚玛·罗塞夫急于稳定国家的账户，在下令冻结预算 100 亿雷亚尔（约合 26 亿美元）以后，2015 年 11 月 27 日，罗塞夫为了节省经费取消了对日本和越南的访问。一名总统发言人表示，“从 12 月份开始，除了对国家运转必不可少的支出以外，政府不能再有任何新的可自由支配的开支。”因此，原定于 12 月 1 日开始的这次访问，因为预算冻结被取消①。

再来看国际石油价格。如图 1.8 所示，从 1990～2000 年间，国际原油价格曾经长期在 20 美元/桶徘徊，低点在 1998 年底，曾经短暂跌破过 10 美元/桶。随后，随着全球经济的繁荣，国际原油价格一路狂飙，到 2008 年 7 月曾经冲破 140 美元/桶，当时甚至有机构分析，原油价格可能突破 200 美元/桶。可国际金融危机的爆发让原油价格断崖式一落千丈，2008 年 12 月 24 日跌至 33.36 美元/桶。随后又有所回升，从 2011 年初到 2014 年 7、8 月份，原油价格一直在 100～120 美元/桶之间震荡了近三年，随后又开始了漫漫熊途，一路下跌，到 2015 年 12 月 21 日，OPEC 一揽子原油价格跌至十年来的最低点，比 2008 年国际金融危机后的低点还要低，跌至 30.74 美元/桶，一下子回到十几年前。

图 1.8 OPEC 一揽子原油价格走势图

资料来源：wind 数据库，作者整理。

① 根据《参考消息》2015 年 11 月 29 日报道《巴西总统为“省钱”取消访日》整理，见当日报纸第 3 版。

国际原油价格的暴跌使得以原油为主要出口品的俄罗斯、委内瑞拉等国经济承受了巨大的压力。从图 1.9 不难看出，从 2011 年至今，俄罗斯经济增长率与国际原油价格走势密切相关，原油价格大幅降低直接导致了俄罗斯经济增长率的快速下降。而更为依赖原油出口的委内瑞拉在原油价格暴跌冲击下则出现了政权更迭。委内瑞拉是位于南美洲北部的小国，毗邻加勒比海和哥伦比亚、巴西、圭亚那，亦是世界主要的产油国，其储量约占全球储量的 4%，位居南美洲第一，是南美石油第一大国。作为石油输出国组织（OPEC）成员，石油产业是委内瑞拉的经济命脉，该项所得占委内瑞拉出口收入约 80%。和绝大多数产油国一样，委内瑞拉经济问题严重。石油经济曾经给该国带来了相当长时间的富裕期，依靠 21 世纪初的高油价，委内瑞拉经济水平和居民收入水平长期排名南美洲前列，更是推出了从住房到医疗的全面福利体系，在很大程度上减少了贫困人口。但同时，委内瑞拉经济过于依赖石油，石油价格的波动直接威胁国内发展，更为关键的是委内瑞拉缺乏工业、农业等重要的生产体系，在不断的国有化运动中生产效率更高的私营企业也被取缔殆尽，这为油价下跌时委内瑞拉国内物资的短缺埋下了伏笔。近几年来，由于国际油价一路下跌，委内瑞拉的石油出口收入锐减，使得国内生活必需品进口减少而导致大幅匮乏，本国货币亦大幅贬值，国内出现恶性通胀。于是，在 2015 年 12 月的委

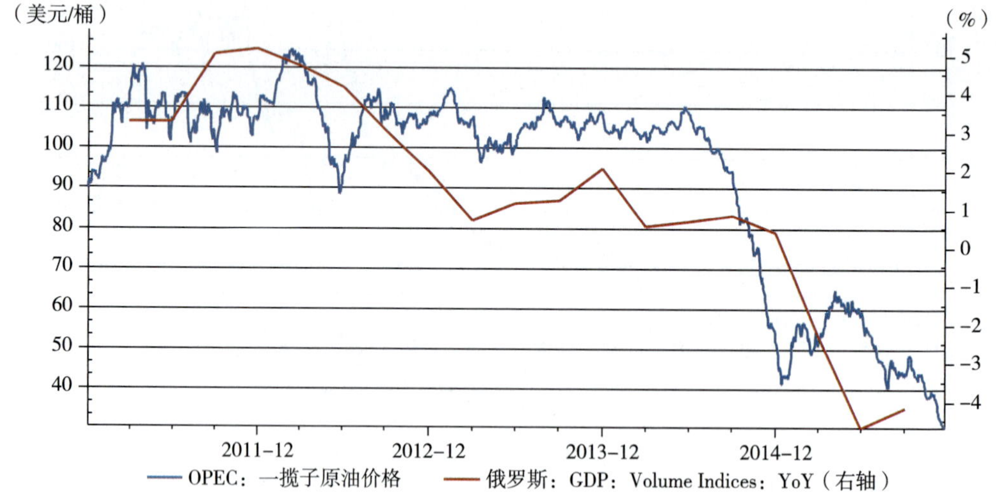

图 1.9 俄罗斯经济增长率与国际原油价格密切相关

资料来源：wind 数据库，作者整理。

内瑞拉国会选举中，在委内瑞拉连续执政已达 16 年的统一社会主义党第一次被反对党夺走了国会控制权。反对党在国会选举中大胜，获得了足够挑战马杜罗统治的多数席位。

（6）美联储开始加息

2015 年的世界经济中，尤其值得关注的是由于美国经济好转，美联储在 2015 年 12 月如市场预期的那样进行了加息操作，这是美联储时隔十年首次加息。耶伦表示，这标志着超宽松时期的结束。

北京时间 2015 年 12 月 17 日凌晨 3 点，美国联邦公开市场委员会（FOMC）在为期两天的政策制定会议闭幕以后公布货币政策声明。FOMC 判定，“今年就业市场已经实现了相当大的改善，有理由相信通胀将在中期内上升至其 2% 的目标。鉴于经济前景以及对于政策行动需要时间才能对未来经济成果形成影响的认识，FOMC 决定将联邦基金利率上调至 0.25% 到 0.5% 的目标区间。在此次加息以后，货币政策立场仍将保持宽松，从而为就业市场状况的进一步改善和通胀重返 2% 提供支持”。FOMC 还认为，经济活动和就业市场前景所面临的风险已经达到平衡，并指出经济状况的发展仅可令其有理由逐步上调联邦基金利率。

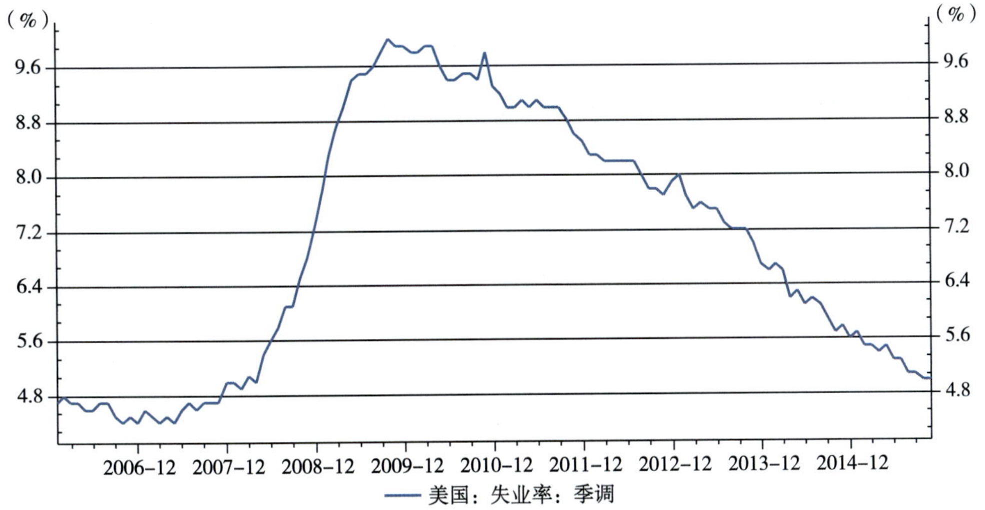

图 1.10　美国在金融危机前后的失业率状况

资料来源：wind 数据库，作者整理。

从图1.10可以看出，在2008年金融危机爆发前，美国失业率曾在2006年10月达到4.4%的低点，随着金融危机的爆发，失业率迅速上升，至2009年10月失业率达到10%的高点；随后，美国失业率一路回落，到2015年10月、11月，已经降至5%的水平。失业率的稳步下降较好地显示了美国经济的复苏。

从通货膨胀率来看，在金融危机爆发后，无论是美国CPI还是核心CPI，都曾出现一个较大的下探；随着美国经济形势的好转，美国核心CPI的数值已经稳步回升至2015年11月的2%。

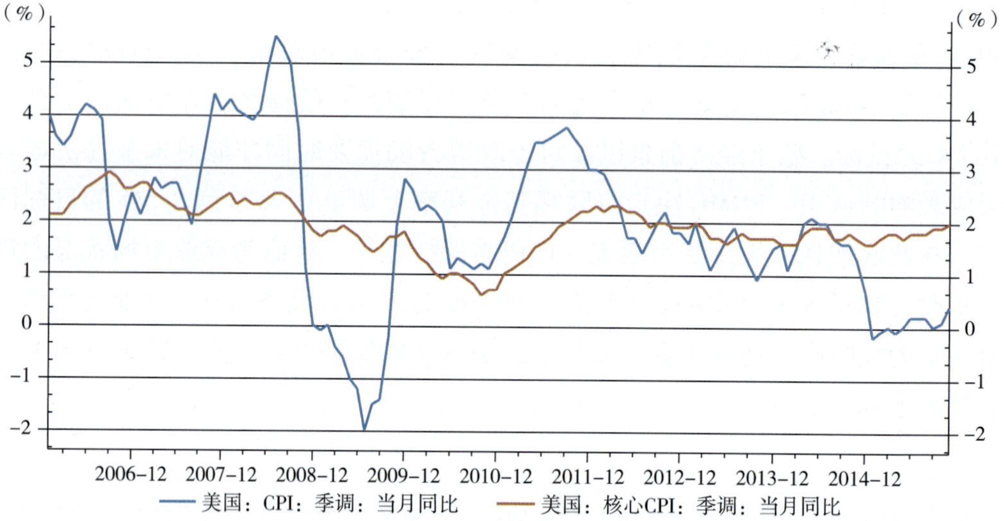

图1.11 美国在金融危机前后的CPI状况

资料来源：wind数据库，作者整理。

对于美国联邦基金目标利率，在金融危机前的2006年6月29日曾设定为5.25%，随后一路下调；2007年三次调整依次为4.75%、4.50%、4.25%；2008年进行了7次下调，从2008年1月22日的3.5%、1月30日的3.0%、3月18日的2.25%、4月30日的2.0%、10月8日的1.5%、10月29日的1.0%、到12月16日的0.25%，随后几年一直稳定在此水平；直到2015年12月17日，美联储将目标利率上调至0.50%。相应的美国联邦基金实际利率反映了上述调整（如图1.12所示）。即从2008年12月至2015年12月，美国联邦基金利率基本上保持在0～0.25%的超低水平上，造成了在美国量化宽松下巨量美元的流动性泛滥，纷纷流入新兴市场和发展中经济体。然而一旦美国开启加息周期，美元将纷纷从新兴市场国家抽离，这将对全球市场尤其是新兴市场国家经济造成重大影响，后文还将详细分析。

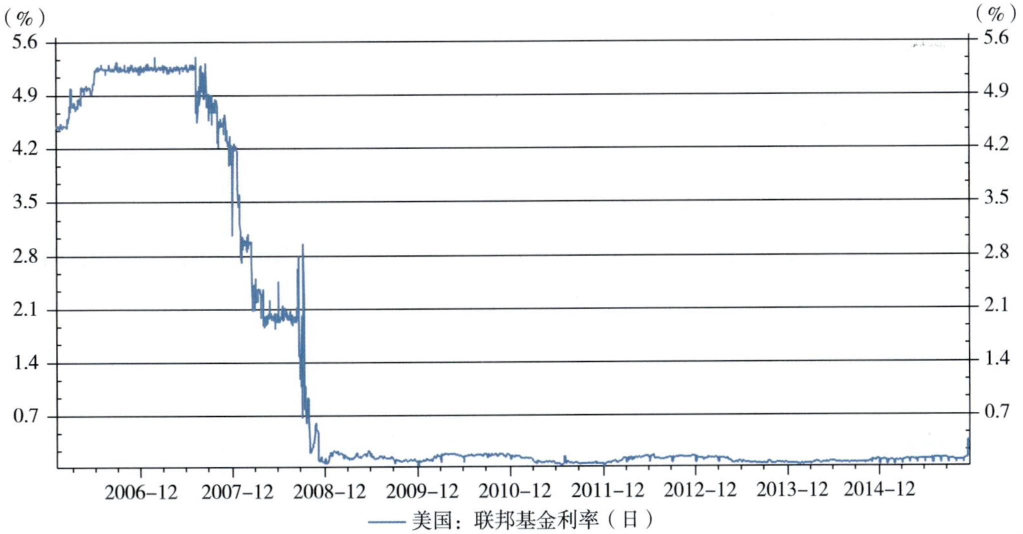

图 1.12　美国联邦基金利率（日）状况

资料来源：wind 数据库，作者整理。

1.1.2　2015 年国内经济总体运行平稳

中国经济步入新常态以来，表现出增长速度放缓、结构优化调整、增长动力转换的特征。对应而言，2015 年国内经济整体运行平稳，增速保持在合理区间，与此同时表现出产业结构的优化调整，以及经济增长驱动力由投资、资源驱动转换为由创新驱动。2015 年 12 月 18～21 日召开的中央经济工作会议对 2015 年国内经济的运行情况进行了总结，指出 2015 年国内经济"运行总体平稳，稳中有进，稳中有好，经济保持中高速增长，经济结构优化，改革开放向纵深迈进，民生持续改善，社会大局总体稳定"，"一方面，我国经济发展基本面是好的，潜力大，韧性强，回旋余地大，另一方面也面临着很多困难和挑战，特别是结构性产能过剩比较严重"。

（1）国内经济增速继续放缓，总体运行平稳

自从 2008 年，中国经济的增长速度开始下滑，近年来保持持续的下滑态势，且在 2015 年，经济下滑趋势依旧明显，经济下行面临着重大压力。与此

同时，我国经济结构不断优化，创新发展迅速，物价水平、就业、人民收入等经济指标向好，经济整体运行继续保持平稳。

①国内经济增长速度继续放缓。

从中长期经济增长趋势来看，如果不考虑 2009 年我国实施的经济刺激政策的影响，金融危机以来，我国的经济一直处于下行区间中，并且自 2011 年开始连续下滑（见图 1.13）。2007 年，我国经济增长速度达到峰值，增长率达 14.2%，而后经济出现下行态势，从 2012 年开始，增速低于 8%，此后年度 GDP 增长速度持续下降。2015 年继续延续了前几年的下滑趋势，根据国内生产总值（GDP）增速的季度统计数据，2015 年前三个季度的平均增长速度为 7%，较 2014 年全年 GDP 增长率 7.4% 下降了 0.4 个百分点。

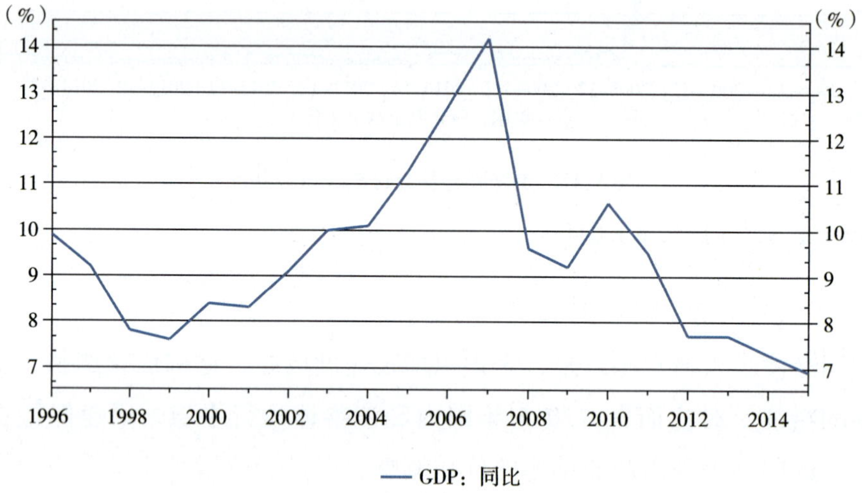

图 1.13　1996～2014 年我国 GDP 同比增速（%）

资料来源：国家统计局，wind 数据库。

从短期来看，2011 年第一季度以来，我国季度经济下滑幅度逐渐收窄，如图 1.14 所示，季度 GDP 的波动幅度趋于平滑。2014 年 1 季度之前，GDP 季度增长率波动幅度平均在 0.4%，而从 2014 年开始，GDP 季度增长率波动幅度开始收窄，平均波动幅度在 0.1%。

②就业水平回升。

尽管 2015 年前三个季度经济增长速度有所放缓，但是社会整体就业水平有所提升。2013 年 3 季度以来，城镇失业率每季度都有所上涨，从 2013 年 4 季度 4% 上涨到 2014 年 4 季度为 4.09%，进入 2015 年开始，城镇失业率明显下降，2015 年 1 季度城镇失业率 4.05%，相比 2014 年 4 季度下降 0.04%，2015 年 2 季度城镇失业率继续下降 0.01 个百分点，成为 2013 年 3 季度以来城镇失业率的最低点（见图 1.15）。

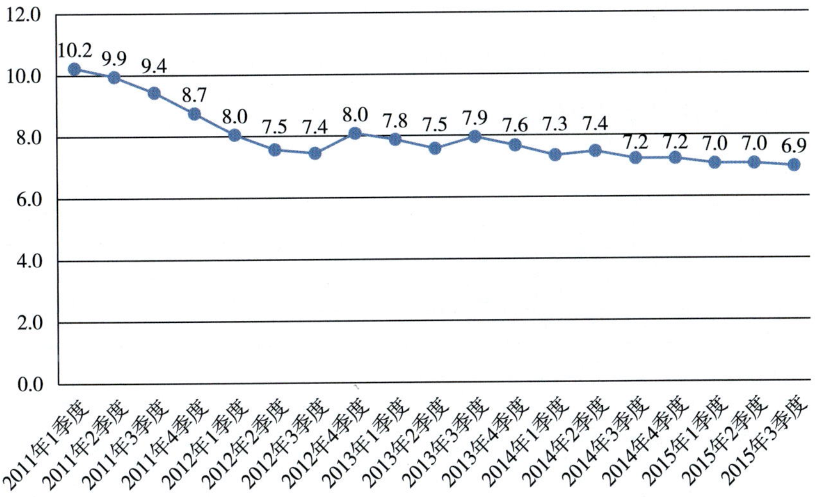

图 1.14　2011 年 1 季度至 2015 年 3 季度我国 GDP 增速（%）

数据来源：国家统计局网站，http：//www.stats.gov.cn/tjsj/tjgb/rdpcgb/qgkjjftrtjgb/201511/t20151123_1279545.html.

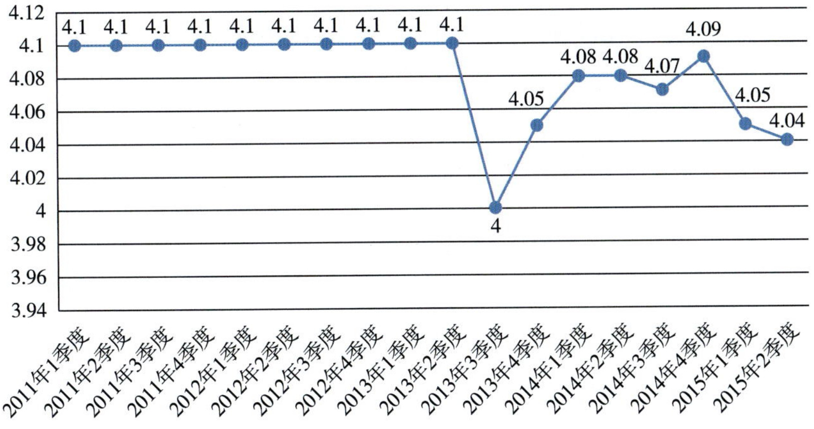

图 1.15　2011 年 1 季度～2015 年 2 季度城镇失业率（%）

数据来源：中宏数据库统计数据。

③居民收入水平稳定增长。

2014 年 1 季度以来，尽管我国城镇居民和农村居民的人均收入水平增长速度有所放缓，但是整体水平在以贴近 GDP 增速的速度增长。其中，农村居民人均现金收入增长率持续高于 GDP 的增速，从 2014 年 1 季度开始呈现出下降趋势，并且在 2014 年 3 季度下降趋势有所加重，2014 年 3 季度增长率为 9.7%，2015 年 2 季度下降为 8.3%，降幅达 1.4%，但总体水平高于 GDP 增速。城镇居民人均收入水平保持平缓变动，自 2014 年 1 季度开始基本与 GDP 增速保持一致（详见图 1.16）。

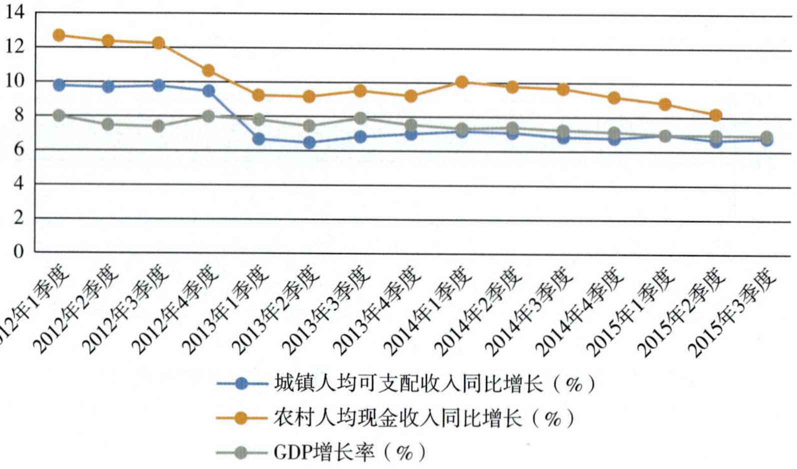

图 1.16　居民收入增速与 GDP 增速对比

数据来源：中宏统计数据库。

④CPI 和 PPI 现最大剪刀差。

进入 2015 年以来，我国工业品出厂价格指数（PPI）便开始下降，延续了连续四年的持续下降态势，2011 年 PPI 指数相比同期为 106，2014 年为 98.1，2015 年前 11 个月 PPI 平均值为 94.8。而截止到 2015 年 11 月，CPI 指数并没有出现与 PPI 一样的下降趋势，而是表现为小幅度的上涨，平均上涨幅度为 1.42%，比 2014 年 CPI 的上涨幅度 1.99 回落约 0.5 个百分点。与此同时，CPI 和 PPI 指数出现了 1994 年以来最大的剪刀差，2015 年 9 月 CPI 和 PPI 的背离达到最大值，为 7.9 个百分点。

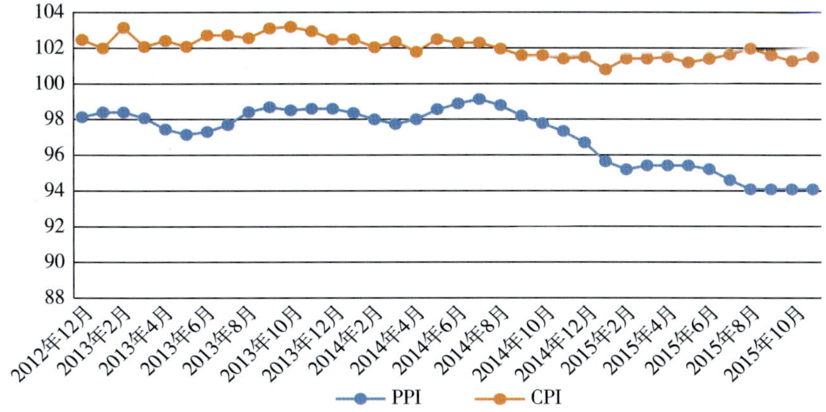

图 1.17 2012 年 1 月～2015 年 10 月 PPI 和 CPI 变动情况

数据来源：国家统计局网站。

⑤制造业采购经理指数持续下滑。

采购经理指数反映出制造业或服务业的整体增长或衰退，并且以 50% 为荣枯线。根据 2012 年 12 月～2015 年 11 月区间的制造业 PMI 和非制造业 PMI 变动情况来看，2015 年 1 月开始，已经跌破荣枯线，跌至 49.8%，而后几个月虽然回升至 50.2，但从 2015 年 7 月开始，再次跌破荣枯线，处于 50% 以下。截止到 2015 年 11 月，制造业采购经理指数降低为 49.6%，制造业增长下滑压力依旧很大（见图 1.18）。

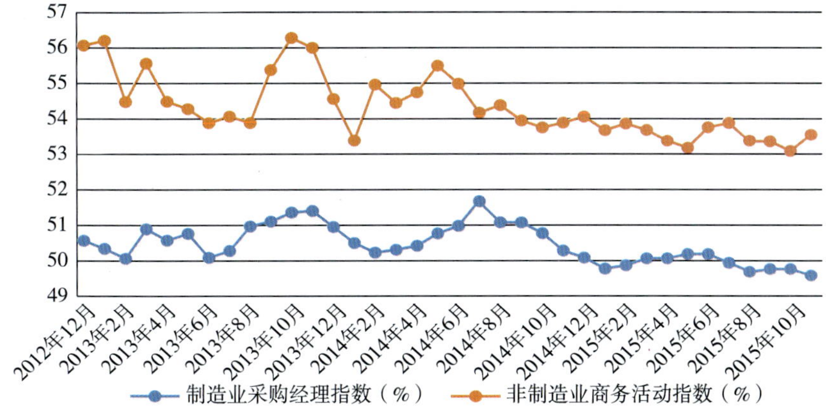

图 1.18 制造业采购经理指数和非制造业商务活动指数月度数据图

数据来源：国家统计局网站。

非制造业采购经理人指数 2015 年出现了波动下滑，尽管没有跌破荣枯线 50%，但是 2015 年 10 月跌为 53.1%，创 2013 年以来的最低点。从制造业和非制造业 PMI 指数来看，我国制造业 PMI 和非制造业商务活动都面临着较大的下滑趋势，表明经济增长的下行压力依旧较大（见图 1.18）。

（2）经济新常态下经济结构调整加速

①产业结构调整。

经济新常态下，经济减速运行的同时，产业结构调整不断深化，三次产业比持续上升。其中工业作为一直以来主导我国经济增长的主导力量，在维持多年的高速增长后，开始减速运行，成为我国经济进入新常态以后减速换挡的关键所在。工业减速运行的同时，过剩产能行业发展形势依旧严峻。

第一，全国三次产业比持续优化。从全国三次产业增加值对国内生产总值的贡献率来看，2015 年第二产业贡献率稳中有降，2015 年前三个季度中，第二产业对经济总量的贡献率平均为 40.37%，而 2014 年第二产业对经济总量的贡献率为 42.49%，下降了 2.12%。而第三产业对 GDP 的贡献率则有所上升，2015 年前三个季度第三产业的 GDP 贡献率为 52.96%，2014 年全年第三产业对经济总量的贡献率为 50.13%，增长了 2.83%（详见表 1.1 和图 1.19）。第二产业增长率拖累经济增长，第三产业持续拉动经济增长。2015 年第二产业增加值累计增速相比 2014 年有所下降，且保持在 GDP 增速的下方，而第一产和第三产业的增加值累计增速在 2015 年都有所增长，并且第三产业增加值累计增速持续高于 GDP 增长速度，并且比 2014 增速有所提升（见图 1.19）。

表 1.1　　三次产业增加值累计增长率（%）

指标	第一产业增加值累计增长（%）	第二产业增加值累计增长（%）	第三产业增加值累计增长（%）	GDP 增长率（%）
2013 年第一季度	3.2	7.8	8.3	7.8
2013 年第二季度	2.8	7.6	8.3	7.5
2013 年第三季度	3.2	7.9	8.4	7.9
2013 年第四季度	3.8	7.3	8.3	7.6
2014 年第一季度	3.3	7.5	7.6	7.3
2014 年第二季度	3.7	7.4	7.6	7.4

续表

指标	第一产业增加值累计增长（%）	第二产业增加值累计增长（%）	第三产业增加值累计增长（%）	GDP 增长率（%）
2014 年第三季度	4.1	7.3	7.6	7.2
2014 年第四季度	4.1	7.3	7.8	7.2
2015 年第一季度	3.2	6.3	8	7
2015 年第二季度	3.5	6.1	8.3	7
2015 年第三季度	3.8	6.01	8.37	6.9

数据来源：中宏统计数据库。

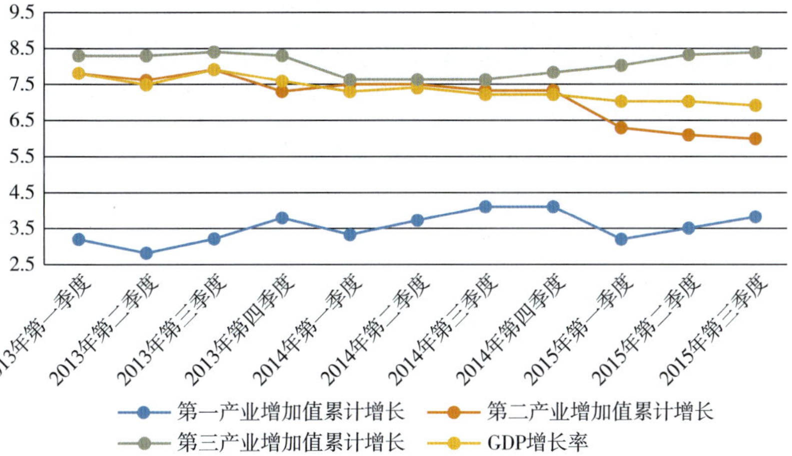

图 1.19　三次产业增加值累计增长率与 GDP 增长率对比图

数据来源：国家统计局网站。

第二，工业增速继续放缓。新常态经济下，经济增速换挡主要表现在工业制造业方面。工业规模以上企业的增加值增长率自 2012 年以来表现出持续波动的特征，2015 年，我国第二产业增加值增长速度继续放缓的同时，规模以上工业企业的增加值增长速度也呈现下降趋势（见图 1.21）。但是，如果分行业具体看，工业的产业结构也出现了持续优化的特征。截止到 2015 年 11 月，行业累计增加值增长速度排名前 10 的行业如表 1.2 所示，其中废弃资源和废料材料回收加工属于环保行业，燃气生产和供应属于能源向更清洁的方向发展，计算机、医药、化学化纤、铁路装备、有色金属冶炼行业都属于高附加值行业，它们在工业行业增长中起引领作用，说明我国工业正在朝向环保、低能耗和高附加值的方向进行优化。

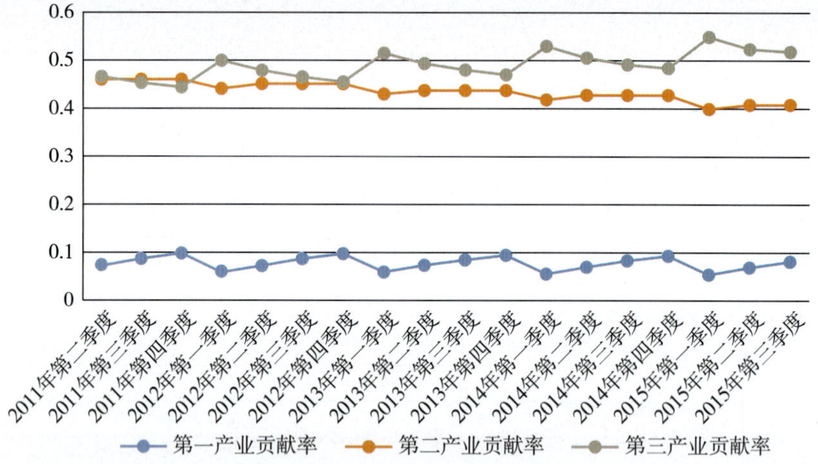

图 1.20　三次产业贡献率（%）

数据来源：国家统计局网站。

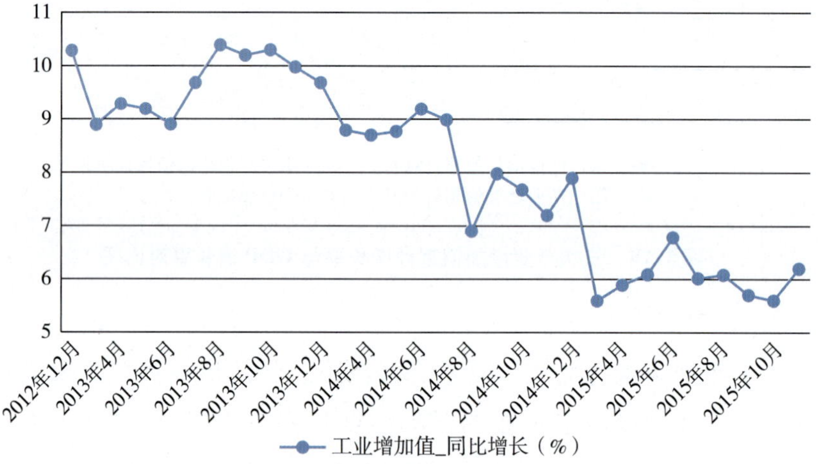

图 1.21　工业增加值同比增长速度（%）

数据来源：国家统计局网站。

表 1.2　　2015 年 1～11 月增加值累计增速排名前十的行业及增速

行业名称	平均增长速度（%）
废弃资源和废旧材料回收加工业	19.18
燃气生产和供应业	12.79

续表

行业名称	平均增长速度（%）
化学纤维制造业	11.21
计算机、通信和其他电子设备制造业	11.01
有色金属冶炼及压延加工业	10.92
医药制造业	10.34
化学原料及化学制品制造业	9.59
铁路、船舶、航空航天和其他运输设备制造业	9.54

数据来源：根据国家统计局数据测算。

工业行业中发展速度最慢的 10 个行业也显示了我国的资源密集型产业、劳动密集型产业正在萎缩（如表 1.3 所示），一是以资源开采为基础的开采业普遍增速缓慢，包括石油天然气开采业、有色金属矿采选业、煤炭开采和洗煤业、其他采矿业、开采辅助活动，二是以开采为基础的设备制造业有所萎缩，包括通用设备制造业、专用设备制造业等。

表 1.3　　2015 年 1～11 月增加值累计增速排名后十的行业及增速

行业名称	平均增长速度（%）
黑色金属冶炼及压延加工业	4.99
石油和天然气开采业	4.99
通用设备制造业	3.48
有色金属矿采选业	3.16
专用设备制造业	2.81
烟草制品业	1.82
煤炭开采和洗选业	1.40
电力、热力的生产和供应业	0.99
其他采矿业	-1.80
开采辅助活动	-10.03

数据来源：根据国家统计局数据测算。

第三，过剩产能行业产能进一步压缩。

过去几年里，我国经济发展依靠投资拉动，但同时也带来了产能过剩的副作用。经济新常态下，为了实现经济结构的转型，过剩产能行业的转型是重中之重。2013 年国务院印发了《关于化解产能严重过剩矛盾的指导意见》（国发

〔2013〕41号)，环保部、发改委、工信部以及质检总局接连下发了针对过剩产能行业的治理。2015年以来，通过控制投资、过剩产能转移等方法，过剩产能进一步被压缩。但是，对于典型的过剩产能行业钢铁、水泥、电解铝、平板玻璃、钢铁和船舶，仍面临着重大的升级转型压力。

钢铁工业的投资、生产下降。根据钢铁工业协会对我国钢铁生产、投资和库存情况的调查数据，截止到2015年9月，全国粗钢产量同比下降3.03%，生铁产量同比下降4.92%，钢材产量同比下降0.61%。尽管钢铁产量下降，但下降幅度低于消费总量，国内钢铁市场供求矛盾有所恶化，依旧呈现供大于求的局面。根据钢铁工业协会对2015年前三个季度投资累计数据统计，钢铁工业（包括黑色金属矿采选业、炼铁业、炼钢业、钢加工业）实际完成固定资产投资3377.40亿元，同比减少621.28亿元，下降15.54%，降幅比1~8月扩大1.69个百分点，比上半年扩大3.79个百分点[①]。水泥、十种有色金属和船舶的生产总量增长率都呈现出下滑趋势，但是总体生产量仍然处于增长状态。

②投资结构优化。

首先，全国固定资产投资增速继续下滑。从统计数据来看，固定资产投资完成额的增速延续了2014年的下降趋势，逐步下降，截止到2015年1月，固定资产投资增速下降为10.2%，平均增速为11.5%，相比2014年的16.75%下降了5.25个百分点。三次产业以及房地产开发投资的固定资产投资贡献率保持稳定，但三次产业固定资产投资的增速都有所放缓。其中，房地产投资开发的固定资产投资增速从2014年平均14.13%下降为4.83%，下降了近10个百分点。占投资比重最大的第三产业投资增速下降趋势同样较为明显，由2014年月度平均增速18.61%，降至12.44%，下降6.17个百分点。而占投资比重较大的第二产业投资增速有所增加，由2014年平均增速25.87%增长为29.2%，增长3.33%（见表1.4）。

其次，民间固定资产投资增速趋缓。如图1.22所示，民间固定资产投资增速也呈现出下降趋势，但是相比2014年，下降趋势有所收窄。2014年2月

---

① http://www.chinaisa.org.cn/gxportal/DispatchAction.do?efFormEname=ECTM40&key=AmEPMAhjWTgBYFdgXzgEZQdjBWUFYVFnVm1SYFM2BDBQQ1wTXEdYaFdGUBdeSVY0.

民间固定资产投资增速是 21.5%，而截止到 2015 年 11 月，民间固定资产投资增速已经放缓至 10.2%，并且 2015 年固定资产月增速平均值为 11.76%，下降幅度为 4.5%，相比 2014 年平均值 19.42% 下降了 7.66%，下降幅度相比 2014 年的 6.6% 有所收窄。

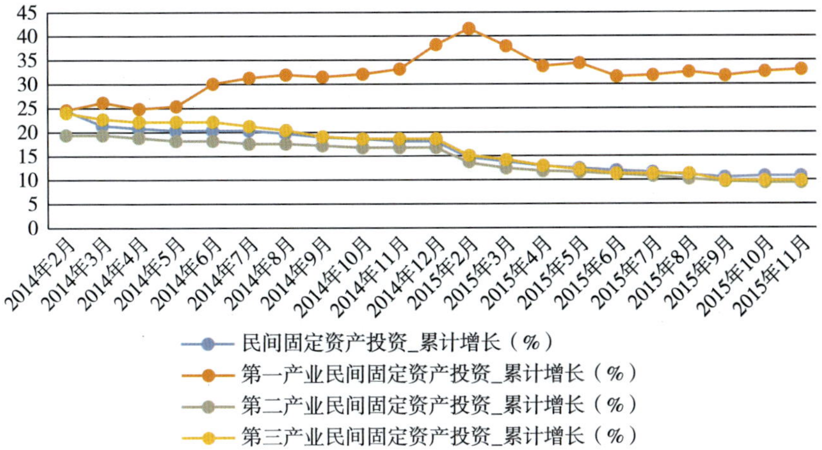

图 1.22 民间固定资产投资情况图

数据来源：国家统计局。

表 1.4 全国固定资产投资增速（%）

时间	固定资产投资完成额累计增长	房地产开发投资额累计增长	第一产业固定资产投资完成额累计增长	第二产业固定资产投资完成额累计增长	第三产业固定资产投资完成额累计增长
2014 年 2 月	17.9	19.3	20.9	13.7	20.8
2014 年 3 月	17.6	16.8	25.8	14.7	19.6
2014 年 4 月	17.3	16.4	21.2	14.5	19.2
2014 年 5 月	17.2	14.7	20.8	14	19.5
2014 年 6 月	17.3	14.1	24.1	14.3	19.5
2014 年 7 月	17	13.7	25.1	13.9	19.2
2014 年 8 月	16.5	13.2	26.3	13.7	18.2
2014 年 9 月	16.1	12.5	27.7	13.7	17.4
2014 年 10 月	15.9	12.4	28.9	13.4	17.4
2014 年 11 月	15.8	11.9	29.9	13.3	17.1
2014 年 12 月	15.7	10.5	33.9	13.2	16.8

续表

时间	固定资产投资完成额累计增长	房地产开发投资额累计增长	第一产业固定资产投资完成额累计增长	第二产业固定资产投资完成额累计增长	第三产业固定资产投资完成额累计增长
2015 年 2 月	13.9	10.4	36.3	11.5	14.8
2015 年 3 月	13.5	8.5	32.8	11	14.7
2015 年 4 月	12	6	26.4	9.8	13.2
2015 年 5 月	11.4	5.1	27.8	9.6	12.1
2015 年 6 月	11.4	4.6	27.8	9.3	12.4
2015 年 7 月	11.2	4.3	28.2	9	12.1
2015 年 8 月	10.9	3.5	28.5	8.5	11.9
2015 年 9 月	10.3	2.6	27.4	8	11.2
2015 年 10 月	10.2	2	28.1	8	11
2015 年 11 月	10.2	1.3	28.7	8.1	11

数据来源：国家统计局。

第三，固定资产投资的行业结构有所优化。根据统计数据，对 2015 年和 2014 年不同行业固定资产投资的增速进行排名，可以对比得出 2015 年和 2014 年固定资产投资增幅前 10 的行业和后 10 的行业，分别如表 1.5 和表 1.6 所示。从表 1.5 可以看出，类属于高新技术产业的计算机通信和其他电子设备制造业固定资产增速排名增加较快，由 2014 年排名后 10 位跻身前 10，说明我国固定资产投资向高新技术制造业转型有所加快。其中，高耗能行业投资增长率 4.6%，比制造业投资增速低 3.7%，装备制造业投资增速 10.4%，高于制造业投资增速 2.1%。从表 1.6 排名最后的 10 个产业固定资产增速情况来看，船舶、造纸、有色金属加工、石油加工、钢铁相关的黑色金属冶炼一直处于固定资产增速较低甚至为负的行列，说明这些行业的投资正在萎缩，尤其是船舶、有色金属、钢铁等过剩产能行业，投资规模的进一步萎缩有助于进一步化解产能，调整产能过剩。

表 1.5　　固定资产增速排名前 10 的行业

2015 排名	2014 排名
文教、工美、体育和娱乐用品制造业	文教、工美、体育和娱乐用品制造业
纺织服装、服饰业	家具制造业

续表

2015 排名	2014 排名
木材加工及木、竹、藤、棕、草制品业	印刷和记录媒介复制业
家具制造业	食品制造业
食品制造业	木材加工及木、竹、藤、棕、草制品业
废弃资源综合利用业	金属制品业
计算机、通信和其他电子设备制造业	酒、饮料和精制茶制造业
印刷和记录媒介复制业	农副食品加工业
皮革、毛皮、羽毛及其制品和制鞋业	纺织服装、服饰业
金属制品业	皮革、毛皮、羽毛及其制品和制鞋业

数据来源：根据国家统计局统计数据计算。

表 1.6　　固定资产增速排名后 10 的行业

2015 排名	2014 排名
铁路、船舶、航空航天和其他运输设备制造业	汽车制造业
化学原料和化学制品制造业	计算机、通信和其他电子设备制造业
造纸及纸制品业	石油加工、炼焦和核燃料加工业
仪器仪表制造业	化学原料和化学制品制造业
化学纤维制造业	金属制品、机械和设备修理业
酒、饮料和精制茶制造业	仪器仪表制造业
有色金属冶炼和压延加工业	有色金属冶炼和压延加工业
烟草制品业	化学纤维制造业
黑色金属冶炼和压延加工业	烟草制品业
石油加工、炼焦和核燃料加工业	黑色金属冶炼和压延加工业

数据来源：根据国家统计局统计数据计算。

③进出口结构持续改善。

2015 年，我国贸易进出口大幅下滑，但贸易顺差规模增加。尽管金融危机以来，我国贸易进出口的年增幅有所下滑，但自 2010 年开始，增幅保持在 5% 左右，而进入 2015 年，我国贸易进出口总值却罕见地开始出现了负增长。从进口总额的增速来看，2015 年 1 月增速将为 -3.3% 之后，2 月有大幅反弹，3 月急速下降后，连续下跌，2015 年 7 月再次处于零线以下，截止到 2015 年 11 月，进口总额月增幅为 -3% 。进口总额的增幅自进入 2015 年来开始大幅下降，降幅一度超过20%，但自2015年2月后有所收窄，截止到2015年11月，进口降幅稳定在15%左右（见图1.23）。在进口和出口增速下滑的同时，贸易保持顺差，并且规模有所增加，2015年1月贸易顺差6003亿元，到2015年11月，贸易顺差达到53911亿元，大幅增加。

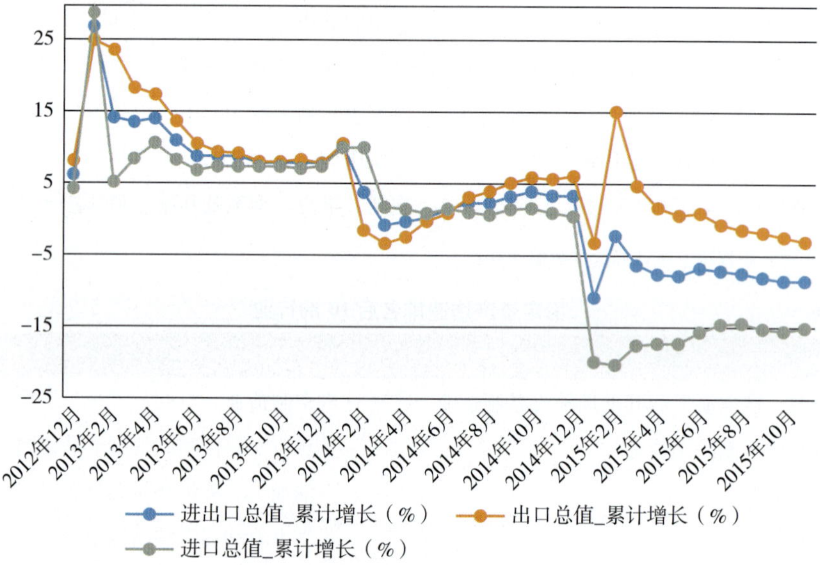

图1.23　我国进出口总值增长率变动情况

数据来源：国家统计局。

尽管贸易总量有所下降，但贸易进出口结构却有明显改善。一是从贸易方式来看，一般贸易出口增长率高于加工贸易出口增长率，说明贸易结构有所改善。截止到2015年11月，一般贸易出口累计增加1.9%，高于加工贸易增速。根据海关统计数据，2015年11月，来料加工装配贸易出口增速为-6%、出料加工贸易-14.9%、进料加工贸易为-9.3%，整体都为负数。因此，我国在整体贸易出口增速为负的前提下，一般贸易出口增速能够保持增加，并且高于加工贸易增速，说明我国贸易出口产品中，以一般贸易为主的高附加值产品的比例有所增加，从而说明我国贸易出口的结构有所优化。二是从贸易商品结构来看，2015年1～11月间，我国出口机电产品73182亿人民币，比2014年同期的72458亿元增长了约1%，而高新技术产品的出口，则从2014年同期36329亿元增长为2015年1～11月累计的36431亿元，增长率为0.28%，高于整体出口增长速度。相对应地，传统劳动密集型产品的出口呈现出下滑趋势。这说明以高附加值、高技术含量的产品出口拉动了整体出口①。

④消费平稳增长。

根据统计数据，社会消费品零售总额的增长速度在 2005 年有明显下降，从 2004 年 12 月 12% 增速，2015 年 2 月便下降为 10.7%，随后在 10.5% 左右波动。但是，相比出口和固定资产投资的增速而言，社会消费品零售总额的增速一直较为稳定，且高于国家 GDP 的增幅，成为拉动经济增长的主要动力（如图 1.24 所示）。

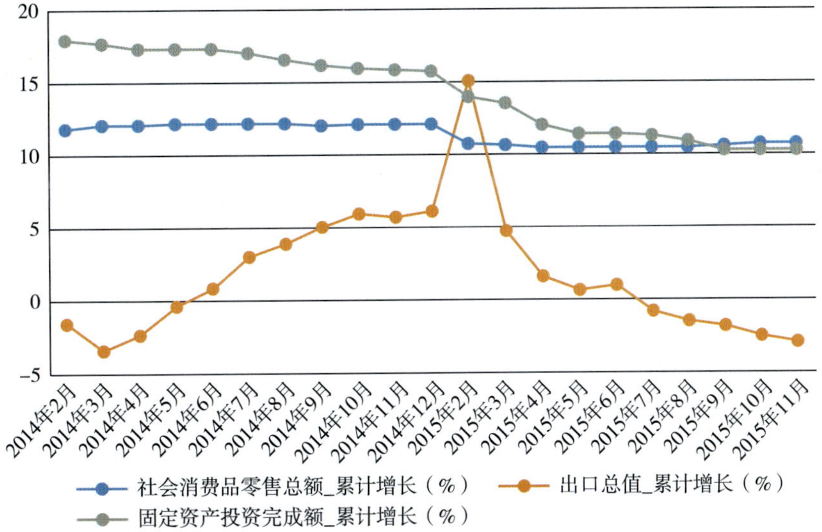

图 1.24　消费、出口和投资增速对比图

数据来源：国家统计局。

（3）企业经营面临巨大压力

①工业企业利润负增长，降幅收窄。

受工业整体增速下滑的影响，工业企业的经营面临较大压力。企业利润总额增长率持续放缓。根据国家统计局公布的数据，进入 2015 年，我国规模以上工业企业的利润总额延续了 2014 年利润总额月度增速持续下滑的态势，并且从 2015 年 2 月开始，利润总额的月度增长率变为负数，从 2014 年 12 月增长

① 数据来源于中国海关统计数据库。

率为3.3%变为2015年2月的-4.2%，虽然在2015年3~7月之间减速幅度有所收窄，但是2015年8月以来，利润率减速幅度又有所加大，截止到2015年11月，规模以上工业企业利润率月度减幅2%（详见表1.7）。

表1.7　全国规模以上工业企业主要经营指标累计增长率（%）

时间	亏损企业	应收账款	产成品	负债合计	利润总额	亏损企业亏损总额	存货	主营业务
2014年2月	1.8	12.7	10.2	9.1	9.4	11.9	8.5	8
2014年3月	2.7	13.1	10.7	10	10.1	13.2	8.3	8
2014年4月	1.9	12.6	12	10.1	10	12.2	8.4	8.4
2014年5月	3	12.6	12.5	10	9.8	11.3	8.7	8.1
2014年6月	2.3	12.7	12.6	10.4	11.4	8.4	8.6	8.6
2014年7月	2	11.9	14.6	9.9	11.7	6.5	8.9	8.8
2014年8月	3.1	11.3	15.6	9.5	10	9.9	9.3	8.3
2014年9月	4.2	11	15.1	9.2	7.9	12.2	8.9	7.9
2014年10月	6.1	11.1	14.4	9	6.7	13.6	8.7	7.7
2014年11月	9	10.8	13.6	8.6	5.3	15.6	7.5	7.2
2014年12月	12.2	10	12.6	7.4	3.3	22.5	6.2	7
2015年2月	0.6	10.8	8.5	6.9	-4.2	24.3	4.2	2.9
2015年3月	6.4	9.3	7.7	6.4	-2.7	18.6	3.9	2
2015年4月	9.3	8.6	7	6	-1.3	15.2	3.4	1.6
2015年5月	10.9	8.8	7.1	5.7	-0.8	14.6	3.1	1.3
2015年6月	12.1	7.9	7.4	5.7	-0.7	15.8	3.2	1.4
2015年7月	12.5	7.6	6.8	5.7	-1	17.9	2.9	1.3
2015年8月	13.6	7.9	5.7	5.8	-1.9	22.8	2.1	1.3
2015年9月	15	8	4.9	5.4	-1.7	26.9	1.4	1.2
2015年10月	16.2	8	4.5	5.6	-2	29.3	0.9	1

数据来源：国家统计局网站。

②企业亏损面收窄，亏损程度加深。

从企业亏损面来看，尽管2014年企业亏损面已经连月下降，但是进入2015年，企业亏损面大幅提升，并且在随后的几个月里逐渐收窄，截止到2015年10月，企业亏损面降为15.24%，与2014年7月水平持平（见图

1.25）。从亏损企业的绝对数量来看，自从 2015 年 5 月开始，亏损企业数量的增长速度越来越快，截止到 2015 年 10 月，规模以上工业企业亏损数量增长速度为 16.2%，创三年来的历史新高。从企业亏损深度来看，亏损企业的亏损额增幅持续增加，截止到 2015 年 10 月，2015 年亏损企业的亏损额平均增幅在 20.6%，比 2014 年的 15% 上涨了 5.5 个百分点，同样创三年来的历史新高。因此，规模以上工业企业虽然亏损面有所收窄，但是亏损企业绝对数量仍在加速上涨，并且亏损企业的亏损深度不断加深，凸显出较大的经营压力。

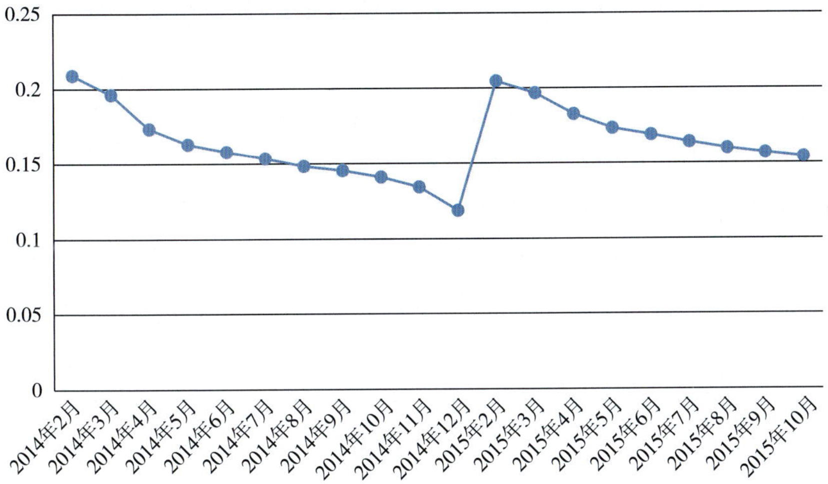

图 1.25　2014 年 2 月～2015 年 10 月企业亏损面

③企业负债增速放缓。

2015 年以来，企业负债增长速度有所放缓，应收账款规模增速有所降低。2015 年 2 月开始，规模以上工业企业的应收账款增速相比 2014 年有所放缓，负债规模增速也在缓慢减少并趋于稳定。四是企业主营业务收入增长速度锐减。2015 年相比 2014 年，规模以上工业企业的主营业务收入增长速度锐减，2014 年平均每月的主营业务收入增长水平保持在 8% 左右，而进入 2015 年，前 10 个月的企业主营业务收入增长速度平均为 1.56%，下降了 6.44%。尽管仍然保持主营业务收入增长幅度为正，但整体增长速度下滑严重。

（4）政府改善企业经营环境的进展及问题

经济新常态下，2015 年我国企业经营面临着巨大的压力，企业的利润出现了负增长，并且亏损程度进一步加深。尤其在目前典型的几大产能过剩行业，企业的亏损面还在继续扩大，“僵尸企业”大量出现。为了适应新常态经济下经济增速的放缓，加快产业结构转型并实现创新驱动经济发展，政府着力于以发挥市场主导作用为前提，着力于为企业减轻负担、推动企业向创新发展转型，增加企业的竞争力，我国企业经营的环境进一步改善，但新常态经济下，仍然面临着诸多问题。

为了推动企业实现向创新驱动发展转型，国家通过“双创”政策刺激企业创新活动；为了降低企业经营成本，国家多渠道、多层面降低企业的经营成本，通过进一步简政放权来减少企业的交易成本；为了实现过剩产能行业的顺利转型和我国制造业竞争力的提升，我国政府提出了“中国制造2025”规划；为了实施企业走出去战略，国家通过“一带一路”国际政策纲要、成立亚投行等来为企业创造更好的走出去环境。

①政府改善企业经营环境的进展。

发展“双创”，优化企业创新发展环境。2015年6月4日，李克强总理主持召开国务院常务会议，提出要推进“大众创业、万众创新”，并且提出了相应的措施，并且在2015年6月17日，国务院发布了《国务院关于大力推进大众创业万众创新若干政策措施的意见》（国发〔2015〕32号）。政府推进“双创”为小微企业、中小企业的发展提供了极大便利。双创政策降低了中小企业、小微企业的经营成本，降低了创新的成本和风险，大大推动了我国小微企业的发展，提高了企业的创新效率。根据国家统计局的数据，2015年前三个季度，我国新登记注册的企业达到了315.9万家，同比增长19.3%。根据国家知识产权总局的数据，2015年前三个季度的专利申请受理量同比增长21.7%，授权总量同比增长25.8%[①]。与此同时，全国各地纷纷涌现出各种创业园区、创科中心、众创空间、双创平台，为创新人才、小微企业提供创新、创业服务。截止到2015年11月，双创活动的开展有效地促进了小微企业的发展，大大提升了人才的创新、创业热情，为企业创新营造了良好的环境。

“互联网+”计划为传统企业转型升级提供了机遇。2015年3月5日，李克强总理在政府工作报告中提出“互联网+”行动计划，指出通过“推动移

① http://www.sipo.gov.cn/mtjj/2015/201510/t20151016_1188943.html.

动互联网、云计算、大数据、物联网等与现代制造业结合，促进电子商务、工业互联网和互联网金融（ITFIN）的健康发展，引领互联网企业拓展国际市场"，并在 2015 年 7 月 4 日，由国务院引发《关于积极推进"互联网 +"行动的指导意见》，推动互联网从消费领域向生产领域拓展，提升产业竞争力、创新能力。而后，互联网技术被不同行业企业应用于生产经营中，不断催生出新业态、新商业模式，为企业创新发展提供了更多机遇。互联网 + 在传统工业企业升级转型中得到了良好的应用，极大地加速了传统工业制造业企业的转型，例如互联网、云计算、大数据、物联网、网络众包等被应用于工业企业中，对工业企业原有的产品进行升级改造，对生产方式、研发进行升级优化，加速了工业企业的转型速度。互联网 + 在金融领域的成功应用，催生了更多的金融业态，为企业发展提供了更多的可能，包括互联网银行的迅速发展，如阿里巴巴旗下的浙江网上银行。此外，互联网 + 还被用于通信、交通、医疗、智慧城市建设等领域，从而创造了更多的商业机会，为企业的发展提供了更多的市场可能性。

"中国制造 2025"计划推动制造业企业升级。基于制造业在新常态经济下急需转型升级的现实，李克强总理在 2015 年 5 月 8 日提出了中国制造 2025 规划，并由国务院印发《中国制造 2025》文件。该计划通过设立中国制造业发展的三步走计划，要在 2025 年实现制造业创新能力的显著提高、生产率的明显提高、工业化和信息化水平的提高，并形成一批有国际竞争力的跨国企业或产业集群。该计划为制造业企业的发展提供了诸多支持。一是财税扶持政策降低制造业企业的经营成本，该计划中提出应用公私合营（PPP）的模式来融合民间资本为制造业企业的发展提供资金支持，二是为了提高制造业企业的创新能力，工信部和财政部联合发布《关于组织开展 2015 年工业转型升级强基工程的通知》，对相应的重点技术、核心零部件或生产工艺的技术共管提供公共服务平台。三是明确了重点扶持的行业范围，包括新一代信息技术、高端装备、新材料、生物医药等战略重点，引导各类资源集聚推动产业发展，相关领域的企业发展也将迎来契机。

进一步减轻企业负担，落实简政放权。自 2014 年起，政府为减轻企业运行成本，作出了多项部署，包括简政放权、解决融资成本高的问题、降低企业税费等。2015年以来，政府继续加大措施，减轻企业的运行成本，落实简政放权。一是降低企业的社保负担。2015年1月15日，国务院发布《关于机关事业单位工作人员养老保险制度改革的决定》，养老双轨制并轨。根据上海、南京等地的实践，职工社保费率将会下调，用人单位为职工缴纳的失业保险比例也将相应下调，这一定程度上减轻了企业的社保成本负担。二是降费减税，继续减轻小微企业运营成本。财政部、国税总局10月公布《关于进一步支持小微企业增值税和营业税政策的通知》，自2014年10月1日起至2015年12月30日，对月销售额2万元至3万元的增值税小规模纳税人，免征增值税；对月营业额2万元至3万元的营业税纳税人，免征营业税。这一通知2015年开始正式实施，小微企业的企业运营成本得以降低。三是下调燃煤发电上网电价，减轻企业经营成本。2015年12月23日，李克强总理在国务院常务会议中提出，要从2016年1月1日下调燃煤发电上网电价，这一措施同样有利于企业经营成本的降低。四是进一步简政放权。自从2014年10月开始，政府通过取消行政审批和项目审批等简政放权，减少企业经营的制度性交易成本。2015年5月12日，在原先政策的基础上，由国务院批准并印发了《2015年推进简政放权放管结合转变政府职能工作方案》，制订了行政审批改革的具体操作细则和监督方法，并对收费清理改革、职业资格改革、商事制度改革等细则的出台提供了明确的时间表和做法。

继续实施宽松的货币政策，降低企业融资成本。2015年货币政策整体宽松，央行全年一共实施了五次降息和降准，分别是2月、4月两次降准，2月、5月两次降息、6月和8月同时实施降准和降息，大大降低了银行进行间接融资的成本。2015年初，证监会发布《公司债券发行与交易管理办法》，简化债权交易流程，企业发债融资更加便捷。2015年4月，A股放开了“一人一户”限制，允许一人多户，这极大地增加了股市流动资金，提高了资本市场的流动性，提高了企业资本融资的收益，为解决企业融资难、融资成本高提供了帮助。

“一带一路”、自贸区和亚投行，带领中国企业“走出去”。2015年3月28日，国家发展改革委、外交部、商务部28日联合发布了《推动共建丝绸之路经济带和21世纪海上丝绸之路的愿景与行动》，并且成立了丝绸之路开发基金，以发展与一带一路国家之间的国际合作，发掘更多的市场需求。新常态经济下，该举措为企业走出去提供了更多的机会。该行动一经提出，便得到了60 多个沿线国家或国际组织的支持。2015 年 6 月 29 日，《亚洲基础设施投资银行协定》在北京举行签署仪式并得到了 57 个意向创始成员国的支持，为基础设施建设的融资提供了更多保障。借助一带一路政策和亚投行的筹建，我国的高铁、核电、大型装备制造业产品的出口增加，新能源汽车等战略新兴产业的国际市场也有所扩大。

②政府改善企业经营环境面临的问题。

第一，企业经营成本继续上升。收到经济增速放缓的影响，企业的经营压力仍然较大。一是企业融资成本仍然较高。根据 2015 年 1 ~ 10 月对规模以上工业企业的经济指标的统计数据，主营业务成本的累计增长率、财务费用的累计增长率以及利息的累计增长率虽然有所收窄，但是企业需要支付的相关成本总额规模仍然持续扩大（如图 1. 26），因此，对于企业而言，融资成本依旧偏高。二是企业的用人成本依然呈现上升趋势。近年来我国从业人员工资水平一直保持持续上涨。尤其以低层次劳动力的工资水平上涨速度较快，这增加了企业的用人成本。尤其是对于产能过剩行业或劳动密集型、资源密集型行业的企业而言，原本经营压力越来越大的情况下，成本上涨压力更大。三是企业的税费负担依旧较重。根据 2015 年工业企业应交增值税的累计增长率来看，尽管相对 2014 年应交增值税的累计增长率有了明显下降，但是一直处于 3% 左右的水平上，整体规模不断扩大。四是企业的利润负增长态势难以扭转。根据上文对规模以上工业企业的利润率数据的研究来看，企业的利润率一直负增长，并且依旧有持续负增长的压力，主要表现在企业应收账款和负债规模的不断增加（相关数据详见表 1. 4），企业三角债情况严重，无法为企业扭亏为盈提供重组的条件。

第二，产业结构矛盾凸显国企改革压力。一方面，产能过剩领域国有企业转型困难。经济新常态下，经济缓速增长预示着我国经济进入换挡期，需要从工业主要经济推动力向服务业转化，与此同时，对应着重工业行业企业出现了产能过剩，包括钢铁行业、煤炭行业、化工行业、有色金属行业等。这些传统行业中的企业大多具有规模大、产能落后的特征，曾在我国经济发展初期起到了重要的作用，因此国有企业数量庞大，无法实现盈利。另一方面，供给不足领域国有企业垄断。在一些国有企业比例较高的垄断行业，国有企业的存在阻碍了行业竞争，造成了供给过少。因此，无论是产能过剩行业，还是供给不足行业，都是国有企业集中的领域。当前经济新常态下，要想平衡社会的供求关系，需要对过剩产能进行化解，对不足产能进行补充，也就意味着要进行国有企业改革。2015 年 9 月 13 日，中央出台了《关于深化国有企业改革的指导意见》，并提出了国有企业改革的顶层设计和改革方向。但是，目前有关国有企业改革的进展仍然差强人意。一方面，混合所有制改革的推进过程中出现了很多问题，无法打破国有企业对竞争性领域的垄断；另一方面，国有企业依靠其特殊的社会资本获取廉价经营资源，无法从产业过剩行业退出。

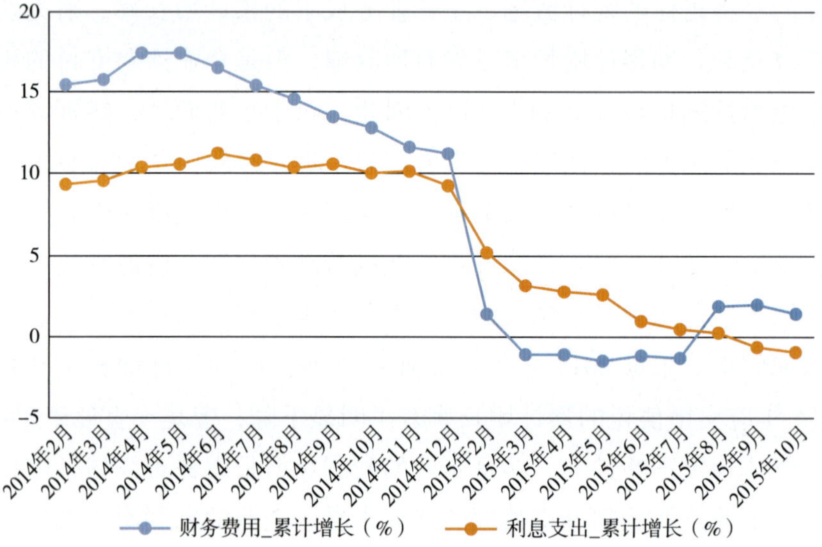

图 1.26　规模以上工业企业的财务费用和利息支出累计增长率

第三，僵尸企业市场退出困难。由于产能全面过剩越来越严重地影响到经济增长，随着 2015 年亏损企业数量的不断扩大，“僵尸企业”现象也得到了政府越来越多的重视。2015 年，李克强总理多次提到对“僵尸企业”的治理，并且在 2015 年 12 月 9 日国务院常务会议上，首次提出了对“僵尸企业”治理的总体方针，即提出持续亏损三年以上且不符合结构调整方向的企业采取资产重组、产权转让、关闭破产等方式予以“出清”，并且在 2015 年 12 月 11 日的国务院政策例行吹风会上提出，对“僵尸企业”进行分类处置，加强管理提升一批，通过技术改造提升一批，通过兼并重组一批，对扭亏无望的企业要关闭退出。因此，“僵尸企业”的退出问题成为调节过剩产能的重要内容。根据 Wind 资讯数据筛选发现①，沪深两市有多达 266 家上市公司的扣除非经常性损益后每股收益在 2012 年、2013 年和 2014 年三年连续为负，而且不少上市公司在 2015 年前三季度该指标仍为负。这占到上市公司总数的 10%。截止到 2015 年三季度末，这 266 家“僵尸企业”负债总额合计达 1.6 万亿元。而且这 266 家“僵尸企业”主要分布在钢铁、煤炭、水泥等重资产行业，连年亏损且面临去库存重压，维持其正常运行需要很大的现金流。可见“僵尸企业”维持其生存将挤占更多资源，却不产生效益，降低了资源配置效率，扭曲了市场资源配置规律。

第四，企业债务风险上升。根据上文对工业企业负债和应收账款增长速度的统计数据可以看出，虽然增速有所减缓，但是企业债务和应收账款的绝对规模却在一直增加，这表明了企业的债务风险在上升。由于企业的主要融资渠道来自于银行等间接金融部门，所以，企业债务风险上升代表银行、证券等金融机构面临着越来越高的债务风险，一旦企业债务违约，可能会造成金融风险，需要严加防范。2014 年 9 月，中钢集团百亿贷款逾期。2015 年 11 月 12 日，中国山水水泥集团确定无法偿还到期债务，其中 20 亿元超短期融资券成为国内首例超短期融资券违约。可见随着我国银行不良贷款率的不断增加，企业的违约也在显现。2014 年 12 月末，商业银行不良贷款余额较 2014 年初增加 2506 亿元，不良贷款率较年初上升 0.25 个百分点。而截止到 2015 年的第三季度，银行不良贷款率已经连续 9 个季度上升。可见我国银行金融机构信用风险持续上升②。

第五，地方政府债务风险。在经济旧常态下，地方政府为了发展地方经济，往往通过土地出让、招商引资等方式来获得经济发展相应的资金，从而用于基础设施建设或当地各行各业的生产建设。随着经济新常态的到来，原有的

---

① 资料来源：http://finance.sina.com.cn/roll/2015-11-19/detail-ifxkwaxv2471824.shtml.

② 林婷，王玮思：“融资与还贷视角下僵尸企业的存亡选择——基于逆向归纳法的企业、政府、银行三方子博弈精炼纳什均衡分析”，《经管空间》，2015 年第 4 期，第 10 页。

产业结构不一定能够继续支持当地的经济发展，尤其是先前支持地方经济发展的工业制造业等开始呈现出产能落后，经济贡献率下降，税收幅度大幅减少，并且面临着被淘汰，政府的债务风险随之显现。随着可转让土地的减少，地方政府依靠土地财政进行还本付息的途径越来越行不通，债务风险随之显现。

1.2 2016年企业发展环境展望

1.2.1 2016年全球经济曲折复苏

2016年是中国“十三五”规划的开局之年。对于当前和未来一段时期的国际政治经济形势，《中央中共中央关于制定国民经济和社会发展第十三个五年规划的建议》中给出了简明扼要而又非常精准的判断，“世界多极化、经济全球化、文化多样化、社会信息化深入发展，世界经济在深度调整中曲折复苏，新一轮科技革命和产业变革蓄势待发，全球治理体系深刻变革，发展中国家群体力量继续增强，国际力量对比逐步趋向平衡。同时，国际金融危机深层次影响在相当长时期依然存在，全球经济贸易增长乏力，保护主义抬头，地缘政治关系复杂变化，传统安全威胁和非传统安全威胁交织，外部环境不稳定不确定因素增多”。可以说，这就是“十三五”时期我国外部发展环境的基本特征，值得我们仔细体会。

（1）2016年世界经济继续缓慢复苏

具体到2016年，笔者认为，全球经济最核心的特征仍然是“缓慢复苏”和“分化”。美国经济向好，加息后美元保持相对强势；英国经济复苏较好，有可能在2016年开始加息；欧元区、日本经济仍旧较为低迷，宽松政策依旧；新兴经济体则面临着汇率贬值、资本外逃、经济下滑等多重挑战；中国经济则处于探底过程中。大宗商品价格主要由于中国需求不振、产能过剩及美元走强而依然承压，但随着中国经济的探底回升，大宗商品价格也可能趋于见底；全球而言，仍然处于通货紧缩之中。

对于2016年、2017年的全球经济增长率，世界银行预计为3.30%和3.20%，IMF预计为3.56%和3.81%，OECD的预计为3.31%和3.56%。如表1.8所示。

表 1.8　　三大国际组织对全球 GDP 实际增长率的预测（%）

	IMF 预测	世界银行预测	OECD 预测
预测时间	2015 年 10 月 8 日	2015 年 6 月 11 日	2015 年 11 月 12 日
2015 年	3.12	2.80	2.90
2016 年	3.56	3.30	3.31
2017 年	3.81	3.20	3.56

资料来源：wind，作者整理。

总体而言，2016/2017 年的全球经济显示出缓慢企稳回升的态势。对于发达经济体（以 OECD 国家为代表）而言，2016/2017 年主要是逐渐企稳，经济增长率超过 2%；而新兴市场和发展中国家（以非 OECD 国家为代表），经济增长率一路下滑，在 2015 年达到近年来的低点（跌破 4%），2016 年状况会稍好，但后继仍然有较大的经济下行压力，2016、2017 年的经济增长率在 4% ~ 5% 之间。如图 1.27 所示。

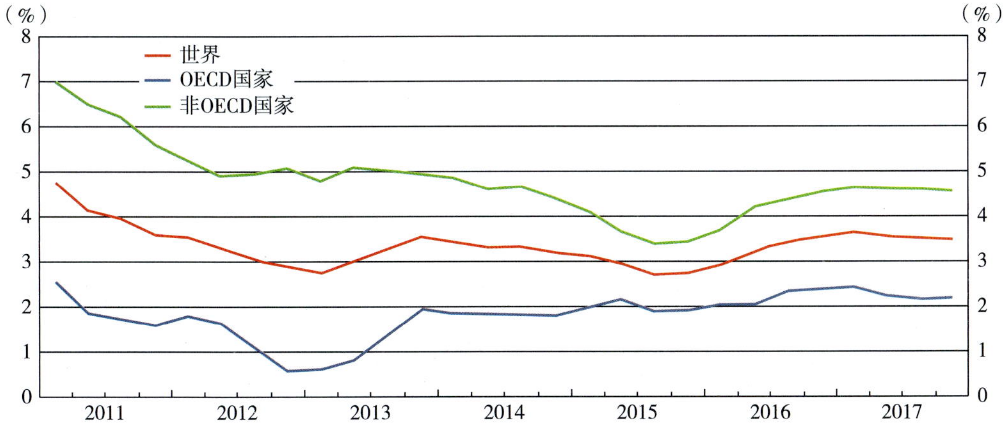

图 1.27　全球经济仍处于缓慢复苏中（%，当年同比）

资料来源：OECD Economic Outlook 98，Nov，2015.

正如 IMF 在其 2015 年 10 月发布的《世界经济展望》报告中所强调的那样，无论是发达经济体，还是新兴市场和发展中经济体，在采取措施支持需求的同时，实施结构性改革，提高实际和潜在产出，仍是经济政策的重点所在。在发达经济体，宽松货币政策依然十分关键，在必要时还应采取宏观审慎政策控制金融部门风险；具有财政空间、产出缺口较大或严重依赖净外部需求的国家在短期内应放松财政态势，特别是扩大基础设施投资。结构性改革议程因不同国家而异，但主要措施是提高劳动力参与程度、促进劳动力市场调整、解决遗留的债务积压问题，以及降低进入产品市场的壁垒。继续支持经济活动并使通胀提高到目标水平，落实结构性改革仍是发达经济体的一项紧迫工作，从而解决危机遗留问题并提高潜在产出。而对于新兴市场和发展中经济体，在更为复杂的外部环境下，在以下两方面之间面临艰难的权衡取舍：一是在实际和潜在增长放缓的环境下支持需求；二是在更为困难的外部环境下降低脆弱性。同时，许多经济体急需通过结构性改革来提高生产率和消除生产瓶颈。

（2）对于主要经济体和经济指标的预测

OECD 在 2015 年 11 月发布了其经济展望，其预测相对较新，对于世界各主要地区和国家的近两年的经济增长及部分世界经济指标的预测如表 1.9 所示。

表 1.9　OECD 对世界及主要国家与地区经济指标的回顾与预测（%，同比）

	2003～2012 十年平均	2013 年	2014 年	2015 年	2016 年	2017 年
GDP 实际增长率						
世界	4.0	3.2	3.3	2.9	3.3	3.6
OECD 国家	1.7	1.2	1.9	2.0	2.2	2.3
美国	1.8	1.5	2.4	2.4	2.5	2.4
欧元区	0.9	-0.3	0.9	1.5	1.8	1.9
日本	0.8	1.6	-0.1	0.6	1.0	0.5
非 OECD 国家	6.7	5.0	4.7	3.7	4.2	4.6
中国	10.5	7.7	7.3	6.8	6.5	6.2
通货膨胀率	1.0	1.4	1.5	0.8	1.5	1.9
世界贸易实际增速	5.6	3.3	3.4	2.0	3.6	4.8

资料来源：OECD Economic Outlook 98，Nov，2015.

值得注意的是，未来两年，世界贸易仍然较为低迷，2016 年世界贸易的实际增速预计仅为 3.6%，2017 年进一步回升至 4.8%。而通货膨胀率 2016 年、2017 年依旧低于 2%，预计分别为 1.5% 和 1.9%。

而对于金砖 5 国（中国、印度、俄罗斯、巴西和南非），未来几年的经济增长率如表 1.10 所示。其中预计 2015、2016、2017 年中国的 GDP 实际增长率依次为 6.8%、6.5%、6.2%；印度状况较好，依次为 7.3%、5.9%、8.1%；南非增长较为缓慢，2015～2017 年依次为 1.5%、1.5%、2.0%；而巴西和俄罗斯由于受到大宗商品价格影响，2015 年经济增长为近年来的低点，均为负值，随后的 2016 ~ 2017 年有所好转，但 2016 年 GDP 增长率预计仍为负值，到 2017 年才转为正值。

需要指出的是，印度 GDP 实际增长率 2015 年预计超过中国，2016/2017 年亦有望保持高位，主要原因一是因为印度过去的经济基数较低，体量较小；二是因为印度有一定的后发优势，印度总理莫迪执政以来经济发展的确有所起色；三是印度官方调整统计口径所致。

表 1.10　　OECD 对金砖 5 国的 GDP 实际增长率预测
（%，同比，2013 ~ 2014 年为实际值）

	中国	印度	南非	巴西	俄罗斯
2013 年	7.7	3.0	2.1	2.5	1.5
2014 年	7.3	5.4	1.3	0.3	0.3
2015 年预计	6.8	7.3	1.5	-3.1	-4.0
2016 年预计	6.5	5.9	1.5	-1.2	-0.4
2017 年预计	6.2	8.1	2.0	1.8	1.7

资料来源：OECD Economic Outlook 98，Nov，2015.

（3）大宗商品价格走势仍然不容乐观

国际大宗商品的价格主要看两方面的因素，一是供求关系，二是汇率走势。近两年来的国际大宗商品价格大幅下跌，从供求关系来看，主要是由于全球经济复苏艰难而需求不足，尤其是中国经济增速的减缓直接导致对铁矿石、铜等大宗商品的需求大幅减少使其价格下跌；与此同时，在大宗商品价格高涨时各资源国扩张产能，包括相当多的中国企业都以高价去国外购买矿产资源，而当需求出现较大下跌时，逐渐释放的产能令供给进一步过剩。从汇率走势来看，主要因为国际大宗商品多以美元计价，美国经济好转及加息预期，令美元逐步走强，导致以美元计价的大宗商品价格承压。

展望 2016 年，美联储加息后美元会保持相对强势；而中国经济增长依然还在寻底的过程之中，不少国际机构和外资投行都预测中国 GDP 增长率将进一步下降，因而对大宗商品的需求很难回升；而各资源国消化过剩产能亦非一日之功。因此，2016 年的国际大宗商品价格仍然不乐观。

但是，否极泰来。如图 1.28 所示，由于美元加息落地、新兴市场汇率普遍调整、中国经济在政策刺激与供给侧改革下有望企稳，加之这一轮大宗商品价格下降过多而接近成本线，以及供给侧的产能收缩，本轮大宗商品价格可能正在趋于见底。

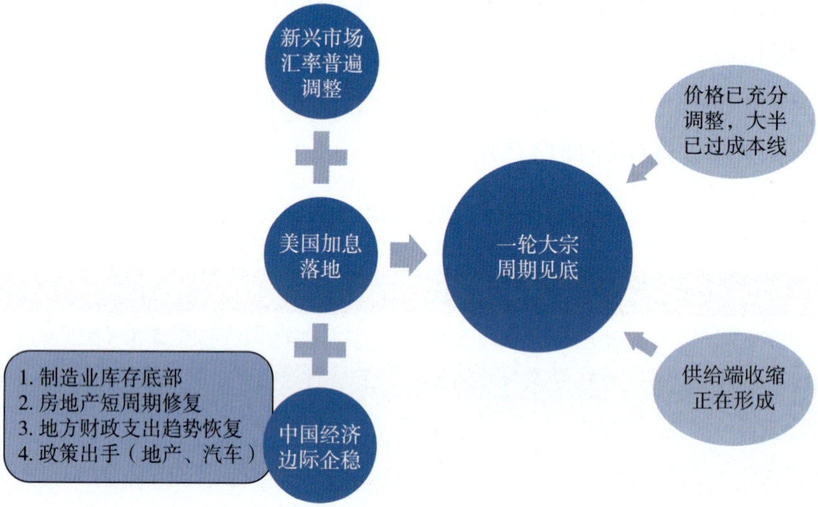

图 1.28　大宗商品价格可能正在见底

资料来源：引自方正证券：《新供给，新周期——2016 年宏观经济形势与大类资产逻辑解析》，2015 年 12 月 15 日。

此外，主要作为避险资产的黄金价格由于美元保持相对强势，预计其价格亦相对弱势。

再来看国际原油价格。2015 年 12 月 18 日美国当周原油库存意外大幅减少，当周 API 原油库存减少 360 万桶，预期 +120 万桶，前值 +230 万桶；12 月 16 日当周 EIA 原油库存减少 587.7 万桶，预期 +120 万桶，前值 +480.1 万桶。库存减少导致 2015 年 12 月 21～24 日这周油价大幅反弹，美国 WTI 原油 2 月油价报 38.1 美元/桶，周涨 9.7%；ICE 布伦特 2 月油价报 37.89 美元/桶，周涨 2.74%。

与其他大宗商品价格的影响因素类似，国际原油价格亦主要受供求关系和美元走势影响。库存增大、产油国产量增加，油价下跌；库存减少、产油国限产，油价上涨；美元走强，则油价下跌。近年来国际原油价格下跌，一是主要受国际金融危机后全球经济复苏艰难而需求减少影响；二是近年来美国通过页岩气页岩油革命超过俄罗斯成为世界最大的油气生产国，导致石油供给增加，2015 年 12 月 18 日美国国会更是批准一项法案，解除了美国长达 40 年的原油出口禁令；三是2015 年伊朗与美国达成和解协议，国际社会即将解除对伊朗的制裁，作为石油输出国组织（OPEC）曾经的第二大出口国，伊朗石油预计将强势回归，在国际市场上争夺回曾经属于自己的石油份额，从而强化了供给过剩的预期；四是美国加息导致的美元走强，进一步使以美元计价的石油价格承压。

展望未来，尽管有国际机构预计石油价格未来可能跌至20 美元一桶，但笔者认为此种情况很难发生。在目前供给过剩、需求不足、美元强势的情况下，在相当长的一段时间内，国际原油价格将保持低位，笔者估计将围绕40 美元一桶波动；向上很难突破50 美元，因为经济形势未大幅好转而需求不足，且中东产油国石油成本十分低廉，一旦涨价供给将快速增加；向下很难跌破30 美元，即便跌破30 美元每桶，在30 美元以下的时间也不会太长，因为来自《经济学人》的文章数据显示，除中东外，世界其他产油国在油价在30 美元以上才可能盈利，如图1. 29 所示。中东石油成本最低，科威特在10 美元每桶左右，沙特略高于10 美元，伊拉克20 美元出头，伊朗接近30 美元；卡塔尔和挪威在40 美元左右；俄罗斯、委内瑞拉略高于50 美元；英国、埃及、美国、加拿大、尼日尼亚的成本在60 ~70 美元之间。因此，笔者推测，由于各种压力，油价可能在30 ~40 美元之间短期震荡，但油价进一步下跌时，很多油公司将被迫减产，且部分OPEC 国家发生国内动乱的概率将大大上升，从而导致供给很快收缩。

需要指出的是，当油价较大幅度下跌的时候，其他产油国除减产外也有动力去降低成本，例如据报道，美国页岩油的成本就在快速下降，但是想降到跟中东一样不太可能。

短期内笔者觉得石油价格承压，而且由于国际经济迈入低增长的新常态，国际原油价格可能很难回到高油价时代。而且，从需求侧来看，中长期有两大因素减少了对化石能源尤其是石油的需求：一个因素是新能源的大规模应用，突出表现在新能源车对传统油气车的替代（尤其是石墨烯等新材料可能会使电池技术革命性突破，从而使电动车更有实用性和竞争力），以及在小范围内，独立自给自足的分散式供电的兴起，如太阳能家庭发电的自给自足，目前国外已经出现了一些，国内也有所发展，家庭自己发电自己用不完的，还可以上网卖；另一个大的影响因素就是在大范围供电中，核能技术也有望大突破，在

30～50年内获得实用化，包括核堆小型化和可控核聚变。

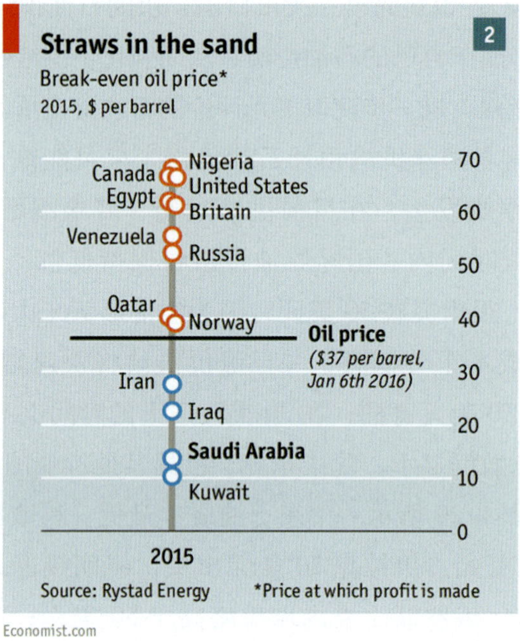

图1.29　世界各国2015年石油成本示意图

资料来源：Sale of the century? Jan 9th 2016，economist. http：//www. economist. com/news/briefing/21685475 – possible – ipo – saudi – aramco – could – mark – end – post – war – oil – order – sale? fsrc = scn% 2Ftw% 2Fte% 2Fpe% 2Fed% 2Fsaleofthecentury.

此外，香港致富证券北京研究院从不同数据的拟合结果可供参考。他们的研究表明，2016年，若美元指数在100～105，全球GDP增速为2%～2.5%水平，中国GDP增速在6.7%～7%之间的情况下，WTI原油年平均价格核心区间约在42～48美元/桶，极端区间在35.6～53.5美元/桶[①]。

（4）美联储加息冲击新兴市场国家

从历史经验来看，美国加息势必会造成新兴市场出现一定动荡。美联储降息向全球市场提供流动性，而加息意味着从全球回收流动性。美国正是从降息、加息造成的资本流动来对新兴市场国家“剪羊毛”。

2008年金融危机起源于发达国家，美国、欧洲、日本相继推出QE政策，

① 香港致富证券北京研究院：《2016年原油平均价格预估》，2015年12月16日。

资产收益率迅速下降。市场上过剩的流动性大量流入新兴市场。根据海通证券对 8 个主要新兴经济体的统计，2009 ~ 2013 年间流入新兴市场的资本高达 1.58 万亿美元，仅流入中国的就高达 8600 亿美元（如图 1.30 所示）。根据历史经验，前几年新兴市场资本净流入那么多，加息势必会带来新兴市场出现一些动荡。2014 年美联储加息预期产生后，8 个新兴经济体已经出现资本净流出。从历次美国加息的情况看，受影响最严重的往往是外债高、外储少的经济体，且前期吸入国际资本越多，加息时承受资本外流的压力就越大。当前从外债余额占外汇储备的比重看，马来西亚、阿根廷、智利、印尼、俄罗斯等国均在 100% 以上（如图 1.31 所示），这些国家需要注意；其中俄罗斯受到经济制裁，融资途径有限，未来会面临更大的冲击，值得高度警惕①。

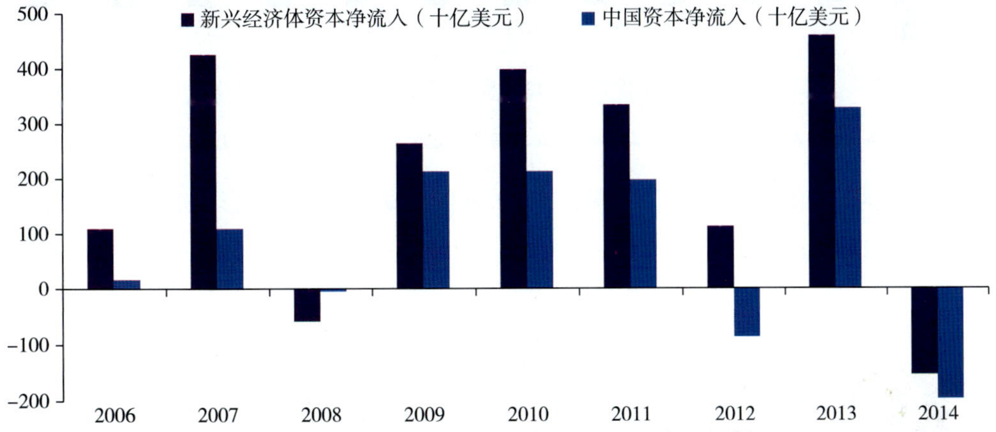

图 1.30　过去十多年来资本大量流入新兴经济体

资料来源：引自海通证券：《Déjà Vu——2016 年海外宏观报告》，2015 年 12 月 10 日。

注：资本净流入 = 外汇储备变化 - 经常项目差额。这里新兴经济体统计了中国、巴西、智利、印度、印尼、墨西哥、俄罗斯、泰国等 8 个经济体。

由于市场对 2015 年 12 月美联储加息已经有了充分预期，因此加息落地后，市场虽然出现了一定程度的震荡，但整体的涨跌幅度不大。然而，部分弱势国家已经开始出现严重后果，如阿根廷。阿根廷在美联储加息后宣布取消维持了四年的资本管制，允许汇率自由浮动，已经导致了阿根廷比索对美元大幅贬值，一度大跌 41% 后又收复部分跌幅。对于美联储未来的加息操作，目前

① 海通证券：《Déjà Vu——2016 年海外宏观报告》，2015 年 12 月 10 日。

市场机构较多的预测是 2016 年美联储将会有 2～4 次加息，最可能在 6 月会议和 11 月会议。

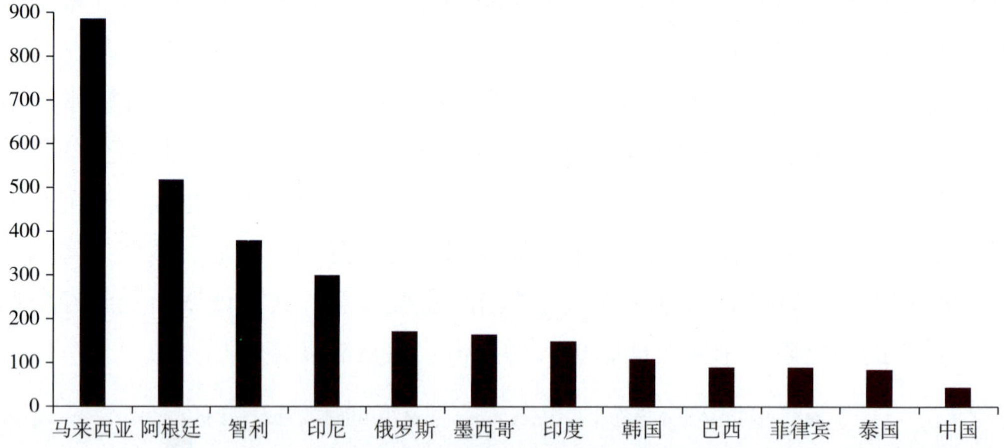

图 1.31　主要新兴经济体外债余额/外汇储备比重（%）

资料来源：引自海通证券：《Déjà Vu——2016 年海外宏观报告》，2015 年 12 月 10 日。

而美联储加息对中国的影响，可分为直接影响和间接影响，图 1.32 较好地阐述了其中的逻辑关系。

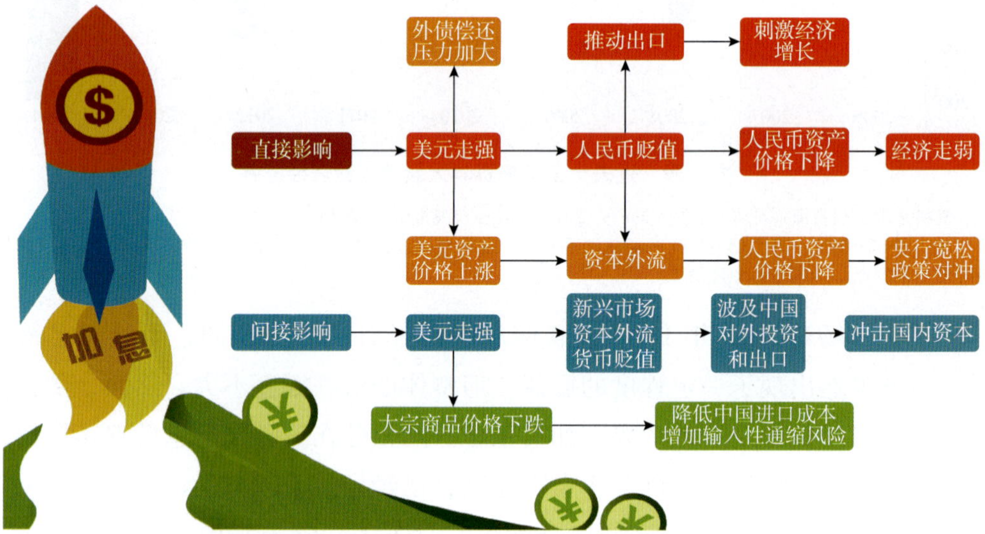

图 1.32　美联储加息对中国的影响

资料来源：2015 年 12 月 18 日，A01 版。

1.2.2 2016 年国内经济面临下行压力

（1）国内经济将继续面临下行压力

一是国内经济增速会进一步放缓，但保持平稳。中央经济工作会议指出，我国经济发展基本面是好的，但同时也面临着很多困难和挑战。根据 2015 年前三个季度对国内经济增长情况的数据统计，国内经济增速下滑，但整体下滑幅度有所收窄，并趋于稳定。由于三季度经济增速表现不佳，央行经过多次降准降息，并于 10 月 24 日又降准 0.5% 并降息 0.25%，宽松的货币政策使得贷款购房 5 年以上的基准利率从年初的 6.15% 下调了 1.25%，目前为 4.9%。货币政策宽松的同时，10 月 2 日还将首套房商贷首付调整至 25%，这有可能刺激房地产交易，因此预测未来经济增长继续保持中高速增长，并且经济保持稳定增长。

二是消费对经济增长的带动作用将会更大。根据图 1.24 对投资、消费、外贸对经济增长的带动作用变动趋势可以看出，全社会消费品总量的增长速度不断加大，而且三次产业比中，第三产业的增长速度也不断加快，这说明 2015 年为止，消费已经成为带动经济增长的主要动力，而在 2016 年，随着人们收入水平的不断提升，以及国家政策对第二产业工业的升级转型推动，产业结构优化将继续提升第三产业的比重，从而由消费发挥更大的经济增长引领作用。

三是固定资产投资增速会进一步下降。从 2015 年前 11 个月的固定资产投资数据来看，我国固定资产投资月增速呈现放缓趋势，说明固定资产社会投资下行面临着较大压力。一方面，企业自主投资的意愿不强烈。根据 PPI 和 PMI 的数据，我国企业 PPI 数据连续 4 年下跌，极大地压缩了企业的利润，同时，PMI 一度跌下荣枯线，说明企业受到产能过剩的影响，仍然关注去库存，因而整体缺少投资的意愿。另一方面，企业投资融资的成本持续过高，根据国家信息中心宏观经济形势课题组的调查，企业融资成本普遍高达 10%，对中小企业而言甚至超过 20%①，直接影响其投资决策。

四是制造业 PPI 增幅继续为负，但下降速度收窄。由于制造业整体运行低迷，过剩产能行业的产能调节依旧面临压力，因此，2016 年仍然以去产能、

---

① http：//stock. xinhua08. com/a/20150810/1536657. shtml.

调结构为主线，供给依旧持续过剩，因此预计2016年的PPI继续下降。但随着调结构速度加快，产能进一步压缩释放，PPI的下降速度将会收窄。

（2）产业结构调整加快

中央经济会议明确指出，2016年经济社会发展中，结构性改革的任务非常繁重，要“积极稳妥化解产能过剩”，“按照企业主体、政府推动、市场引导、依法处置的办法，研究制定全面配套的政策体系，因地制宜、分类有序处置，妥善处理保持社会稳定和推进结构性改革的关系”。因此，在2015年产业结构调整的基础上，2016年政府将从以多个方面加快产业结构的调整速度。

一是过剩产能继续压缩。2015年11月之前，钢铁、水泥、有色金属、船舶等严重过剩行业的企业产量已经有所下降，投资水平也在不断降低，但是由于减产比例低于需求降低的比例，因此产品价格进一步下降，且供求矛盾有拉大之势。2016年在原有基础上，继续加大对过剩产能的控制力度，在控制行业内企业生产和投资的同时，为现有产能的消化寻找新的出路，如通过“一带一路”等对外合作政策，将过剩产能向国外转移，或者开拓国外市场销路，为本国的过剩供给寻找新的需求。

二是“僵尸企业”将会大量退出市场。中央经济工作会议在妥善化解产能过剩中着重提到了企业退出的处理方法，预示着2016年将会有大量的过剩产能行业的“僵尸企业”退出市场，这将会最直接推进产能压缩、传统行业转型升级的手段。根据中央经济工作会议的提法，一方面要“依法为实施市场化破产程序创造条件，加快破产清算案件审理”，让过剩产能行业中需要直接破产清算的企业顺利从市场中退出；另一方面，“提出和落实财税支持、不良资产处置、失业人员再就业和生活保障以及专项奖补政策，资本市场配合企业兼并重组”，并且以多兼并重组、少破产清算为原则，安置好职工。这一举措将会严格控制住过剩产能行业的生产企业数量和产量增量。

三是高新技术产业、战略新兴产业的经济带动作用持续增强。在加速处理过剩产能的同时，高新技术产业、战略新兴产业将会快速发展，接替传统制造业和产能过剩行业，成为经济增长的重要带动力量。一是“双创”的持续发展，为高新技术产业、战略新兴产业的发展提供源源不断的创新动力，即随着大众创业、万众创新的进行，技术创新成果发展速度将会进一步加快，创新人才的流动也会逐渐增强，创新的融资环境进一步改善，从而为以技术创新为驱动的战略新兴产业和高新技术产业的发展提供更强的动力，支撑其发展加速。二是传统行业的改造升级，将会加速与高新技术产业、战略新兴产业的融合，从而共同带动经济发展。随着互联网 + 在传统行业的应用，加上我国落后产能的改造加速、过剩产能升级的加速，传统行业与高新产业、战略新兴产业的结合会越来越多，从而成为共同带动经济发展的动力源泉。

（3）全面推进供给侧改革

中央经济工作会议上，习近平主席提出了要“推进供给侧结构性改革，是适应和引领经济发展新常态的重大创新，是适应国际金融危机发生后综合国力竞争新形势的主动选择，是适应我国经济发展新常态的必然要求。”并且给出了供给侧改革的几大举措，即“注重加减乘除并举”，并且配合五大政策支柱，做到“宏观政策要稳、产业政策要准、微观政策要活、改革政策要实、社会政策要托底”。基于此，可以预测我国 2016 年的整体政策体系将会呈现出以下特征。

第一，宏观政策继续保持宽松。根据中央经济工作会议的内容，2016 年我国的宏观经济政策总体保持宽松稳健。一方面，积极的财政政策力度将会加大，会有减税政策、阶段性提高财政赤字、适当增加财政支出和政府投资来弥补 2015 年来持续的财政减收情况，以保障各级政府能够承担支出责任。因此，在财政支出不断增加的情况下，2016 年财政赤字将会进一步扩大，国债发行量会有进一步增加，并且政府会偏向于高新产业、环保产业、基础设施产业等领域进行投资。另一方面，货币政策保持稳健灵活，“降低融资成本，保持流动性合理充裕和社会融资总量适度增长，扩大直接融资比重，优化信贷结构，完善汇率形成机制”，未来预计央行会通过降息来增加市场货币供应量，增加市场流动性，从而扩大企业直接融资的渠道，降低间接融资成本。

第二，产业政策着重于制造业、基础设施业和服务业的改革。一是制造业升级政策会逐渐完善。2015 年，我国政府通过实施了制造业 2025 计划，并着力打造我国成为制造业强国，这一政策将在 2016 年继续贯彻执行，针对制造业优化升级转型、去过剩产能的政策将会配套出台，尤其是针对制造业企业的环保产业政策、节能减排产业政策、新能源开发利用等相关政策将会持续跟上，通过“着力补齐短板，加快绿色发展，发展实体经济”。二是基础设施建设和服务业发展政策将会有所跟进，尤其是对基础设施网络化建设的相应支持政策会不断落实，并且政府将会进一步注重对服务业经济拉动作用的重视，出台政策推进服务业的进一步快速增长。

第三，企业创新环境、融资环境将会继续改善。一是国家会进一步完善专利保护制度和创新成果交易平台的建立，通过完善法制法规的方式，对企业或个人的创新成果进行有效保护，以增强各类企业进行自主创新的积极性和信息，同时也吸引更多的投资到企业创新领域。二是融资风险管控会加强，鉴于2015年我国企业负债规模不断增加，产能过剩行业大量“僵尸企业”的出现，2016年金融系统面临着较大的违约风险。中央经济工作会议着重部署了对金融风险的化解和防范，一方面要“有效化解地方政府的债务风险，包括做好地方政府存量债务的置换、完善全口径政府债务管理、改进地方政府债券发行办法”。另一方面要加强对各类融行为的监管，对信用违约依法处置，包括对非法集资、企业违约、银行呆坏账的风险处理，对不法行为坚决打击，对企业债务违约行为提请其进行破产，对银行呆坏账风险进行风险监测和预警，通过推进银行体系改革，深化国有银行改革，防止系统性风险的发生。

第四，社保体系建设加快。2016年中央经济工作会议部署了产能过剩行业企业的退出，预计在2016年，将会有大量企业从产能过剩领域退出，退出过程中将不可避免地面临下岗职工的社保问题、养老问题。因此，2016年在企业大量退出市场的同时，国家将出台社保制度改革的相关对策，建立起更加完善的社保制度，包括提高社保标准、扩大社保覆盖范围等；同时养老保险制度改革将进一步加快，包括完善个人账户，坚持精算平衡等。

（4）企业成本进一步下降

中央经济工作会指出，供给侧改革要实行“加减乘除并举”，其中对企业成本的进一步控制是供给侧改革减法的主要内容。在2015年简政放权、税费减收的基础上，2016年将会继续沿着这两个思路，降低企业的融资成本、交易成本和运营成本。

第一，继续加大简政放权力度。中央经济工作会议中明确指出，“要降低制度性交易成本，转变政府职能、简政放权，进一步清理规范中介服务。”因此，2016 年政府将进一步放权给市场和企业，转变政府职能，激发市场活力。政府将着重发挥作用在供给管理，改变之前政府过度参与需求管理的状态，通过法制手段，提供恰当的政策，为企业的发展提供良好的制度环境和政策环境，而减少直接通过投资、货币政策参与需求管理、直接干预经济的做法。

第二，继续降低企业税费，如李克强总理强调的那样，通过结构性减税等手段，推动“双创”和“中国制造 2025”、“互联网 +”行动计划，促进服务业、先进制造业发展，扶持小微企业成长①。根据本年度中央经济会议的提议，主要通过以下几个做法降低企业经营所需缴纳的税费。一是清理各种不合理收费（广义上的减税，有利于降低宏观税负）；二是研究降低制造业增值税税率；三是降低社会保险费，研究精简归并“五险一金”。此外，减税在不同产业中有所侧重，2016 年将重点加大对新兴产业和消费领域的减税力度，以促进新兴产业的涌现和扩大消费新需求，重点加大对制造业、服务业和战略新兴产业、“双创”的税收扶持力度。

（5）改革红利影响更加突出

中央经济工作会议在论述供给侧管理的政策支撑体系中指出，要“加大力度推动改革落实”，这预示着 2016 年我国改革红利将会进一步释放，改革带给经济各个领域的影响将会进一步凸显。根据中央经济工作会议对 2016 年结构性改革的推进方式，强调“必须依靠全面深化改革”，在国有企业改革、财税体制改革、金融体制改革、银行体系改革、养老保险制度改革、医疗卫生体制改革等方面，进一步抓紧政策的落实，从而将改革从制度、政策设计层面推向企业、居民等微观层面，将改革红利进一步落实到经济社会的各个领域。

在国有企业改革方面，2016 年预计将会加快改组组建国有资本投资运营公司，并推进对垄断行业的改革；在财税体制改革方面，会对如何减轻企业负担、完善地方税体系、划分中央和地方事权等出台更加细致的政策；金融体制改革方面，预计将会对证券投资等直接投资市场的市场秩序进行规范，尤其会在如何维护投资者合法权益方面进行深入的改革；养老制度改革，将会进一步完善个人账户。

① 该观点引用了《经济参考报》“2016 年我国将加大对新兴产业和消费领域的减税力度”一文的观点，详见 http：//www. shui5. cn/article/49/84105. html。

（6）利用“一带一路”带动国际经济合作发展

2015 年，我国对外贸易持续呈现出明显的结构优化，并且在“一带一路”战略的不断推进过程中，我国高铁等高附加值的制造业产品出口有所增强，技术有所提高。2016 年，按照中央经济工作会议的部署，“要抓好‘一带一路’建设的落实，发挥好亚投行、丝路基金等机构的融资支撑作用，抓好重大标志性工程的落地”，“优化对外开放区域布局、推进外贸优进优出、积极利用外资、加强国际产能和装备制造合作、加快自贸区及投资协定的谈判、积极参与全球经济治理工作”。

基于此，预计 2016 年我国利用“一带一路”战略和亚投行等国际合作基金，将会进一步推进以下领域的国际经济合作。一是继续鼓励企业走出去，尤其是加强中西部地区与“一带一路”国家之间的国际经济合作。一方面，积极利用“一带一路”战略带来的区域经济发展新机遇，通过成立自贸区的方式，创建与更多的“一带一路”国家贸易往来的平台，尤其增进我国沿边地区与周边国家的贸易往来。另一方面，根据我国结构调整的需要，适当转移我国过剩产能，鼓励我国企业走出去，例如钢铁行业、技术密集型产业可以适当向周边发展中国家或不发达国家进行转移，既开拓了市场需求，又降低了企业运行成本，有助于我国产业结构调整的转型。二是有效利用“一带一路”带来的海外投资，但应防范投资风险。我国 2015 年已经起草成立亚投行的相关事宜，并且在 2016 年 1 月 16 日召开成立大会，它为基础设施建设投资提供了资金支持平台，结合丝路基金，可以为我国引入海外投资提供更多的机会。但是在利用外资的过程中，还应该注意防范相应的投资风险，尤其注意与一些小国合作的政治风险，以及投资回报风险、信贷风险等。

执笔：贾涛　张永伟　张哲

第二章 国有企业发展与改革

2.1　国有企业和国有资产的总量与结构

本部分主要根据国家统计局、国务院国有资产监督管理委员会和财政部的公开资料，从总体情况、行业布局和地区分布等三个维度对国有企业和国有资产进行分析，并与往年情况相比较。

2.1.1　国有企业和国有资产的总体情况

（1）国有企业基本情况

根据财政部发布的《2013 年全国国有企业财务决算情况》，截至 2013 年年末，全国各级国有法人企业共 15.5 万户，同比增长 5.8%。其中，中央企业 5.2 万户，同比增长 7.2%；地方国有企业 10.4 万户，同比增长 5.1%。2013 年年末，全国国有企业职工人数 3698.4 万人，同比增长 0.7%。其中，中央企业 1762.9 万人，同比增长 1.3%；地方国有企业 1935.5 万人，同比增长 0.2%。

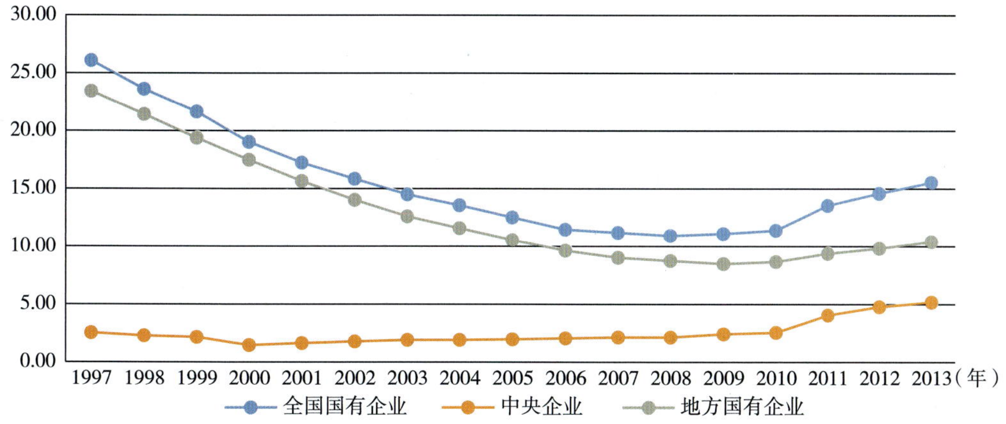

图 2.1　1997－2013 年国有企业户数（万户）

数据来源：历年《中国财政年鉴》。

从图 2.1 可以看出，全国国有企业户数受中央企业影响，多年来一直逐年下降。从 2009 年开始，全国企业国有企业户数因地方国有企业增加而逐年增加，但增长率逐年递减。2011 年全国国有企业户数较 2010 年增长了 19.3%。然而，2013 年全国国有企业户数年增长率仅为 5.4%。

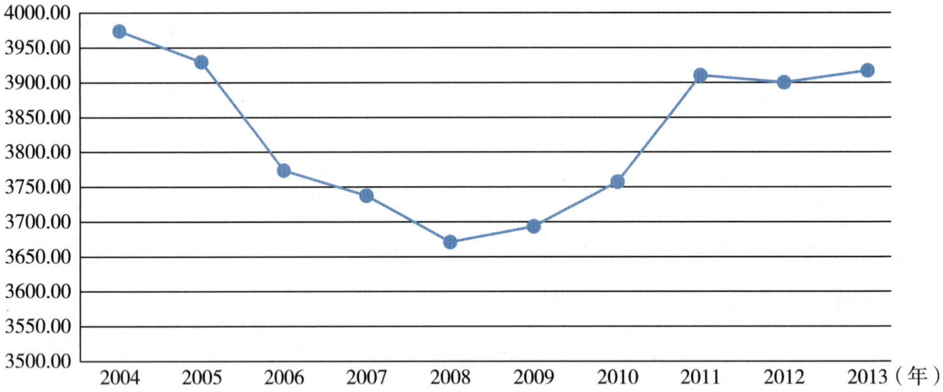

图 2.2　1997～2013 年全国国有企业职工数量（万人）

数据来源：历年《中国国有资产监督管理年鉴》。

从图 2.2 可以看出，2004～2013 年 10 年间，全国国有企业职工总数成“V”字形趋势。在经历了 2008 年最低点后，2009 年至 2011 年全国国有企业职工总数逐年回升。2012 年与 2013 年全国国有企业职工总数开始趋于稳定。

（2）国有资产总体情况

如表 2.1 所示，截至 2013 年底，全国国有企业资产合计为 174.09 万亿，总负债为 105.86 万亿，所有者权益为 68.23 万亿，年末资产总量为 63.55 万亿，较上年均有增长。资产负债率为 60.8%，较上年略有增长。从合并数据来看，全国国有资产合计为 118.11 万亿，负债为 78.73 万亿，所有者权益为 39.38 万亿，年末资产总量为 28.74 万亿，资产负债率为 66.7%，较上年均有增长。

表 2.1　　2013 年底全国国有企业资产负债表（万亿）①

	资产	负债	所有者权益	资产负债率（%）	年末国有资产总量
全国合并	118.11	78.73	39.38	66.70	28.74
全国合计	174.09	105.86	68.23	60.80	63.55

数据来源：《中国国有资产监督管理年鉴 2014》。

① 由于统计口径不同，国有资产监督管理委员会与财政部公布的数据略有不同，但整体趋势一致。

从表 2.2 可以看出，近 5 年中我国国有企业总资产与净资产增长迅速，国有资产总量也平均以每年按近 17% 的增速增长。国有企业的资产负债率保持稳定略有增长，保持在 64% 左右。

表 2.2　　　　近 5 年国有资产总量情况对比（万亿）

	总资产	净资产	资产负债率（%）	国有资产总量
2013	104.09	37.00	64.50	29.33
2012	89.49	31.98	64.30	25.25
2011	75.91	27.30	64.00	21.73
2010	64.02	23.42	63.40	18.54
2009	51.41	19.87	62.80	15.74
增长率（2013,%）	16.32%	15.71%	0.31%	16.16%
增长率（2012,%）	17.89%	17.13%	0.47%	16.21%
增长率（2011,%）	18.57%	16.58%	0.95%	17.23%
增长率（2010,%）	24.52%	17.84%	0.96%	17.77%

数据来源：历年《中国财政年鉴》。

从图 2.3 可以看出，1997～2013 年国有资产总量逐年增长，并且 2007 年后增速变快。2013 年我国国有资产总量已为 1997 年时的 6 倍有余。从图 2.4 可以看出，我国国有企业资产总额、净资产总额，以及利润总额均逐年增加。与国有资产总量趋势相似，国有资产总额在 2007 年后增长较快，2013 年资产总额相较 1997 年已增长 8 倍有余。净资产总额也有较快增长，2013 年国有企业净资产总额为 1997 年时的 8 倍有余。相比之下，利润总额增长最快。2013 年全国国有企业利润总额为 2.56 万亿，为 1997 年时的近 33 倍。

（3）规模状况

结合表 2.3 与图 2.5，按照国有资产监督管理委员会对于企业规模的划分来看，截至 2013 年我国大型国有企业共 9255 户、中型国有企业共 28865 户、小型国有企业共 56047 户、微型国有企业共 65017 户，分别占总户数的 5.81%、18.13%、35.12%，以及 40.84%。年末国有资产总量方面，大型国有企业有 290244.6 亿元、中型国有企业共 102679.1 亿元、小型国有企业共 111641.2 亿元、微型国有企业共 130912.9 亿元，分别占总户数的 45.67%、16.16%、17.57%，以及 20.60%。就年末从业人员人数来看，大型国有企业

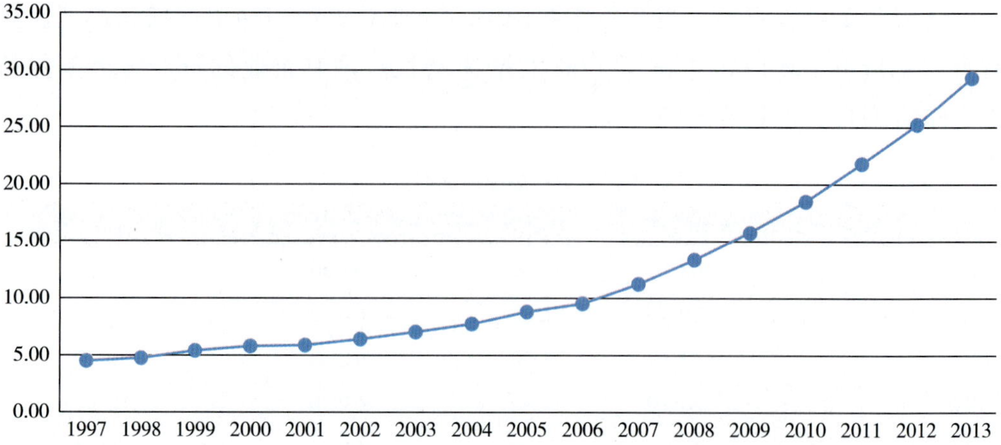

图 2.3　国有资产总量（万亿）

数据来源：历年《中国财政年鉴》。

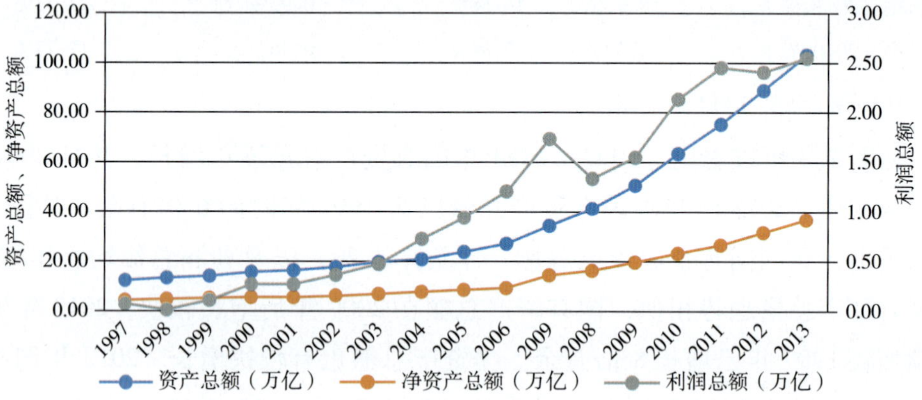

图 2.4　1997～2013 年国有企业资产基本情况统计

数据来源：历年《中国财政年鉴》。

共有 2337.6 万人、中型国有企业共有 1032.7 万人、小型国有企业共有 440.9 万人、微型国有企业共有 111.4 万人，分别占总户数的 59.59%、26.33%、11.24%，以及 2.84%。经分析可以看出，我国国有企业从业人员与国有资产总量的分布较为集中，大型国有企业数量仅占全部企业数量的 1/12，但国有资产与从业人员数量却占到了总量的一半。

表 2.3　　2013 年全国国有企业按规模分析（1）

	户数	户数占比（%）	年末从业人员人数（万人）	年末从业人员占比（%）	年末国有资产总量（亿元）	年末国有资产总量占比（%）
大型企业	9255	5.81	2337.6	59.59	290244.6	45.67
中型企业	28865	18.13	1032.7	26.33	102679.1	16.16
小型企业	56047	35.21	440.9	11.24	111641.2	17.57
微型企业	65017	40.84	111.4	2.84	130912.9	20.60
合计	159184	100	3922.6	100	635477.8	100

数据来源：《中国国有资产监督管理年鉴 2014》。

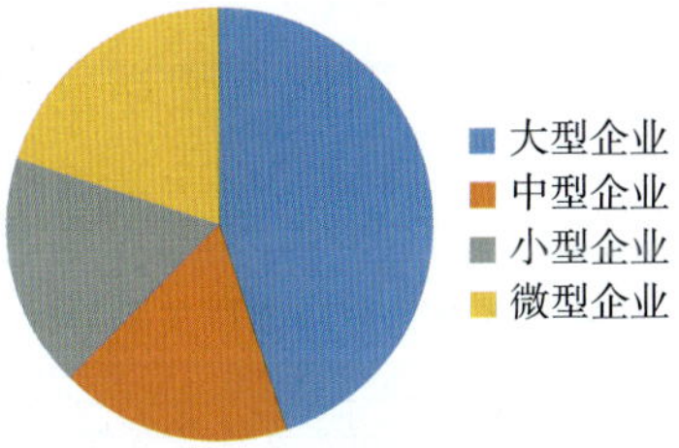

图 2.5　2013 年年末不同规模国有企业国有资产总量分布

数据来源：《中国国有资产监督管理年鉴 2014》。

表 2.4　　2013 年全国国有企业按规模分析（2）（万亿）

	资产总计	资产占比（%）	负债合计	负债占比（%）	净资产总计	净资产占比（%）	资产负债率（%）
大型企业	85.64	49.19	53.93	50.94	31.71	46.47	63.00
中型企业	30.73	17.65	19.77	18.67	10.97	16.07	64.30
小型企业	27.42	15.75	15.66	14.79	11.76	17.23	57.10
微型企业	30.30	17.41	16.51	15.59	13.80	20.22	54.50
合计	174.09	100	105.86	100	68.23	100	N/A

数据来源：《中国国有资产监督管理年鉴 2014》。

从表 2.4 可以看出，大型国有企业资产、负债，以及净资产均占总量的约 50%。中型国有企业的资产负债率较上一年增长最快，已超过大型国有企业。小型和微型国有企业的资产负债率较低。由此可见，金融机构在国有企业中存在着规模偏好，但规模偏好有消退趋势，从大型国有企业向中型国有企业转移。

（4）中央企业和地方国有企业

按隶属关系来看，2013 年末我国中央企业共 51327 户，地方国有企业共 107857 户，分别占总户数的 32.24% 与 67.76%。中央企业年末从业人员共 1834.9 万人，地方国有企业共 2084.4 万人，分别占总从业人员数量的 46.82% 与 53.18%。中央企业年末国有资产总量为 122965.1 亿元，地方国有企业年末国有资产总量为 165437.3 亿元，分别占 42.64% 与 57.36%。另外，截至 2013 年末，中央企业共有总资产 48.5 万亿，负债 32 万亿，净资产 16.5 万亿，平均资产负债率为 66%。地方国有企业共有总资产 69.57 万亿，负债 46.7 万亿，净资产 22.87 万亿，平均资产负债率为 67.1%。可以看出，地方国有企业在规模上要超过中央企业，资产负债率也要高于中央企业（见表 2.5 和表 2.6）。

表 2.5　2013 年全国国有企业按隶属关系分析（1）

	户数	户数占比（%）	年末从业人员人数（万人）	年末从业人员占比（%）	年末国有资产总量（亿元）	年末国有资产总量占比（%）
中央	51327	32.24	1834.9	46.82	122965.1	42.64
地方	107857	67.76	2084.4	53.18	165437.3	57.36
合计	159184	100.00	3919.3	100.00	288402.4	100.00

数据来源：《中国国有资产监督管理年鉴 2014》。

表 2.6　2013 年全国国有企业按隶属关系分析（2）（万亿）

	资产总计	负债合计	净资产总计	资产负债率（%）
中央	48.50	32.00	16.50	66.0
地方	69.57	46.70	22.87	67.1

数据来源：《中国国有资产监督管理年鉴 2014》。

2.1.2　国有企业与国有资产的行业分布

（1）按产业作用分类的分布情况

2013 年末，国资委统计的 159184 户国有企业中，基础性行业占比 28.67%，一般生产加工行业 18.73%，商贸服务及其他行业占比 52.6%。基础性行业共有从业人员 1971 万人，一般生产加工行业共有 1158.6 万人，商贸服务及其他行业共有 792.9 万人，分别占 50.25%、29.54%，以及 20.21%。年末国有资产总量中，基础性行业占比 53.98%，一般生产加工行业 11.85%，商贸服务及其他行业占比 34.17%。从资产分布来看，基础性行业的资产总量最高，商贸服务及其他行业次之，一般生产加工行业最低。然而，基础性行业的资产负债率最低，而商贸服务及其他行业的资产负债率最高，一般生产加工行业处于中间。

表 2.7　　2013 年按产业作用分类的全国国有企业分布（1）

	户数	户数占比（%）	年末从业人员人数（万人）	年末从业人员占比（%）	年末国有资产总量（亿元）	年末国有资产总量占比（%）
基础性行业	45639	28.67	1971.00	50.25	343046.60	53.98
一般生产加工行业	29808	18.73	1158.60	29.54	75309.20	11.85
商贸服务及其他行业	83737	52.60	792.90	20.21	217122.00	34.17
合计	159184	100	3922.5	100	635477.8	100

数据来源：《中国国有资产监督管理年鉴 2014》。

表 2.8　　2013 年按产业作用分类的全国国有企业分布（2）

	资产总计	负债合计	净资产总计	资产负债率（%）
基础性行业	79.9	43.7	36.2	54.7
一般生产加工行业	20.0	11.2	8.8	56.1
商贸服务及其他行业	74.2	50.9	23.3	68.6

数据来源：《中国国有资产监督管理年鉴 2014》。

（2）细分为十五类的国有企业行业分布

2013 年末，考察全国国有企业的细分行业分布可以看出国有企业在数量方面主要集中于工业、餐饮业、房地产业，以及社会服务业等行业，分别占比 26.86%、15.46%、9.76%，以及 14.54%。从年末从业人员来看，国有企业从业人员主要集中在工业与交通运输业，分别占 46.7%和 11.8%。从年末国有资产总量来看，主要集中在工业、交通运输业，以及社会服务业，分别占比 36.85%、16.05%，以及 17.32%。总体规模上看，工业仍处于我国国有经济中最为重要的地位。

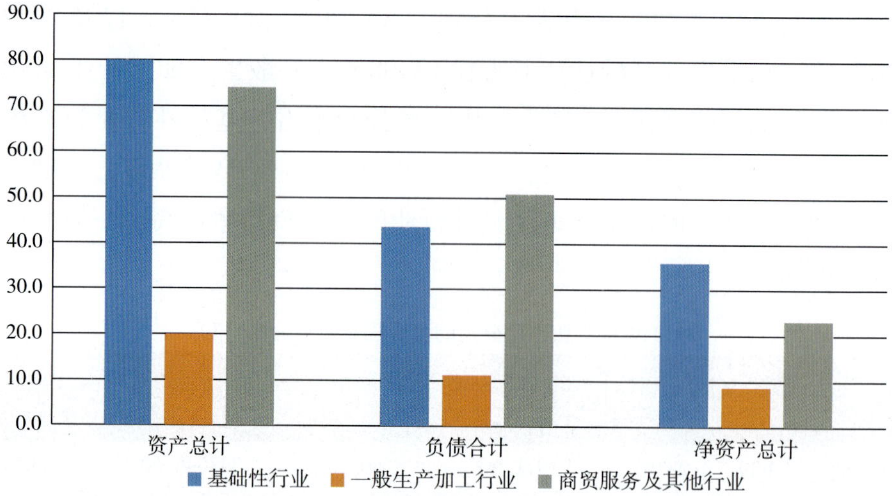

图 2.6 2013 年按产业作用分类的国有企业（万亿）

数据来源：《中国国有资产监督管理年鉴 2014》。

表 2.9 2013 年全国国有企业细分行业分布

	户数	户数占比（%）	年末从业人员人数（万人）	年末从业人员占比（%）	年末国有资产总量（亿元）	年末国有资产总量占比（%）
农林牧渔业	6449	4.05	329.20	8.39	4116.90	0.65
工业	42758	26.86	1831.90	46.70	234192.20	36.85
建筑业	9748	6.12	355.80	9.07	33309.70	5.24
地质勘查及水利业	1497	0.94	15.20	0.39	3310.50	0.52
交通运输业	9919	6.23	462.90	11.80	101980.40	16.05
仓储业	7223	4.54	28.90	0.74	2885.90	0.45
邮电通信业	760	0.48	132.80	3.39	42791.80	6.73
餐饮业	24607	15.46	248.50	6.34	29852.40	4.70
房地产业	15530	9.76	81.80	2.09	44502.70	7.00
信息技术服务业	2154	1.35	28.50	0.73	1496.30	0.24
社会服务业	23141	14.54	193.40	4.93	110091.40	17.32
卫生体育福利业	733	0.46	10.50	0.27	648.50	0.10
教育文化广播业	5507	3.46	42.10	1.07	4955.80	0.78
科学研究和技术	7718	4.85	72.10	1.84	5709.30	0.90
金融业	1238	0.78	87.90	2.24	15406.80	2.42
其他	202	0.13	1.10	0.03	227.40	0.04

数据来源：《中国国有资产监督管理年鉴 2014》。

（3）国有工业企业分布

表2.10显示了我国国有工业企业行业分布情况。在数量方面，国有企业主要集中于机械工业、电力工业，以及市政公用工业等行业，分别占比18.55%、14.72%，以及11.73%。从年末从业人员来看，国有企业从业人员主要集中在煤炭工业、冶金工业、机械工业以及电力工业，分别占18.75%、11.79%、15.95%，以及11.15%。从年末国有资产总量来看，主要集中在石油和石化工业、冶金工业，以及电力工业，分别占比26.49%、11.54%，以及19.93%。

表2.10　　2013年全国国有企业细分行业分布（1）

	户数	户数占比（%）	年末从业人员人数（万人）	年末从业人员占比（%）	年末国有资产总量（亿元）	年末国有资产总量占比（%）
工业	42758	100	1831.9	100	234192.2	100
煤炭工业	2760	6.45	343.4	18.75	20373.8	8.70
石油和石化工业	803	1.88	175	9.55	62037.8	26.49
冶金工业	2882	6.74	216	11.79	27031	11.54
建材工业	3048	7.13	65.9	3.60	4456.1	1.90
化学工业	3043	7.12	107.3	5.86	7411.3	3.16
森林工业	168	0.39	2.2	0.12	32.1	0.01
食品工业	2117	4.95	34.7	1.89	1141.6	0.49
烟草工业	166	0.39	23.3	1.27	12713.7	5.43
纺织工业	579	1.35	21.3	1.16	542.5	0.23
医药工业	853	1.99	30.1	1.64	2026.4	0.87
机械工业	7931	18.55	292.2	15.95	21770.5	9.30
其中：汽车工业	1364	3.19	98.9	5.40	10346.6	4.42
电子工业	1789	4.18	59	3.22	3944.8	1.68
电力工业	6296	14.72	204.2	11.15	46680.9	19.93
市政公用工业	5017	11.73	81.5	4.45	9794.7	4.18
其他工业	3755	8.78	85.2	4.65	4098.4	1.75

数据来源：《中国国有资产监督管理年鉴2014》。

表 2.11　　2013 年全国国有企业细分行业分布（2）（万亿）

	资产负债率（%）	资产总计	负债合计	净资产总计
工业	56.7	59.54	33.73	25.81
煤炭工业	63.2	6.21	3.92	2.28
石油和石化工业	45.9	11.96	5.49	6.47
冶金工业	62.7	7.77	4.87	2.90
建材工业	63.3	1.60	1.01	0.59
化学工业	64.4	2.58	1.66	0.92
森林工业	82.6	0.02	0.02	0.00
食品工业	69	0.47	0.33	0.15
烟草工业	14.7	1.49	0.22	1.27
纺织工业	59.2	0.17	0.10	0.07
医药工业	46.7	0.51	0.24	0.27
机械工业	55.9	6.42	3.59	2.83
其中：汽车工业	48.7	2.71	1.32	1.39
电子工业	54.9	1.12	0.62	0.51
电力工业	62.9	13.24	8.33	4.92
市政公用工业	56.4	2.43	1.37	1.06
其他工业	53.9	1.10	0.59	0.51

数据来源：《中国国有资产监督管理年鉴 2014》。

从表 2.11 可以看出，我国国有工业企业资产主要集中于石油和石化工业、冶金工业、机械工业，以及电力工业。从企业财务风险角度来看，森林工业企业具有最高的资产负债率，高达 82%，而烟草工业则具有较低的财务风险，资产负债率仅为 14.7%。该情况与 2012 年比较差别不大。

2.1.3　按区域划分的国有企业分布

（1）按区域划分的国有企业分布

从区域划分来看国有企业分布，2013 年末我国国有企业从数量上主要集中于东部沿海地区，其次是西部边远地区，最后是中部内陆地区，分别占比 55.05%、24.07%，以及 20.89%。年末国有资产总量分布于企业数量相似，东部沿海地区、中部内陆地区，以及西部边远地区分别占比 63.17%、15.90%，以及 20.94%。从业人员数量上主要集中于东部沿海地区，其次是中部内陆地区，最后是西部边远地区，分别占比 44.72%、29.08%，以及 26.20%。相较 2012 年，西部边远地区国有企业无论是从数量上、从业人员上

还是从国有资产总量上都有增长，占比也有提高，这与我国坚持西部大开发、西部地区后发优势呈现和产业梯度转移都有关系（见表 2.12）。

表 2.12　　2013 年国有企业的区域分布（1）

	户数	户数占比（%）	年末从业人员人数（万人）	年末从业人员占比（%）	年末国有资产总量（亿元）	年末国有资产总量占比（%）
东部沿海地区	84487	55.05	1738.9	44.72	379750.3	63.17
中部内陆地区	32056	20.89	1130.7	29.08	95580.7	15.90
西部边远地区	36938	24.07	1018.8	26.20	125869.3	20.94

数据来源：《中国国有资产监督管理年鉴 2014》。

从表 2.13 与图 2.7 可以看出，我国国有企业的资产主要集中于东部沿海地区，其次是西部边远地区，最后是中部内陆地区。三个区域的国有企业在资产负债率方面差别不大，西部边远地区的国有企业稍高。

表 2.13　　2013 年国有企业的区域分布（2）

	资产总计	负债合计	净资产总计	资产负债率（%）
东部沿海地区	104.84	63.87	40.97	60.9
中部内陆地区	25.73	15.39	10.34	59.8
西部边远地区	34.05	20.77	13.28	61

数据来源：《中国国有资产监督管理年鉴 2014》。

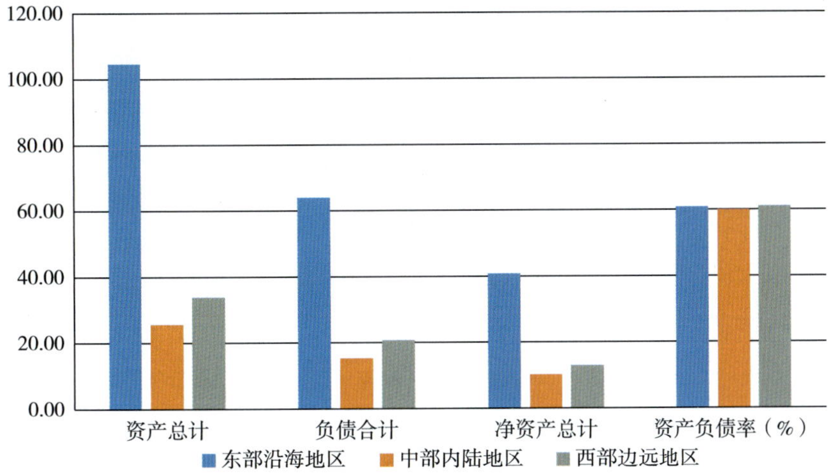

图 2.7　2013 年国有企业资产区域分布情况

数据来源：《中国国有资产监督管理年鉴 2014》。

（2）各省（市、自治区）国有企业分布情况

根据国资委的统计，2013 年末我国地方国有企业共有 107857 户，分布情况如表 2.14 所示。可以看出，国有企业主要集中在北京、山西、上海、浙江、江苏、山东以及广东等省市。从业人员主要集中在北京、山西、山东、河南等省市。国有资产总量主要集中在上海、浙江、江苏、四川，以及重庆等省市。总体来看，与 2012 年、2011 年变化不大。

表 2.14　　2013 年地方国有企业分布情况（1）

	户数	户数占比（%）	年末从业人员人数（万人）	年末从业人员占比（%）	年末国有资产总量（亿元）	年末国有资产总量占比（%）
地方小计	107857	100.00	2084.4	100.00	165437.3	100.00
北京市	7098	6.58	119	5.71	5705.8	3.45
天津市	4078	3.78	43.7	2.10	7002.4	4.23
河北省	2825	2.62	76.7	3.68	2623.7	1.59
山西省	5553	5.15	147.3	7.07	2734.5	1.65
内蒙古自治区	901	0.84	39.1	1.88	2327.7	1.41
辽宁省	3311	3.07	77.8	3.73	5196.7	3.14
其中：大连市	678	0.63	11.3	0.54	1569.9	0.95
吉林省	667	0.62	29.6	1.42	1194.9	0.72
黑龙江省	2728	2.53	85.5	4.10	3840.2	2.32
上海市	11021	10.22	160.7	7.71	13950.6	8.43
浙江省	7520	6.97	89.1	4.27	12443.3	7.52
其中：宁波市	822	0.76	6.9	0.33	2254.6	1.36
江苏省	5617	5.21	79.7	3.82	16104.4	9.73
安徽省	2870	2.66	85.5	4.10	6983.3	4.22
福建省	4750	4.40	61.7	2.96	5506.7	3.33
其中：厦门市	1305	1.21	14.6	0.70	1298.8	0.79
江西省	1742	1.62	49.9	2.39	4514.1	2.73
山东省	5721	5.30	155.2	7.45	6780.2	4.10
其中：青岛市	883	0.82	22.7	1.09	1409	0.85
河南省	4042	3.75	109.4	5.25	4245	2.57

续表

	户数	户数占比（%）	年末从业人员人数（万人）	年末从业人员占比（%）	年末国有资产总量（亿元）	年末国有资产总量占比（%）
湖北省	2547	2.36	52.4	2.51	4787.1	2.89
湖南省	2259	2.09	47.4	2.27	4903.7	2.96
广东省	7985	7.40	115	5.52	9998.9	6.04
其中：深圳市	1170	1.08	19.3	0.93	2243.6	1.36
海南省	706	0.65	6.7	0.32	964.7	0.58
广西壮族自治区	3636	3.37	53.3	2.56	4245.3	2.57
贵州省	2413	2.24	47.2	2.26	4141.4	2.50
四川省	3736	3.46	65.5	3.14	8269.3	5.00
重庆市	2765	2.56	61.8	2.96	10762.2	6.51
云南省	3266	3.03	56.8	2.73	5000.9	3.02
陕西省	3566	3.31	77.3	3.71	4233.4	2.56
甘肃省	1569	1.45	41.3	1.98	2956.7	1.79
青海省	585	0.54	11.7	0.56	1682.5	1.02
西藏自治区	411	0.38	2.4	0.12	241.9	0.15
宁夏回族自治区	459	0.43	6.2	0.30	401	0.24
新疆维吾尔自治区	1510	1.40	29.8	1.43	1694.8	1.02

数据来源：《中国国有资产监督管理年鉴2014》。

从表2.15可以看出，2013年国有企业资产上海市与江苏省的集中度较高。从资产负债率来看，较高前三位分别是上海（79%）、宁夏（78.7%）和天津（76.4%）。其中，天津市国有企业的资产负债率上升幅度最大，上年同期天津市国有企业的资产负债率仅为67.7%。资产负债率排名后三位分别是黑龙江（47.2%）、深圳（51.3%）与江西（52.6%）。其中，黑龙江省国有企业资产负债率下降最快，上年同期为64.6%。

表2.15　　　　2013年地方国有企业分布情况（2）（万亿）

	资产总计	负债合计	净资产总计	资产负债率（%）
地方小计	69.57	46.70	22.87	67.1
北京市	3.49	2.40	1.09	68.8

续表

	资产总计	负债合计	净资产总计	资产负债率（%）
天津市	4.38	3.34	1.03	76.4
河北省	1.56	1.10	0.46	70.3
山西省	1.94	1.45	0.49	74.9
内蒙古自治区	0.80	0.50	0.30	62.2
辽宁省	1.73	1.08	0.65	62.5
其中：大连市	0.43	0.23	0.20	53.1
吉林省	0.43	0.28	0.16	64.3
黑龙江省	0.84	0.39	0.44	47.2
上海市	11.06	8.74	2.32	79
浙江省	3.57	2.09	1.48	58.6
其中：宁波市	0.72	0.47	0.26	64.5
江苏省	5.53	3.36	2.18	60.7
安徽省	2.35	1.36	0.99	57.8
福建省	2.09	1.37	0.71	65.8
其中：厦门市	0.58	0.41	0.17	70.9
江西省	1.18	0.62	0.56	52.6
山东省	3.24	2.21	1.04	68.1
其中：青岛市	0.67	0.46	0.21	68.6
河南省	1.79	1.21	0.59	67.3
湖北省	2.00	1.36	0.64	67.9
湖南省	1.37	0.75	0.62	54.6
广东省	4.41	2.94	1.47	66.6
其中：深圳市	0.66	0.34	0.32	51.3
海南省	0.28	0.17	0.11	59.6
广西壮族自治区	1.68	1.11	0.57	66.2
贵州省	1.39	0.85	0.55	60.8
四川省	2.85	1.81	1.04	63.6
重庆市	3.32	2.12	1.20	63.8
云南省	1.87	1.19	0.68	63.7
陕西省	2.06	1.43	0.63	69.5

续表

	资产总计	负债合计	净资产总计	资产负债率（%）
甘肃省	0.92	0.55	0.37	59.5
青海省	0.49	0.28	0.21	57.7
西藏自治区	0.07	0.04	0.03	58.1
宁夏回族自治区	0.32	0.25	0.07	78.7
新疆维吾尔自治区	0.58	0.37	0.21	63.3

数据来源：《中国国有资产监督管理年鉴 2014》。

2.2　近年国有企业改革与发展状况

2.2.1　国有企业经营状况

（1）2014 年全年主要经济效益指标情况①

相较于 2013 年②，2014 年全国国有及国有控股企业利润总额和应交税金同比增幅均放缓。汽车、医药等行业利润增幅较高，煤炭、化工等行业利润降幅较大，有色行业处于亏损状态。

①营业总收入与营业总成本。

2014 年我国国有企业营业总收入 480636.4 亿元，同比增长 4%。其中，中央企业 293790.3 亿元，同比增长 3.1%；地方国有企业 186846.1 亿元，同比增长 5.5%。同期，我国国有企业营业总成本 466605.4 亿元，同比增长

① 所称全国国有及国有控股企业，包括中央企业和 36 个省（自治区、直辖市、计划单列市）的地方国有及国有控股企业，不含国有金融类企业。其中，中央企业包括国务院国资委监管的 113 家中央管理企业，中央部门所属的国有及国有控股企业，以及财政部监管的中国铁路总公司、中国邮政集团公司和中国烟草总公司等。

② 2013 年国有企业累计实现营业总收入 464749.2 亿元，同比增长 10.1%。其中，中央企业 284407.1 亿元，同比增长 8.8%；地方国有企业 180342.1 亿元，同比增长 12.3%。国有企业累计发生营业总成本 448969.8 亿元，同比增长 10.3%，其中销售费用、管理费用和财务费用分别同比增长 12.2%、6.9% 和 8.6%。中央企业 272151.3 亿元，同比增长 8.9%，其中销售费用、管理费用和财务费用分别同比增长 12.4%、7.3% 和 5.8%；地方国有企业 176818.5 亿元，同比增长 12.5%，其中销售费用、管理费用和财务费用分别同比增长 11.9%、6.4% 和 11.5%。国有企业累计实现利润总额 24050.5 亿元，同比增长 5.9%。其中，中央企业 16652.8 亿元，同比增长 7.4%；地方国有企业 7397.7 亿元，同比增长 2.7%；国有企业应交税费 36812 亿元，同比增长 7.8%。其中，中央企业 28030.2 亿元，同比增长 9.2%；地方国有企业 8781.8 亿元，同比增长 3.4%。

4.5%，销售费用、管理费用和财务费用同比分别增长 4.4%、2.6% 和 19.2%。其中，中央企业 281727.7 亿元，同比增长 3.3%，其中销售费用、管理费用和财务费用同比分别增长 2.4%、2.7% 和 23.5%；地方国有企业 184877.7 亿元，同比增长 6.3%，销售费用、管理费用和财务费用同比分别增长 8.6%、2.3% 和 15.1%。

相较于 2013 年，2014 年国有企业营业总收入和营业总成本双项指标实现正增长，但国有企业营业总收入环比增速出现较大幅度下滑，营业总成本增速也下滑明显，二者环比增速尚不及上年一半。从内部结构看，2014 年中央企业和地方国有企业两类国企营业收入总量都高于 2013 年，但增长速度都出现较大程度下滑。不过，地方国有企业营业收入增速高于中央企业。

表 2.16　　2013～2014 年国有企业部分经济效益指标情况（单位：亿元）

	2013 年					
	中央企业	环比增	地方企业	环比增	全国	环比增
营业总收入	284407.1	8.8%	180342.1	12.3%	464749.2	10.1%
营业总成本	272151.3	8.9%	176818.5	12.5%	448969.8	10.3%
实现利润	16652.8	7.4%	7397.7	2.7%	24050.5	5.9%
应交税金	28030.2	9.2%	8781.8①	3.4%	36812	7.8%
资产	483178	11.6%	427860.6	14.5%	911038.6	12.9%
负债	317519.4	12.6%	275647.1	15.6%	593166.5	14.0%
所有者权益	165658.6	9.8%	152213.5	12.5%	317872.1	11.1%
	2014 年					
	中央企业	环比增	地方企业	环比增	全国	环比增
营业总收入	293790.3	3.1%	186846.1	5.5%	480636.4	4.0%
营业总成本	281727.7	3.3%	184877.7	5.3%	466605.4	4.5%
实现利润	17280.2	3.6%	7485.2	2.8%	24765.4	3.4%
应交税金	29169.9	6.6%	8690.9	2.8%	37860.8	5.7%
资产	537068	10.9%	484119.8	13.3%	1021187.8	12.1%
负债	352621.4	10.8%	312937	13.8%	665558.4	12.2%
所有者权益	184446.6	11.2%	171182.8	12.4%	355629.4	11.8%

数据来源：根据财政部有关资料整理。

① 此处的 2013 年统计数据包含了应交税、费两部分，2014 年统计数据以应交税金为主。

②实现利润和纳税情况。

2014 年国有企业利润总额达 24765.4 亿元，同比增长 3.4%。其中，中央企业 17280.2 亿元，同比增长 3.6%；地方国有企业 7485.2 亿元，同比增长 2.8%。2014 年国有企业应交税金 37860.8 亿元，同比增长 5.7%。其中，中央企业 29169.9 亿元，同比增长 6.6%；地方国有企业 8690.9 亿元，同比增长 2.8%。

相较于 2013 年，2014 年我国国有企业利润总额和纳税总额实现正增长，但增速有所下降。从国有企业内部结构看，中央企业利润增速下滑明显，地方国有企业利润增速则略高于上年；中央企业和地方国有企业应交税金增速双双下滑，但中央企业下滑幅度大于地方国有企业。

③资产、负债和所有者权益。

2014 年，我国国有企业资产总额 1021187.8 亿元，同比增长 12.1%；负债总额 665558.4 亿元，同比增长 12.2%；所有者权益合计 355629.4 亿元，同比增长 11.8%。其中，中央企业资产总额 537068 亿元，同比增长 10.9%；负债总额 352621.4 亿元，同比增长 10.8%；所有者权益为 184446.6 亿元，同比增长 11.2%。地方国有企业资产总额 484119.8 亿元，同比增长 13.3%；负债总额 312937 亿元，同比增长 13.8%；所有者权益为 171182.8 亿元，同比增长 12.4%。相较于 2013 年，在资产增长模式方面出现了一个显著的变化：中央企业所有者权益增速高于上年。

（2）2015 年 1 ~9 月主要经济效益指标情况

2015 年 1 ~9 月，全国国有企业经济运行下行压力依然较大。主要表现在：一是国有企业利润同比降幅略有扩大。1 ~9 月国有企业利润降幅（ -8.2%）比 1 ~8 月（ -6.6%）扩大 1.6 个百分点。二是地方国有企业利润连续两月出现同比下降。1 ~9 月地方国有企业利润同比下降 2.7%（1 ~8 月同比下降 1%）。三是钢铁、煤炭和有色行业继续亏损。

①营业总收入和实现利润情况。

2015 年 1 ~9 月，我国国有企业营业总收入 330571.7 亿元，同比下降 6.1%。国有企业累计营业总成本 321406.3 亿元，同比下降 5.3%。利润总额 17428.5 亿元，同比下降 8.2%。总体来说，2015 年我国国有企业开局欠佳，国有企业营业总收入、国有企业累计营业总成本、国有企业利润总额三项指标均低于 2014 年同期。但第二、第三季度国有企业销售利润率呈现回升趋势，并略高于 2014 年同期，但尚不稳定。

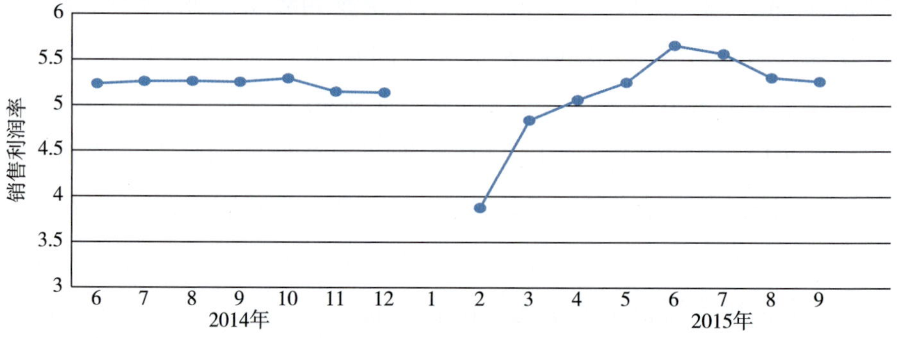

图 2.8　国有企业销售利润率变化（%）

数据来源：根据财政部有关数据整理。

2015 年 9 月末，我国国有企业总体的资产回报率与资本回报率分别为 1.49%、4.42%，相较于 2014 年同期均出现下滑，分别下滑了 0.38%、0.94%，说明 2015 年我国国有企业的资产与资本的利用效率逊于 2014 年同期，如图 2.9。

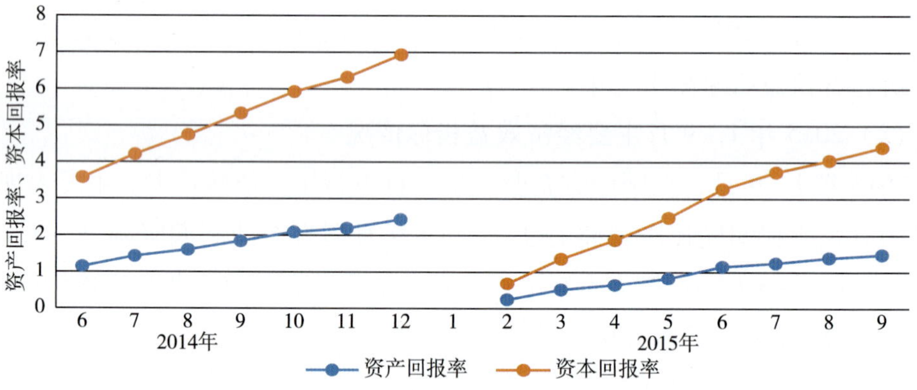

图 2.9　国有企业资产回报率与资本回报率①（%）

数据来源：根据财政部有关数据整理。

---

① 由于计算资产回报率与资本回报率时使用了累计实现利润，同一年份中随着累计实现利润的增加，资产回报率与资本回报率一般会随之增加。因此，同一指标在同一年份不具比较性，但不同指标间同一时点相对大小可比，同一指标不同年份的相同时点可比，下文亦同。

②地方国有企业盈利能力与中央企业差距依旧较大，中央企业盈利能力下滑明显。

经营总体状况。2015 年 1 ~9 月，中央企业累计营业收入 199497.6 亿元，同比下降 8%；地方国有企业累计营业收入 131074.1 亿元，相对于中央企业，下滑幅度较小，同比下降 3%。中央企业累计营业总成本 190951.1 亿元，同比下降 7.3%；地方国有企业累计营业总成本 130455.2 亿元，同比下降 2.3%。从营业成本结构看，财务费用增长最快，中央企业和地方国有企业财务费用分别增长 10.9%、9.4%，不过均低于 2014 年同期；中央企业销售费用、管理费用支出变化显著，同比分别下降 4.6%、2.4%。中央企业累计实现利润 12459.4 亿元，同比下降 10.2%；地方国有企业累计实现利润 4969.1 亿元，同比下降 2.7%。

盈利能力方面。中央企业和地方国有企业差距仍然明显，但地方国有企业盈利能力有所提升，相对差距微缩，中央企业盈利能力下滑明显。2015 年 9 月末，中央企业的销售利润率为 6.35%，地方国有企业销售利润率为 3.79%；中央企业的资产回报率为 1.97%，地方国有企业的资产回报率为 0.92%；中央企业的资本回报率为 6.09%，地方国有企业的资本回报率为 2.62%。中央企业盈利能力下滑显著，与 2014 年 9 月相比，中央企业资产回报率、资本回报率分别下降了 0.66%、1.55%，而地方国有企业的资产回报率、资本回报率也都出现不同程度下降，分别下降了 0.11%、0.3%，下滑幅度小于中央企业（见图 2.10 ~ 图 2.12）。

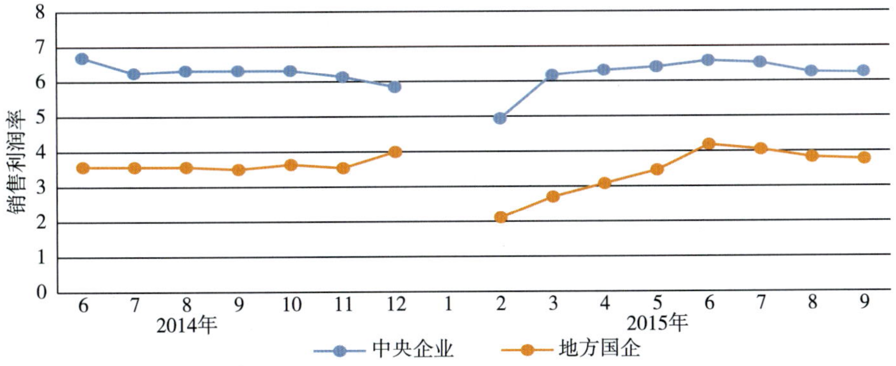

图 2.10　中央企业和地方国有企业销售利润率对比（%）

数据来源：根据财政部有关数据整理。

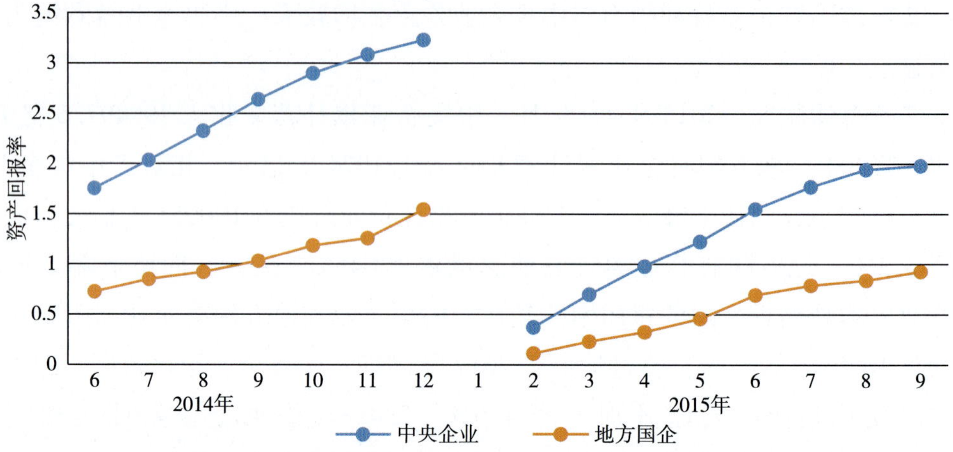

图 2.11　中央企业和地方国有企业资产回报率对比（%）

数据来源：根据财政部有关数据整理。

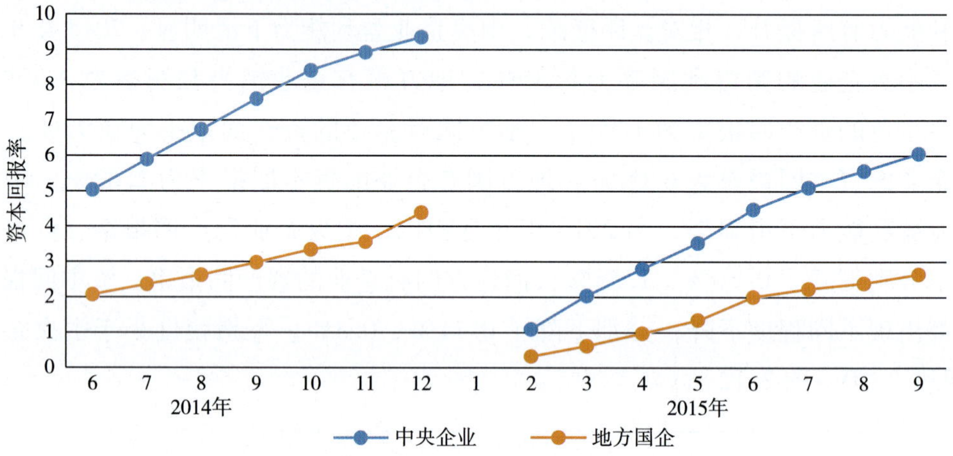

图 2.12　中央企业与地方国有企业资本回报率对比（%）

数据来源：根据财政部有关数据整理。

累计资产总额方面。中央企业和地方国有企业均保持高增速，增速均超过10%，与2014年同期相比，增速加快。2015年9月末，中央企业累计资产总额632037.5亿元，同比增长20.3%；负债总额427612亿元，同比增长24.2%；所有者权益204425.5亿元，同比增长12.9%。地方国有企业累计资产总额539065.7亿元，同比增长13.5%；负债总额349215.6亿元，同比增长13.5%；所有者权益189850.1亿元，同比增长13.4%。较于2014年，一个显著的特点是：中央企业累计资产总额增长迅猛，增速近两倍于2014年同期。从增长模式看，截至2015年9月，中央企业累计资产结构中负债规模增速近于两倍于2014年同期，而所有者权益增速与2014年同期基本持平，略高1.8%，负债资产对中央企业资产增长贡献最大。

③国有控股企业与股份制企业、私营企业、外商企业盈利能力差异明显。

在工业企业领域，与股份制企业、私营企业、外商企业相比，国有企业在销售利润率、资产回报率、资本回报率三项指标上，均落后于前三者。2015年8月末，我国工业行业中股份制企业的销售利润率为5.19%、资产回报率为5.88%、资本回报率为14%；私营企业的销售利润率为5.49%、资产回报率为9.99%、资本回报率为21%；外商企业的销售利润率为5.84%、资产回报率为7.12%、资本回报率为15.8%。然而，我国国有控股工业企业的销售利润率为4.94%、资产回报率为3.09%、资本回报率为7.98%，资本回报率最低，只及股份制企业和外商企业的1/2左右，远不及私营企业（见图2.13～图2.15）。

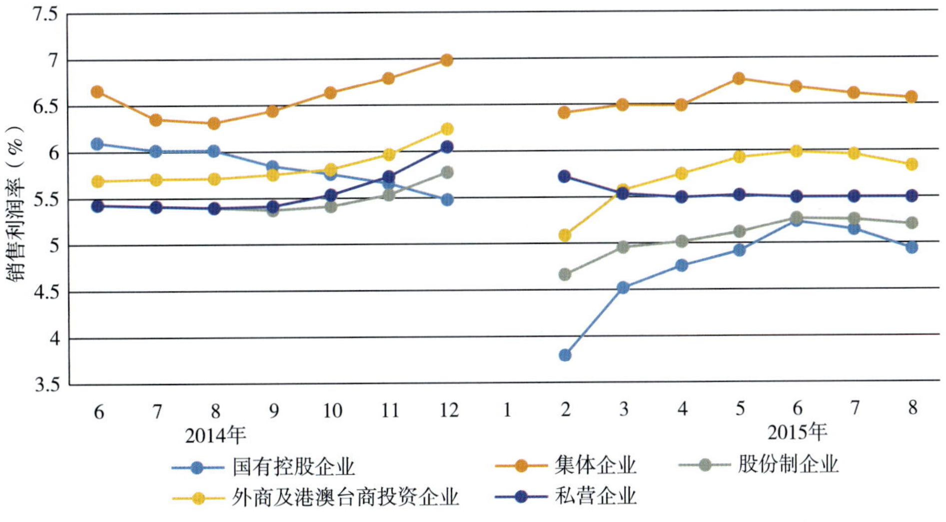

图2.13　不同所有制工业企业销售利润率对比（%）

注：国有控股企业即原来的国有及国有控股企业；规模以上工业企业，即年主营业务收入为2000万元及以上的工业法人单位。

数据来源：根据中华人民共和国统计局有关数据整理。

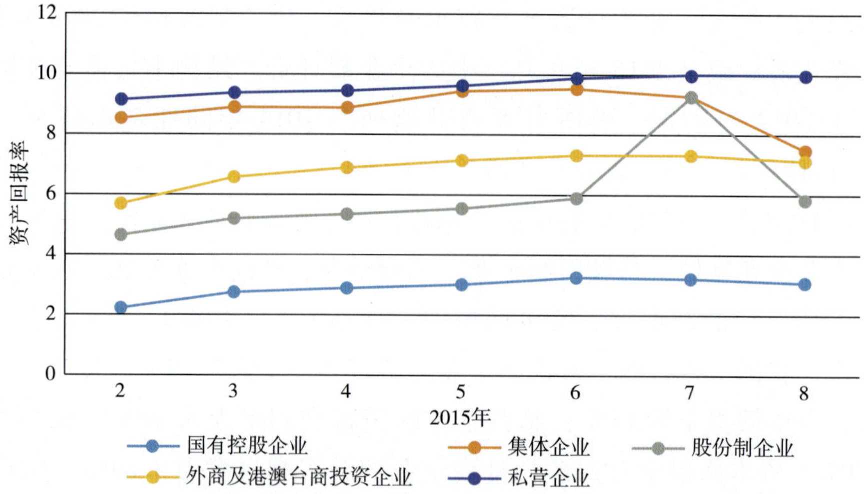

图 2.14　2015 年 2~8 月不同所有制工业企业资产回报率（%）

注：由于 2014 年、2015 年在国有企业划分、利润总额、主要营业收入、负债比率等指标上统计口径不相一致，2015 年 2~8 月（一般 1 月数据不列入统计报表）不同所有制工业企业的资产、资本回报率。此处，资产、资本回报率的计算公式是：资产回报率 = 利润总额/总资产，总资产 = 100 × 主营业务收入/每百元资产实现的主要业务收入；资本回报率 = 利润总额/所有者权益。

数据来源：根据中华人民共和国统计局资料整理。

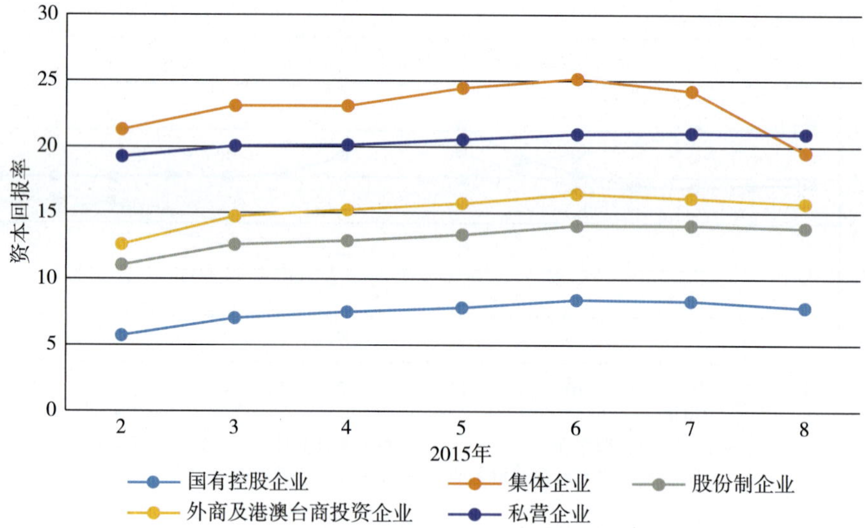

图 2.15　2015 年 2~8 月不同所有制工业企业资本回报率（%）

数据来源：根据中华人民共和国统计局资料整理。

2.2.2 改善国有企业经营状况的主要措施

（1）中央企业与地方政府合作稳步推进

2015年1月以来，国资委先后同广西、海南、重庆、贵州、河北、吉林、山西、湖北、陕西等省份召开了中央企业合作发展座谈会，并根据不同省情因地制宜地制定具有针对性的地方政府与中央企业合作框架。如在湖北，着重强调了中央企业在钢铁、汽车、军工、能源等领域的发展，指出中央企业要全方位加强与湖北的合作，以实际行动推动长江经济带建设，为湖北进一步发挥对中部崛起战略的支撑作用、成为长江经济带的脊梁作出积极贡献。又如在山西，国务院国资委提出，要借山西省委、省政府正在持续推进山西资源型经济全面转型，大力培育新兴产业的契机，拓展中央企业在山西的发展空间，以助推山西“六大发展”、实施“三个突破”、加快山西小康社会建设进程。中央企业在与地方政府的合作中，实现自身跨越发展的同时，也有力地促进了地方经济社会发展。

（2）中央企业国际化发展进一步推进

据国资委统计，截至2014年底，共有107家中央企业在境外设立了8500多家分支机构，分布在全球150多个国家和地区。2015年国资委继续推进中央企业的国际化经营，积极加强与其他国家政府和民间的经济交流和合作。中央企业国际化经营作为建设世界一流企业、贯彻“走出去”战略的重要支撑，对于提升国有企业竞争力具有重大意义。其表现有三：第一，取长补短，资源互补，互利合作，为国企发展注入更强劲的动力。第二，相互借鉴国企改革发展的有效做法和成功经验，开展互利共赢合作的交流。第三，以国有企业改革为契机，借“一带一路”、“中国制造2025”、“互联网+”等多重战略叠加的机遇，加强与国际先进高新企业的合作，推动国有企业转型升级。

（3）继续推进现代公司治理建设

建立健全股东会、董事会、监事会和经理层的制度化建设，形成协调运转、有效制衡的决策、执行、监督机制。推进国有企业规范董事会建设是完善国有企业法人治理结构的重点工作。中央企业建设规范董事会，符合大型企业稳定发展的内在规律和要求，有利于提高企业发展质量，释放企业活力，为保障中央企业的可持续发展奠定了体制机制基础。随着航天科技、航天科工、中船集团、国家电网、中国华电、中国一重、中化集团、中国五矿、中国建筑、中国化学工程、中国工艺集团、中国通号、建筑设计集团、中国航信、中国电建、西电集团等16家企业纳入规范董事会建设范围，截至2014年12月，纳入规范董事会建设范围的中央企业达到74家。2015年以来，规范董事会建设工作进一步落实，先后召开了中国化工、中国华电、中国五矿建设、国家电网公司等央企的规范董事会建设工作会议，规范董事会建设处于加速推进中。

（4）注重解决历史遗留问题

作为国企改革配套措施，解决历史遗留问题是深化国有企业改革的前提和重要内容。《中共中央、国务院深化国企改革指导意见》中明确提出，“完善相关政策，建立政府和国有企业合理分担成本的机制，多渠道筹措资金，采取分离移交、重组改制、关闭撤销等方式，剥离国有企业职工家属区‘三供一业’和所办医院、学校、社区等公共服务机构，继续推进厂办大集体改革，对国有企业退休人员实施社会化管理，妥善解决国有企业历史遗留问题，为国有企业公平参与市场竞争创造条件”。此举有利于国有企业轻装上阵，公平竞争，真正确立市场主体地位。“三供一业”（供水、供电、供热及物业）分离移交是剥离企业办社会职能的重要内容。做好剥离企业办社会职能工作既是当前国有企业抓发展、稳增长的有效措施，也是实现提质增效升级的内在要求。在2014年8月，国务院印发的《关于近期支持东北振兴若干重大政策举措的意见》强调，进一步深化东北地区国有企业和国有资产管理体制改革，尽快出台分类处理的政策措施，加大支持力度，力争用2～3年时间，妥善解决厂办大集体、分离企业办社会职能、离退休人员社会化管理等历史遗留问题。湖南、河南、重庆省等省市也均提出确保2017年底全面完成分离移交任务。

2.2.3 国有企业改革的新进展

截至2015年7月，已有25个省份出台了国企改革方案。

表 2.17　　部分省份国企改革方案一览

省份	国企改革方案主要内容
江苏	在国有资本持股比例和各类资本参与混合所有制改革的实现形式上不设限制；江苏和其他五个省市一起，成为第一批混合所有制改革试点省份，明确提出将国有资本持股比例在50%以下的国企定义为混合所有制企业，并逐渐放松管制，对其施行“负面清单”制的市场化管理。
广东	明确广东区别省属国企管理层级和功能定位的“分类改革”的总体思路，制定了深化改革的五项总体目标，优化国有资本布局结构、加快建设现代企业制度、积极推进混合所有制经济改革、创新完善国有资产监管体制等四个方面。
河南	加快国有布局企业结构调整、明晰国有企业功能分类和投资运营模式、积极发展混合所有制经济、推动企业建立完善现代企业制度、完善国有资产管理体制、凝聚推进国有企业改革发展活力等七个方面。
重庆	以市场化方式配置国资、重组国企，以深化国资改革带动国企改革；2/3 左右国有企业发展成为混合所有制企业；建立由市场决定的国资进退、补充机制，全面优化国资布局。
北京	改革方案中围绕京津冀发展以及治理北京市“城市病”等方面提出了相关措施，其中重点提及要和央企、中关村企业、区县企业互相参股。
湖北	到 2020 年，形成更加符合基本经济制度和社会主义市场经济要求的国有经济实现形式、国有资本运营方式、国有企业运行机制、国有资产监管体制。
湖南	从 2014 年起，湖南全面启动新一轮深化国有企业改革工作，按照清理退出一批、重组整合一批和发展壮大一批的思路，分类推进国企改革，到 2020 年完成改革目标。
山东	26 条意见指出，将引入社会资本参与省属国有企业改革，组建国有资本投资运营公司，到 2020 年省属国有企业公司制、股份制改革全面完成，基本建立“国资监管机构——国有资本投资运营公司——国有出资企业”管理架构。
天津	方案共有 22 条，分六大部分。方案明确，. 到 2017 年底，90% 的国有资本聚积到重要行业和关键领域，国有资本布局聚积到 40 个行业左右。
山西	将探索推进省属国有企业股权多元化改革，探索国有企业分类监管、分类考核，探索改组（组建）国有资本投资（运营）公司，完善现代企业制度建设。
青海	力争到 2020 年，形成具有青海特点的国有经济实现形式、国有资本运营方式、国有企业运行机制、国有资产监管体制。发展混合所有制经济、完善现代企业制度、完善国资监管体制。
黑龙江	涉及三项重要内容：第一，推动国资监管从管人、管事、管资产向管资本过渡；第二，发展混合所有制经济，推动国有资本和非国有资本之间的相互融合、优势互补；第三，国有企业的分类监管。
上海	混合所有制改革是其国企改革的重头戏，旨在推进企业上市，提升运营管理质量，建立国资流动平台与优化国资布局和结构也都是上海市国企改革的重要内容。
浙江	明确“以国有资产证券化为抓手积极发展混合所有制经济”，具体包含省属国有资产证券化、国企分类改革和监管、建立现代企业制度三个方面。

续表

省份	国企改革方案主要内容
安徽	“因企制宜、一企一策”的改革方向，并于8月审议通过国企改革安排意见，进一步提出“两推进一改革”的路线，通过“整体上市”和“分类重组”提高其国有经济集中度是其方案的亮点。
四川	省国资国企改革相关的68项改革任务正全面加速推进。其中省医药集团股权转让、深化三项制度改革方案、落实董事会重大职权、撤销水投集团、整合组建省商业投资集团方案等7项工作已完成。另外，制定实质性方案、进入报批程序的有32项，开展调研、前期准备的有29项。
江西	明确5年基本完成公司制股份制改革，70%左右的国企发展成为混合所有制经济，同时加快推进国企特别是竞争性领域企业改制上市，5年左右省属国有资本证券化率提高到60%。

注：根据部分省份已经公布的国企改革方案整理。

表 2.18　　国有企业改革“1+N”顶层设计政策体系

发布时间	文件名称	文件内容列表	备注
2014年1月20日	关于以经济增加值为核心加强中央企业价值管理的指导意见	1. 价值管理概念、基本原则、指导思想和主要目标 2. 不断提升价值创造能力 3. 强化组织保障	
2014年8月29日	《中央管理企业负责人薪酬制度改革方案》	完善制度、调整结构、加强监管、调节水平、规范待遇	
2015年8月24日	中共中央、国务院关于深化国有企业改革的指导意见	1. 分类推进国有企业改革 2. 完善现代企业制度 3. 完善国有资产管理体制 4. 发展混合所有制经济 5. 强化监督，防止国有资产流失 6. 加强和改进党对国有企业的领导 7. 为国有企业改革创造良好环境条件	“1”
2015年9月7日	关于推动国有文化企业把社会效益放在首位、实现社会效益和经济效益相统一的指导意见	1. 完善企业内部运行机制 2. 推动企业做强做优做大 3. 完善资产监管运营机制和评价考核机制 4. 发挥文化经济政策引导、激励和保障作用 5. 健全企业干部人才管理制度 6. 加强企业党的建设和思想政治工作 7. 加强组织领导	

续表

发布时间	文件名称	文件内容列表	备注
2015 年 9 月 20 日	关于在深化国有企业改革中坚持党的领导加强党的建设的若干意见	坚持党的建设与国有企业改革同步谋划，充分发挥党组领导核心作用、党委政治核心作用、基层党组织战斗堡垒作用和党员先锋模范作用；坚持党管干部原则，从严选拔国有企业领导人员，建立适应现代企业制度要求和市场竞争需要的选人用人机制；严格落实国有企业党建工作责任制，切实履行党风廉政建设主体责任和监督责任；把加强党的领导和完善公司治理统一起来，明确国有企业党组织在公司法人治理结构中的法定地位；坚持从严教育管理国有企业领导人员，强化对国有企业领导人员特别是主要领导履职行权的监督；适应国有资本授权经营体制改革需要，加强对国有资本投资、运营公司的领导；把建立党的组织、开展党的工作，作为国有企业推进混合所有制改革的必要前提。	全文未公开
2015 年 9 月 23 日	国务院关于国有企业发展混合所有制经济的意见	1. 分类推进国有企业混合所有制改革 2. 分层推进国有企业混合所有制改革 3. 鼓励各类资本参与国有企业混合所有制改革 4. 建立健全混合所有制企业治理机制 5. 建立依法合规的操作规则 6. 营造国有企业混合所有制改革的良好环境 7. 组织实施	
2015 年 10 月 19 日	国务院关于实行市场准入负面清单制度的意见	1. 制定、实施和调整程序 2. 确认方式及与现行制度的衔接 3. 保障措施 4. 加快相关体制改革和制度建设	
2015 年 11 月 4 日	国务院关于改革和完善国有资产管理体制的若干意见	1. 推进国有资产监管机构职能转变 2. 改革国有资本授权经营体制 3. 提高国有资本配置和运营效率 4. 协同推进相关配套改革	
2015 年 11 月 10 日	国务院办公厅关于加强和改进企业国有资产监督防止国有资产流失的意见	1. 着力强化企业内部监督 2. 切实加强企业外部监督 3. 实施信息公开加强社会监督 4. 强化国有资产损失和监督工作责任追究 5. 加强监督制度和能力建设	
2015 年 12 月 8 日	关于全面推进法治央企建设的意见	1. 切实增强依法治理能力 2. 着力强化依法合规经营 3. 进一步加强依法规范管理 4. 加强组织领导	

续表

发布时间	文件名称	文件内容列表	备注
2015 年 12 月 17 日	关于加强中央企业品牌建设的指导意见	1. 充分认识加强中央企业品牌建设的重要意义 2. 中央企业加强品牌建设的指导思想、基本原则和主要目标 3. 中央企业加强品牌建设的主要内容 4. 中央企业加强品牌建设的主要措施	
2015 年 12 月 29 日	关于国有企业功能界定与分类的指导意见	1. 划分类别（公益类 & 商业类） 2. 分类施策 3. 组织实施	国资委、财政部、国家发改委

（1）国有企业“混改”方案出台

2015 年 9 月 13 日，中国国企改革的总体框架文件《中共中央、国务院关于深化国有企业改革的指导意见》（下称《指导意见》）正式对外公布。在国企改革顶层设计方案体系中的“1”公之于众后，官方又发布了“1 + N”方案中的首份“N”部分配套文件——《关于国有企业发展混合所有制经济的意见》（以下简称《意见》），为国企“混改”制定更加细致的“施工图”。《指导意见》和《意见》对分类监管、以“管资本”为主、股权多元化等多项改革措施进行了概括性阐述。

①分类、分层推进国有企业混合所有制改革，设置“负面清单”。

在国企分类上，将国有企业划分为商业类和公益类两大类。对于主业处于充分竞争行业和领域的商业类国有企业混合所有制改革，要求充分运用整体上市等方式，积极引入其他国有资本或各类非国有资本实现股权多元化；对主业处于关系国家安全、国民经济命脉的重要行业和关键领域、主要承担重大专项任务的商业类国有企业，要求保持国有资本控股地位，支持非国有资本参股；在水电气热、公共交通、公共设施等提供公共产品和服务的公益类国企行业和领域，根据不同业务特点，加强分类指导，推进具备条件的企业实现投资主体多元化。通过购买服务、特许经营、委托代理等方式，鼓励非国有企业参与经营。

在国企层级上，将国有企业区分为集团公司层面和子公司层面。探索在集团公司层面推进混合所有制改革。在国家有明确规定的特定领域，坚持国有资本控股，形成合理的治理结构和市场化经营机制；在其他领域，鼓励通过整体上市、并购重组、发行可转债等方式，逐步调整国有股权比例，积极引入各类投资者，形成股权结构多元、股东行为规范、内部约束有效、运行高效灵活的经营机制；探索在子公司层面推进混合所有制改革，对国有企业集团公司二级及以下企业，以研发创新、生产服务等实体企业为重点，引入非国有资本，加快技术创新、管理创新、商业模式创新，合理限定法人层级，有效压缩管理层级。明确股东的法律地位和股东在资本收益、企业重大决策、选择管理者等方面的权利，股东依法按出资比例和公司章程规定行权履职。

此外，《意见》在分类的基础上列出了混改的“双层负面清单”。一方面，《意见》明确列出了需要国资独资或控股的几大领域[①]；另一方面，也规定了“负面清单”领域之内的一些竞争性业务允许非公有资本进入。

②推动员工持股改革。

作为所有者与劳动者的利益共享机制，员工持股成为混合制改革的突破口。据不完全统计，自2014年6月20日证监会发布《关于上市公司实施员工持股计划试点的指导意见》，截止到2015年2月6日，已公布或实施员工持股计划的上市公司数量已超过90家，2014年12月和2015年1月发布员工持股计划上市公司家数分别高达26家和28家，几乎相当于之前月份发布员工持股计划的所有上市公司家数之和。在顶层设计方面，国资委层面也在时隔11年之后将重启央企员工持股，2015年1月12日，国资委召开国资委全面深化改革领导小组第十八次全体会议，会议审议了《关于混合所有制企业实行员工持股试点的指导意见》。目前，A股国有控股上市公司共981家，占上市公司总数的38.7%，2005年至2015年1月，上市国企共出台95次股权激励方案，占上市公司全部股权激励方案的13%。虽然上市国企股权激励方案数占比相对较低，但央企层面和地方国企层面的员工持股制试点稳步推进。中国建材集团和中国医药集团等央企已经被纳入员工持股试点企业，作为混合制改革试点企业，他们均已上报改革方案，其中就包括员工持股方案。在地方层面，地方国企改革也将员工持股作为混合所有制改革的重要一环，甚至提供了具体的量化

---

① 重要通信基础设施、枢纽型交通基础设施、重要江河流域控制性水利水电航电枢纽、跨流域调水工程等领域；重要水资源、森林资源、战略性矿产资源等开发利用；江河主干渠道、石油天然气主干管网、电网等；核电、重要公共技术平台、气象测绘水文等基础数据采集利用等领域；国防军工等特殊产业，从事战略武器装备科研生产、关系国家战略安全和涉及国家核心机密的核心军工能力领域；对其他服务国家战略目标、重要前瞻性战略性产业、生态环境保护、共用技术平台等重要行业和关键领域。

标准。以广东省为例，广东省属体制机制改革创新试点企业动员会议下发的《体制机制创新试点企业相关工作说明》规定，广东国企改革中员工持股范围主要试点对象是企业经营管理层、核心技术人员和业务骨干，员工持股总比例不能超过 20%，个人持股比例不能超过 5%。

③明确国资管理体制改革思路。

自 2003 年国资委成立，国资委对国有企业的监管一直是“管资产与管人、管事”相结合。在 2015 年 9 月 14 日国新办就《关于深化国有企业改革的指导意见》有关情况举行的吹风会上，财政部部长助理许宏才透露，国资委、财政部将会同有关部门，在中央管理的 110 多家企业中推进包括直接授权试点在内的国有资本投资、运营公司试点工作。改革国资管理体制则主要聚焦于三个方面。

一是改革国资委的职能。国有资产监管机构要准确把握依法履行出资人职责的定位，科学界定国有资产出资人监管的边界，建立监管权力清单和责任清单，实现以管企业为主向以管资本为主的转变。重点管好国有资本布局、规范资本运作、提高资本回报、维护资本安全。将依法应由企业自主经营决策的事项归位于企业，将延伸到子企业的管理事项原则上归位于一级企业，将配合承担的公共管理职能归位于相关政府部门。国资委的监管和运行方式将发生改变，以管资本为主，强化国有资产监管。

二是改革国有资本授权经营体制，改组组建国有资本投资、运营公司。国有资本投资、运营公司作为国有资本市场化运作的专业平台，依法自主开展国有资本运作，对所出资企业行使股东职责，按照责权对应原则切实承担起国有资产保值增值责任。

三是提高国有资本证券化率。创造条件推动国有企业改制上市，推进具备条件的企业集团实现整体上市或核心业务资产上市。做强做优国有控股上市公司，着力优化股权结构、资产结构、业务结构，支持有实力的国有控股上市公司通过兼并收购集聚发展资源，基本是围绕着“资源资产化、资产资本化、资本证券化”的思路，提高国有资本证券化率水平。

④国有企业股权结构多元化。

按照国有企业所从事的业务性质、功能定位和发展目标，合理确定国有股权比例。“负面清单”之列的领域，国有资本可以绝对控股或相对控股，在管理上可实行特许经营、政府监管等为主要内容的改革，引入竞争机制，提高运营效率和服务水平。其他一般竞争类企业按照市场竞争和发展情况，国有资本有序进退、合理流动，一般不设股权比例要求。

（2）规范国有企业高管薪酬

实行与社会主义市场经济相适应的企业薪酬分配制度也是这次国有企业改革的一个重要内容。国有企业薪酬分配制度改革直接关系到国有资产所有者权益，事关行业收入分配关系和国有企业改革全局。继十八届三中全会《中共中央关于全面深化改革若干重大问题的决定》中关于国有企业管理人员薪酬水平的规定出台后，2014 年 8 月 29 日中央政治局会议审议通过《中央企业负责人薪酬改革方案》、《关于合理确定并严格规范中央企业负责人履职待遇、业务支出的意见》两份指导性文件。国有企业负责人薪酬制度改革进入落实期，随着 2015 年 9 月贵州省《关于深化省管国有企业负责人薪酬制度改革的意见》的出台，目前至少已有贵州、湖北、山东、浙江和广东 5 省对外公布了国有企业负责人薪酬制度改革方案①。而且，2015 年 9 月新发布的《关于深化国有企业改革的指导意见》对国有企业特别是中央企业负责人薪酬制度改革进行了进一步部署。这次《指导意见》进一步明确提出，对国有企业领导人员实行与选任方式相匹配、与企业功能性质相适应、与经营业绩相挂钩的差异化薪酬分配办法。对党中央、国务院和地方党委、政府及其部门任命的国有企业领导人员，合理确定基本年薪、绩效年薪和任期激励收入。对市场化选聘的职业经理人实行市场化薪酬分配机制，可以采取多种方式探索完善中长期激励机制。

（3）开展“法治央企”建设

国资委在 2014 年 11 月召开的中央企业法制工作会议上，明确提出了中央

---

① 根据五省已经公布的方案，改革后的央企负责人薪酬由基础年薪、绩效年薪和任期激励收入三部分构成。从各地情况看，国企负责人的薪酬结构均照此制定。对于基本年薪，各地明确，将按照上年度省属企业在岗职工年平均工资的 2 倍确定。广东省还要求，基本年薪原则上每年核定一次，同时明确发生经营性亏损的企业负责人基本年薪应适当下调；对于绩效年薪，广东省以基本年薪为基数，年度考核评价系数最高不超过基本年薪的 2 倍，湖北省、贵州省在方案中明确，当年本企业在岗职工平均工资未增长的，企业负责人的绩效年薪不得增长；任期激励收入根据任期考核评价结果，在不超过企业负责人任期内年薪总水平的 30% 以内确定。据相关测算，通过这次薪酬改革，广东省内国企负责人薪酬下降超过 20%，与职工平均薪酬差距将缩小到 6.5 倍左右；浙江省管企业负责人平均薪酬将减少 31.5%。

企业法制工作新五年规划，即：深入贯彻落实党的十八届四中全会精神，紧紧围绕中央企业改革发展中心任务，按照全面推进“法治央企”建设的总体要求，力争再通过五年努力（2015～2019 年），进一步深化企业法律风险防范机制、法律顾问制度和法律工作体系建设，进一步提升合规管理能力和依法治企能力，中央企业以总法律顾问为核心的法律顾问队伍全面实现专职化，法律人员配备比例接近国际同行业标准，全部中央企业法制工作达到国内领先水平，1/3 以上企业力争进入世界先进行列，努力为中央企业改革发展、做强做优提供更加坚实的法律支撑和保障。在《关于推动落实中央企业法制工作新五年规划有关事项的通知》中，国资委就全面落实新五年规划各项重点任务作出了具体说明与部署。2015 年 5 月 22 日，国务院国资委召开国资委系统法治工作座谈会，国务院国资委张毅主任明确提出打造“法治央企”的要求。并将《中央企业落实法制工作新五年规划工作简报》更名为《法治央企建设工作简报》，截至 2015 年 9 月 16 日，国资委政策法规局组织召开 7 次中央企业和 4 次地方国资委座谈会，对 46 户中央企业和 15 个省级国资委贯彻落实会议精神的情况进行研究和交流；参加东航集团、中国电建、中国能建等 9 户中央企业法治工作会，宣讲会议精神，对依法治企提出明确要求。

（4）改革“红线”逐渐明晰

国有企业改革涉及中央企业与地方国有企业、不同类别的国有企业、不同地域的国有企业等不同层次的主体，不同层次主体在结构、质量、功能上存在广泛差异，任何一项关于国有企业改革的顶层设计难以涵盖其全部内容，正是由于国有企业的差异性、复杂性与多样性特点，导致在改革的具体实践中存在局部的观望犹疑情绪，以致畏于所谓的“红线”和“底线”而停滞不前。目前，《中央管理企业主要负责人薪酬制度改革方案》、《中管企业纪委书记、副书记提名考察办法（试行）》、《关于在深化国有企业改革中坚持党的领导加强党的建设的若干意见》、《关于加强和改进企业国有资产监督防止国有资产流失的意见》、《关于深化国有企业改革的指导意见》、《关于国有企业发展混合所有制经济的意见》、《关于鼓励和规范国有企业投资项目引入非国有资本的指导意见》、《关于国有企业功能界定与分类的指导意见》已先后出台，这些文件明确了薪酬分配、国有企业改革加强党的领导、防范国有资产流失、国有企业分类等改革保障性措施。2015 年 10 月 13 日，习近平总书记在中央全面深化改革领导小组第十七次会议上发表重要讲话，强调中央通过的改革方案要落地生根，必须鼓励和允许不同地方进行差别化探索。随着更多顶层设计方案的出台，中央关于国有企业改革的“红线”也逐渐明晰。

2.2.4　小结与简要评论

同 2014 年相比，我国国有企业运行环境更加严峻，在全球经济萎缩和中国经济增速下行的大背景下，全国国有企业的多项重要指标下滑显著，与其他不同所有制企业的经营绩效差距较大，这是国有企业所面临的紧迫形势。加快和深化国企改革就是对这些消极因素的积极反应。

2015 年，从中央到地方围绕国有企业改革展开了诸多有益和有效的探索，混合所有制改革、国资管理体制改革、完善现代企业制度等有不少新举措，总体来说，新一轮国有企业改革开始启动。当然，也存在诸多问题同样不能忽视，在国有企业改革进程中，如何使改革路径更加科学、改革措施更加有效、改革进程更顺畅协调是迫切需要解决的问题。过去一年，从中央的顶层设计到地方的改革方案都呈现精细化、具体化的趋向，国有企业改革的“红线”也有所明晰，这对国有企业改革具有现实指导意义。在推进改革的过程中必须坚持“自上而下”的指导坚定贯彻，“自下而上”的探索也值得鼓励，两条路径相互呼应、互动，中央企业改革的示范效应会进一步凸显，地方国企改革的积极性也将会进一步释放，国企改革的活力将进一步激发。

执笔：项安波　张林　梅雄

第三章 中小企业发展

本章讨论的中小企业，是根据工业和信息化部等四部门联合发布的《中小企业划型标准规定》中划分的中、小、微型企业群体。从所有制上来讲，如果不考虑少数大型民营企业，中小企业概念与民营企业基本重合。因此，在某种程度上，对中小企业的研究就是对民营企业的研究。

促进中小企业持续健康发展，是我国的一项长期战略。中小企业是促进就业、改善民生、稳定社会、发展经济、推动创新的基础力量，是构成市场经济主体中数量最大、最具活力的企业群体。新时期中小企业的发展状况，关系到我国经济社会结构调整与发展方式转变，关系到促进就业与社会稳定，关系到科技创新与转型升级。当前，我国中小微企业占全国企业总数的99.7%，其中小型微型企业占97.3%，提供城镇就业岗位超过80%，创造的最终产品和服务相当于国内生产总值的60%，上缴利税占50%。我国发明专利的65%、企业技术创新的75%以上和新产品开发的80%以上，都是由中小企业完成的。

3.1　中小企业发展情况

3.1.1　总量规模与结构

（1）私营企业和个体工商户发展情况

从年度增长情况来看，截至2014年底，全国实有各类市场主体6932.22万户，比2013年底增长14.35%，增速较2013年同期增加4.02个百分点，注册资本（金）129.23万亿元，增长27.70%。企业1819.28万户，比2013年底增长19.08%，注册资本（金）123.57万亿元，增长27.55%。其中，私营企业1546.37万户，增长23.33%，注册资本59.21万亿元，增长50.60%。个体工商户4984.06万户，比2013年底增长12.35%，资金数额2.93万亿元，增长20.57%。农民专业合作社128.88万户，比2013年底增长31.18%，出资总额2.73万亿元，增长44.15%。

2015年上半年，全国新登记注册市场主体685.1万户，比上年同期增长15.4%；注册资本（金）12.9万亿元，同比增长38.4%。企业200.1万户，增长19.4%，注册资本（金）12万亿元，增长43.0%。其中，全国新登记私营企业190万户，同比增长20.3%，占新登记市场主体总数的27.7%，所占比重较上年同期增加1.1个百分点；注册资本（金）9.5万亿元，增长49.1%。个体工商户472.8万户，增长15.9%，资金数额0.5万亿元，增长29.8%。农民专业合作社12.3万户，下降33.3%，出资总额0.3万亿元，下降36.4%。

截至2015年9月底，全国实有各类市场主体7511.3万户，比2014年年底增长8.4%。全国每千人拥有企业数量15.2户，同比增长19.4%。全国新登记私营企业数量、个体私营经济从业人员均稳步增长。全国新登记私营企业299.7万户，同比增长19.8%，占新登记市场主体总数的28.1%，所占比重较上年同期增长0.9%；注册资本（金）15.3万亿元，同比增长46.6%。2015年1月至9月，全国新登记市场主体1065.5万户，比上年同期增长15.8%。全国新登记企业315.87万户，同比增长19.3%。其中，注册资本2000万元以下（参照统计局分析标准注册资本2000万元以下被划为小微企业）企业305.18万户，占新登记企业总数的96.62%。

我国私营企业和个体工商户的2002年到2015年纵向发展情况详见表3.1和表3.2。

表3.1　　2002～2015年全国私营企业发展情况

年份	注册户数（万户）	增长率（%）	注册资本（万亿元）	增长率（%）	人数（万人）	增长率（%）
2002	263.83	20.0	2.48	35.9	3247.5	19.7
2003	328.72	24.8	3.53	42.6	4299.1	32.3
2004	402.41	22.4	4.79	35.8	5017.3	16.7
2005	471.95	17.3	6.13	28.0	5824.0	16.1
2006	544.14	15.3	7.60	23.9	6586.4	13.1
2007	603.05	10.8	9.39	23.5	7253.1	10.1
2008	657.42	9.0	11.74	25.0	7904.0	9.0
2009	743.15	13.0	14.64	24.8	8607.0	8.9

续表

年份	注册户数（万户）	增长率（%）	注册资本（万亿元）	增长率（%）	人数（万人）	增长率（%）
2010	845.51	13.8	19.21	31.2	9418	9.4
2011	967.68	14.45	25.79	34.27	10353.6	9.9
2012	1085.72	12.20	31.10	20.59	/	/
2013	1253.86	15.49	39.31	26.42	/	/
2014	1546.37	23.33	59.21	50.60	/	/
2015.6①	1736.37	20.30	68.71	49.10	/	/

资料来源：国家工商行政管理总局：《2011 年上半年全国市场主体发展总体情况》、《第八次全国私营企业抽样调查数据分析综合报告（摘要）》、《2009～2010 年中国民营经济发展报告》、《2011 年市场主体统计分析》、《2012 年上半年全国市场主体发展总体情况》、《2012 年全国市场主体发展总体情况》、《2013 年全国市场主体发展总体情况》、《2014 年度全国市场主体发展、工商行政管理市场监管和消费维权有关情况》、《2015 年上半年全国市场主体发展、市场监管、消费维权有关情况》。

表 3.2　　2002～2015 年个体工商户发展情况

年份	注册户数（万户）	增长率（%）	注册资本（亿元）	增长率（%）	人数（万人）	增长率（%）
2002	2377.5	-2.3	3782.4	10.1	4742.9	-0.39
2003	2353.2	-1.0	4187.0	10.7	4299.1	-9.4
2004	2350.5	-0.1	5057.9	20.8	4587.1	6.7
2005	2463.9	4.8	5809.5	14.9	4900.5	6.8
2006	2595.6	5.3	6468.8	11.4	5159.7	5.3
2007	2741.5	5.6	7350.8	13.6	5496.2	6.5
2008	2917.3	6.4	9006.0	22.52	5776.4	5.1
2009	3197.4	9.6	11900	20.55	6585.4	14.01
2010	3453.3	8.0	13400	12.61	7097.67	7.78
2011	3756.47	8.79	16200	20.84	7945.28	11.94
2012	4059.27	8.06	19800	22.19	/	/
2013	4436.29	9.29	24300	23.12	/	/
2014	4984.06	12.35	29300	20.57	/	/
2015.6	5456.86	15.90	34300	29.80	/	/

资料来源：《2008～2009 年中国民营经济发展报告》、《2011 年上半年全国市场主体发展总体情况》、《2011 年市场主体统计分析》、《2012 年上半年全国市场主体发展总体情况》、《2012 年全国市场主体发展总体情况》、《2013 年全国市场主体发展总体情况》、《2014 年度全国市场主体发展、工商行政管理市场监管和消费维权有关情况》、《2015 年上半年全国市场主体发展、市场监管、消费维权有关情况》。

① 2015 年 6 月的增长率是同比增长率，即与 2014 年 6 月相比的增长率。下同。

（2）规模以上中小工业企业发展情况

在工业企业方面，2014 年全国规模以上工业企业实现利润总额 64715.3 亿元，比上年增长 3.3%；实现主营活动利润 60471.7 亿元，比上年增长 1.6%。其中，全国规模以上中小工业企业 36.80 万家，占全部规模以上工业企业总数的 97.38%；资产总计 50.64 万亿元，占 52.93%；主营业务收入 67.03 万亿元，占 60.55%；利润 4.18 万亿元，占 61.34%。其中规模以上中型工业企业个数为 55408 个，同比增长 2.96%；资产合计 22.91 万亿元，同比底增长 13.89%；主营业务收入 26.83 万亿元，同比增加 12.11%；利润总额 1.78 万亿元，同比增加 17.08%。而规模以上小型工业企业为 31.26 万家，同比增长 8.04%；资产合计 27.73 万亿元，同比增长 14.83%；主营业务收入 40.20 万亿元，同比增加 5.80%；利润总额 2.40 万亿元，同比增加 4.58%。中小企业的活力和竞争优势进一步显现（见表 3.3、表 3.4）。

表 3.3　　2003 - 2014 年全国规模以上中型工业企业主要经济指标比较

年份	企业单位数（个）	工业总产值（亿元）	资产合计（亿元）	主营业务收入（亿元）	利润总额（亿元）	全部从业人员年平均人数（万人）
2003	21647	47065.22	58854.47	47157.78	2687.05	1917.63
2005	27271	76436.36	83738.56	75549.23	4210.33	2216.49
2006	30245	95383.60	98633.78	94575.71	5759.09	2394.27
2007	33596	121698.67	118284.42	118919.85	8214.80	2579.80
2008	37204	149810.20	141042.71	146074.77	9410.43	2789.17
2009	38036	159373.96	157956.50	155050.42	11368.03	2787.73
2010	42906	203925	191195	200997	17347	3082.4
2011	52236	199366	162942	195163	15310	2946.2
2012	53866	/	184741.97	218356.88	15400.33	/
2013	53817	/	201141	239304	15205	/
2014	55408	/	229069.82	268281.4	17802.13	/

注：全国规模以上工业企业统计范围 1998 ~ 2006 年为全部国有及年主营业务收入在 500 万元及以上非国有工业企业；2007 ~ 2010 年为年主营业务收入在 500 万元及以上的工业企业；2011 年及以后为年主营业务收入在 2000 万元及以上的工业企业（下同）。

资料来源：《中国统计年鉴》

表 3.4　　2003－2014 年全国小型工业企业主要经济指标比较

年份	企业单位数（个）	工业总产值（亿元）	资产合计（亿元）	主营业务收入（亿元）	利润总额（亿元）	全部从业人员年平均人数（万人）
2003	172591	46291.76	43675.98	43461.46	1814.26	2524.27
2005	242061	83918.78	65967.36	79306.13	3790.78	3097.04
2006	269031	108865.95	78804.07	102715.32	5141.21	3241.95
2007	300262	142620.42	96021.81	135701.24	7528.54	3472.10
2008	385721	188170.91	125976.71	181207.61	10633.13	4077.88
2009	393074	213124.98	142612.35	206771.30	12276.54	3999.92
2010	406224	264719	165430	258730	18072	4154.4
2011	256319	288178	165790	283400	19439	2957.3
2012	280455	/	204060.83	326270.12	21339.89	/
2013	289318	/	241517	379973	22950	/
2014	312587	/	277340.46	402005.4	24001.98	/

注：全国规模以上工业企业统计范围 1998 年至 2006 年为全部国有及年主营业务收入在 500 万元及以上非国有工业企业；2007 年至 2010 年为年主营业务收入在 500 万元及以上的工业企业；2011 年及以后为年主营业务收入在 2000 万元及以上的工业企业（下同）。

资料来源：《中国统计年鉴》。

（3）个体私营经济吸纳就业情况

截至 2015 年 6 月底，全国个体私营经济从业人员实有 2.64 亿人，比 2014 年底增加 1454.7 万人，增加数量较上年同期增长 11.6%。其中，第三产业个体私营经济从业人员增加最多，实有 1.9 亿人，比 2014 年底增加 1143.5 万人，占增加总量的 78.6%。截至 2015 年 9 月底，全国实有个体工商户 5285 万户，私营企业 1802 万户，吸纳就业 2.73 亿人，占全国就业人口的三分之一以上，吸纳城镇就业人口四成以上。

从年度增长情况来看，国家工商总局“个体私营经济与就业关系研究”课题组发布的《中国个体私营经济与就业关系研究报告》显示，个体私营经济从业人员的总量逐年增加，成为吸纳新增就业的主渠道。从 1990 年的 2263 万人增长到 2014 年的 2.5 亿人，占全国就业人员的比例从 1990 年的 3.5% 增长到 2014 年 32.36%。1990 年至 2014 年，个体工商户从业人数从 2093 万人增加到 1.06 亿人，增长了 4.06 倍；私营企业雇工人员从 148 万人增加到 1.14 亿人，增长了 76.13 倍；私营经济投资者人数从 22 万人增加到 3000 万人，增长了132.93倍。私营企业雇工人员从148万人增加到1.14亿人，增长了76.13倍；私营经济投资者人数从22万人增加到3000万人，增长了132.93倍。2014年个体工商户平均就业吸纳能力达2.6人，私营企业平均就业吸纳能力达12.6人，员工流动性总体稳定。

工商总局发布的《2014年度全国市场主体发展、工商行政管理市场监管和消费维权有关情况》表明：截至2014年底，全国个体私营经济从业人员相较于2013年底增加3117.66万人，增长14.26%。其中，第一产业个体私营经济从业人员增长最快，实有803.72万人，比2013年底增长26.62%；第三产业个体私营经济从业人员增加最多，实有1.78亿人，比2013年底增加2503.85万人，占增加总量的80.31%。私营企业仍然具有一定新增用工需求，目前已经出现招工不足，出现需求缺口的比例为23%。

3.1.2 规模特点

从户均注册资金规模和从业人员规模来看，2014年全国私营企业户均资金规模为382.90万元，相比2013年底增长了18.36%。2013年全国私营企业户均从业人员为16.17人，相比2013年底减少了7.39%（见表3.5）。

表3.5 全国私营企业户均规模及就业人数

年份	户数（万户）	注册资金（亿元）	户均资金规模（万元）	从业人员（万人）	户均就业规模（人）
2005	471.95	6130.07	129.89	4893.27	12.20
2011	967.68	257900	266.51	10353.60	10.7
2012	1085.72	311000	286.45	/	/
2013	1253.86	393100	323.51	21889.19	17.46
2014	1546.37	592100	382.90	25000	16.17
2015.6	1736.37	687100	395.71	26400	15.20

资料来源：《2008~2009年中国民营经济发展报告》、《2011年上半年全国市场主体发展总体情况》、《2011年市场主体统计分析》、《2012年上半年全国市场主体发展总体情况》、《2012年全国市场主体发展总体情况》、《2013年全国市场主体发展总体情况》、《2014年度全国市场主体发展、工商行政管理市场监管和消费维权有关情况》、《2015年上半年全国市场主体发展、市场监管、消费维权有关情况》。

在个体工商户方面，2014年个体工商户户均资金规模为5.88万元，相比2013年底增长了7.30%（见表3.6）。

表 3.6　　全国个体工商户户均规模及就业人数

年份	户数（万户）	注册资金（亿元）	户均资金规模（万元）	从业人员（万人）	户均就业规模（人）
2005	2463.96	5809.5	2.36	5831.62	2.37
2011	3756.47	16200	4.31	7945.3	2.1
2012	4059.27	19800	4.88	/	/
2013	4436.29	24300	5.48	/	/
2014	4984.06	29300	5.88	/	/
2015.6	5456.86	34300	6.29	/	/

资料来源：《2008～2009 年中国民营经济发展报告》、《2011 年上半年全国市场主体发展总体情况》、《2011 年市场主体统计分析》、《2012 年上半年全国市场主体发展总体情况》、《2012 年全国市场主体发展总体情况》、《2013 年全国市场主体发展总体情况》、《2014 年度全国市场主体发展、工商行政管理市场监管和消费维权有关情况》、《2015 年上半年全国市场主体发展、市场监管、消费维权有关情况》。

3.1.3　区域发展分布

全国各省市自治区私营企业分布的统计数据表明，全国私营企业户数超过 100 万户的 4 个省，总数量达到了 575.67 万户，占总数的 37.23%。其中广东第一，194.83 万户；江苏第二，157.40 万户；上海第三，112.18 万户；浙江第四，111.26 万户。私营企业户数少于 10 万户的共三个省，分别是西藏 1.77 万户、青海 3.51 万户、宁夏 7.11 万户，这 3 个省加起来只有 12.40 万户，仅占总数的 0.80%。进一步统计分析表明，各省私营企业户数与各省 GDP 的相关系数高达 0.91（见表 3.7）。

从万人拥有私营企业个数来看，超过 200 个的一共有三个省，分别是上海 462.46 个，北京 394.17 个，浙江 202.00 个。万人拥有私营企业个数少于 60 个的一共有三个省，分别是西藏 55.87 个，湖南 57.00 个，河南 58.09 个。进一步统计分析表明，各省万人拥有私营企业户数与各省人均 GDP 的相关系数为 0.78（见表 3.7）。

从全国各地个体工商户分布的情况分析来看，全国个体工商户超过 300 万户一共有 4 个省，总数量达到了 1535.88 万户，占总数的 30.82%。其中广东第一，446.59 万户；山东第二，397.43 万户；江苏第三，371.07 万户；湖北第四，320.79 万户。户数低于 30 的三个省一共 59.08 万户，占总数的 1.19%，其中西藏 11.91 万、青海 10.23 万、宁夏 27.94 万，天津 27.6 万。

表 3.7　　**2014 年全国各地区私营企业分布情况**

地区	户数（万户）	就业人数（万人）	城镇就业人数（万人）	乡村就业人数（万人）	人口数（万人）	GDP（亿元）	万人拥有私营企业数（户）	户均就业人数（人）	私营企业就业数占人口数（%）	人均 GDP（万元）
全国	1546. 37	14390. 40	9857. 35	4533. 05	136782	684349. 41	113. 05	9. 31	0. 11	5. 00
广东	194. 83	1514. 76	1318. 87	195. 89	10724	67809. 85	181. 68	7. 77	0. 14	6. 32
江苏	157. 40	1972. 93	1303. 07	669. 87	7960	65088. 32	197. 74	12. 53	0. 25	8. 18
上海	112. 18	874. 72	467. 50	407. 23	2426	23567. 70	462. 46	7. 80	0. 36	9. 72
浙江	111. 26	1345. 49	811. 03	534. 46	5508	40173. 03	202. 00	12. 09	0. 24	7. 29
山东	99. 66	926. 12	477. 32	448. 80	9789	59426. 59	101. 80	9. 29	0. 09	6. 07
北京	84. 81	725. 59	497. 68	227. 92	2152	21330. 83	394. 17	8. 56	0. 34	9. 91
四川	64. 17	514. 90	351. 08	163. 82	8140	28536. 66	78. 83	8. 02	0. 06	3. 51
湖北	58. 30	498. 16	292. 96	205. 19	5816	27379. 22	100. 24	8. 55	0. 09	4. 71
河南	54. 81	391. 84	224. 56	167. 28	9436	34938. 24	58. 09	7. 15	0. 04	3. 70
河北	54. 55	206. 32	141. 11	65. 21	7384	29421. 15	73. 88	3. 78	0. 03	3. 98
福建	50. 60	476. 61	385. 65	90. 96	3806	24055. 76	132. 94	9. 42	0. 13	6. 32
辽宁	45. 88	483. 66	380. 27	103. 39	4391	28626. 58	104. 49	10. 54	0. 11	6. 52
安徽	45. 23	373. 16	272. 41	100. 75	6083	20848. 75	74. 36	8. 25	0. 06	3. 43
重庆	44. 43	560. 46	436. 13	124. 33	2991	14262. 60	148. 51	12. 62	0. 19	4. 77
湖南	38. 40	582. 62	478. 60	104. 02	6737	27037. 32	57. 00	15. 17	0. 09	4. 01
广西	34. 87	289. 87	152. 34	137. 54	4754	15672. 89	73. 35	8. 31	0. 06	3. 30

续表

地区	户数（万户）	就业人数（万人）	城镇就业人数（万人）	乡村就业人数（万人）	人口数（万人）	GDP（亿元）	万人拥有私营企业数（户）	户均就业人数（人）	私营企业就业数占人口数（%）	人均 GDP（万元）
陕西	34.46	237.01	170.74	66.28	3775	17689.94	91.29	6.88	0.06	4.69
江西	32.89	398.57	218.06	180.51	4542	15714.63	72.42	12.12	0.09	3.46
云南	29.29	367.78	300.33	67.45	4714	12814.59	62.13	12.56	0.08	2.72
山西	26.58	242.83	137.91	104.92	3648	12761.49	72.86	9.14	0.07	3.50
贵州	26.25	207.82	90.31	117.51	3508	9266.39	74.82	7.92	0.06	2.64
黑龙江	23.30	175.32	129.55	45.77	3833	15039.38	60.78	7.53	0.05	3.92
天津	22.93	106.13	95.83	10.30	1517	15726.93	151.18	4.63	0.07	10.37
吉林	21.57	222.48	183.14	39.34	2752	13803.14	78.36	10.32	0.08	5.01
内蒙古	20.17	207.89	173.24	34.65	2505	17770.19	80.53	10.31	0.08	7.09
新疆	15.89	125.61	113.40	12.21	2298	9273.46	69.13	7.91	0.05	4.03
甘肃	15.73	149.18	91.20	57.97	2591	6836.82	60.72	9.48	0.06	2.64
海南	13.54	94.78	83.93	10.85	903	3500.72	149.82	7.00	0.10	3.87
宁夏	7.11	58.29	39.59	18.70	662	2752.10	107.52	8.19	0.09	4.16
青海	3.51	27.52	14.00	13.53	583	2303.32	60.14	7.84	0.05	3.95
西藏	1.77	31.98	25.56	6.42	318	920.83	55.87	18.03	0.10	2.90

资料来源：根据《中国统计年鉴 2015》数据计算整理。

从万人拥有个体工商户个数来看，数量超过500户的一共两个省，分别是广东551.56户，山东516.29户。数量低于300的一共6个省市，分别是西藏160.80户，青海204.63户，宁夏264.06户，天津268.04户，海南289.40户，上海298.28户（见表3.8）。

表3.8　　2014年全国各地区个体就业人数

地区	个体户数（万户）	个体就业人数（万人）	城镇（万人）	乡村（万人）	人口数（万人）	GDP（亿元）	万人拥有个体企业数（户）	户均就业人数（人）
全国	4984.06	10584.56	7009.31	3575.25	136782.00	684349.41	364.38	2.12
广东	446.59	1012.02	787.66	224.35	10724.00	67809.85	416.44	2.27
山东	397.43	831.28	384.00	447.28	9789.43	59426.59	405.98	2.09
江苏	371.07	642.51	473.76	168.75	7960.06	65088.32	466.17	1.73
湖北	320.79	946.06	516.65	429.41	5816.00	27379.22	551.56	2.95
浙江	284.37	625.32	397.36	227.96	5508.00	40173.03	516.29	2.20
四川	272.87	468.75	336.43	132.32	8140.20	28536.66	335.21	1.72
河南	249.17	502.41	379.76	122.65	9436.00	34938.24	264.06	2.02
湖南	205.48	385.15	331.62	53.53	6737.24	27037.32	304.99	1.87
河北	197.92	466.60	232.55	234.05	7383.75	29421.15	268.04	2.36
安徽	187.82	443.26	382.95	60.31	6082.90	20848.75	308.76	2.36
辽宁	180.64	443.55	294.79	148.76	4391.00	28626.58	411.40	2.46
云南	169.61	332.72	138.11	194.60	4713.90	12814.59	359.81	1.96
江西	154.25	377.94	232.48	145.46	4542.16	15714.63	339.59	2.45
黑龙江	152.39	297.22	223.98	73.24	3833.00	15039.38	397.56	1.95
广西	137.58	281.15	190.65	90.50	4754.00	15672.89	289.40	2.04
福建	133.58	280.07	177.25	102.82	3806.00	24055.76	350.97	2.10
贵州	127.99	220.81	95.14	125.67	3508.04	9266.39	364.86	1.73
陕西	127.37	280.45	184.69	95.76	3775.12	17689.94	337.40	2.20
吉林	126.60	289.95	208.84	81.11	2752.38	13803.14	459.97	2.29
内蒙古	122.17	314.82	264.08	50.74	2504.81	17770.19	487.73	2.58
重庆	120.96	220.50	178.20	42.29	2991.40	14262.60	404.36	1.82
山西	108.81	229.12	112.54	116.58	3647.96	12761.49	298.28	2.11
甘肃	87.13	169.27	98.72	70.55	2590.78	6836.82	336.32	1.94

续表

地区	个体户数（万户）	个体就业人数（万人）	城镇（万人）	乡村（万人）	人口数（万人）	GDP（亿元）	万人拥有个体企业数（户）	户均就业人数（人）
新疆	71.92	123.76	105.35	18.40	2298.47	9273.46	312.91	1.72
北京	65.33	103.00	55.66	47.34	2151.60	21330.83	303.64	1.58
上海	39.00	49.66	32.84	16.82	2425.68	23567.70	160.80	1.27
海南	35.08	60.55	49.80	10.75	903.48	3500.72	388.27	1.73
天津	31.04	57.60	46.01	11.58	1516.81	15726.93	204.63	1.86
宁夏	27.94	56.40	35.50	20.90	661.54	2752.10	422.30	2.02
青海	19.23	44.55	40.12	4.44	583.42	2303.32	329.65	2.32
西藏	11.91	28.15	21.81	6.34	317.55	920.83	375.12	2.36

资料来源：《中国统计年鉴2015》。

3.1.4　产业与行业分布

从规模以上工业企业私营企业所在行业分布情况来看，2014年全国最多的8个行业，即发展户数超过10000户的8个行业，总数量达到了114417个，其中非金属矿物制品业20235户，农副食品加工业15486户，通用设备制造业14801户，纺织业14131户，化学原料和化学制品制造业13749户，金属制品业12806户、电气机械和器材制造业12782户，橡胶和塑料制品业10427户。户数小于100的3个行业，分别是烟草制品业3户，石油和天然气开采业12户，其他采矿业14户（见表3.9）。

表3.9　　2014年按行业分规模以上工业企业私营企业主要指标

行业	企业单位数（个）	资产总计（亿元）	主营业务收（亿元）	主营业务税金及附加（亿元）	利润总额（亿元）
总计	213789	213114.42	372175.70	2505.60	23550.42
非金属矿物制品业	20235	18007.94	30030.34	245.08	2101.76
农副食品加工业	15486	12907.88	31156.85	169.22	1781.66
通用设备制造业	14801	11825.46	20724.24	146.21	1384.43
纺织业	14131	11209.53	20661.30	119.70	1231.29
化学原料和化学制品制造业	13749	16715.81	30135.88	204.58	1961.40

续表

行业	企业单位数（个）	资产总计（亿元）	主营业务收（亿元）	主营业务税金及附加（亿元）	利润总额（亿元）
金属制品业	12806	12163.29	19794.95	127.73	1250.59
电气机械和器材制造业	12782	14919.45	24078.69	129.95	1537.88
橡胶和塑料制品业	10427	7942.73	14916.03	85.94	972.02
专用设备制造业	9819	9198.31	14716.01	101.84	1046.89
纺织服装、服饰业	8929	5142.93	10070.32	69.61	644.84
黑色金属冶炼和压延加工业	6852	13477.73	25651.00	105.57	1083.27
汽车制造业	6767	7138.17	11017.10	64.14	691.88
木材加工和木、竹、藤、棕、草制品业	6604	3494.93	9157.52	64.63	622.26
计算机、通信和其他电子设备制造业	5515	6734.33	9987.29	52.88	617.56
皮革、毛皮、羽毛及其制品和制鞋业	4973	2638.40	6245.91	38.13	436.20
文教、工美、体育和娱乐用品制造业	4750	3417.29	7090.71	39.86	431.12
食品制造业	4389	3641.74	7136.47	48.97	507.33
有色金属冶炼和压延加工业	4284	8551.58	16542.63	69.61	873.56
造纸和纸制品业	4025	3152.24	5409.94	34.29	317.53
煤炭开采和洗选业	3865	5571.32	5875.13	85.05	425.73
酒、饮料和精制茶制造业	3280	2931.54	5072.16	111.33	421.33
家具制造业	3204	2183.54	3807.75	26.79	250.43
医药制造业	3120	4537.08	6897.40	53.93	561.21
印刷和记录媒介复制业	3001	1944.01	3340.75	26.43	235.59
铁路、船舶、航空航天和其他运输设备制造业	2665	3532.38	5406.70	30.78	350.56
非金属矿采选业	2380	1389.33	3082.66	46.57	242.94
黑色金属矿采选业	2335	3485.51	5422.70	90.54	540.10
仪器仪表制造业	1977	2066.79	3252.11	19.91	254.92
化学纤维制造业	1375	2246.09	3016.02	9.07	111.24
石油加工、炼焦和核燃料加工业	1070	5278.58	5750.69	35.16	170.55
有色金属矿采选业	986	1316.98	2178.59	19.25	180.15
其他制造业	972	504.49	1142.08	8.89	70.11

续表

行业	企业单位数（个）	资产总计（亿元）	主营业务收（亿元）	主营业务税金及附加（亿元）	利润总额（亿元）
废弃资源综合利用业	809	852.10	1744.93	10.79	110.12
电力、热力生产和供应业	778	2170.78	745.78	4.77	74.68
燃气生产和供应业	283	368.75	462.59	2.87	28.72
水的生产和供应业	148	179.81	114.85	1.09	8.23
金属制品、机械和设备修理业	141	131.66	205.24	2.00	8.23
开采辅助活动	47	72.44	63.52	0.97	6.22
其他采矿业	14	8.49	19.32	0.23	1.10
石油和天然气开采业	12	41.31	36.25	1.14	2.77
烟草制品业	3	21.69	15.28	0.07	2.05

资料来源：《中国统计年鉴2015》。

3.2　年度政策措施及重大事件

3.2.1　进一步加大小型微利企业税收减免力度

2014年12月23日，财政部、国家税务总局联合发布《关于对小微企业免征有关政府性基金的通知》（财税〔2014〕122号）。该通知指出：①自2015年1月1日起至2017年12月31日，对按月纳税的月销售额或营业额不超过3万元（含3万元），以及按季纳税的季度销售额或营业额不超过9万元（含9万元）的缴纳义务人，免征教育费附加、地方教育附加、水利建设基金、文化事业建设费。②自工商登记注册之日起3年内，对安排残疾人就业未达到规定比例、在职职工总数20人以下（含20人）的小微企业，免征残疾人就业保障金。③免征上述政府性基金后，有关部门依法履行职能和事业发展所需经费，由同级财政预算予以统筹安排。

2015年1月15日，财政部、国家税务总局联合出台《关于金融企业涉农贷款和中小企业贷款损失准备金税前扣除有关问题的通知》（财税〔2015〕3号）。该通知指出，金融企业根据《贷款风险分类指引》（银监发〔2007〕54号），对其涉农贷款和中小企业贷款进行风险分类后，按照以下比例计提的贷款损失准备金，准予在计算应纳税所得额时扣除：①关注类贷款，计提比例为2%；②次级类贷款，计提比例为25%；③可疑类贷款，计提比例为50%；④损失类贷款，计提比例为100%。2015年4月27日，国家税务总局再次发布《关于金融企业涉农贷款和中小企业贷款损失税前扣除问题的公告》。

2015年3月3日，财政部、国家税务总局出台《关于小型微利企业所得税优惠政策的通知》（财税〔2015〕34号），指出自2015年1月1日至2017年12月31日，对年应纳税所得额低于20万元（含20万元）的小型微利企业，其所得减按50%计入应纳税所得额，按20%的税率缴纳企业所得税。为了落实上述通知，国家税务总局在2015年3月18日出台了《关于贯彻落实扩大小型微利企业减半征收企业所得税范围有关问题的公告》，指出①符合规定条件的小型微利企业，无论采取查账征收还是核定征收方式，均可享受小型微利企业所得税优惠政策；②符合规定条件的小型微利企业，在季度、月份预缴企业所得税时，可以自行享受小型微利企业所得税优惠政策，无须税务机关审核批准；③对小型微利企业预缴时享受企业所得税优惠政策的标准进行了细化的规定。

2015年3月13日，国家税务总局出台《关于进一步做好小微企业税收优惠政策贯彻落实工作的通知》（税总发〔2015〕35号），提出10项措施保障小微企业各项税收优惠政策的贯彻落实，包括全力宣传，确保每一户应享受税收优惠的小微企业“应享尽知”：①持续开展小微企业税收优惠政策宣传工作；②开展“小微企业税收优惠政策宣传周”活动；③加强政策业务培训。全程服务，努力让每一户小微企业办理税收优惠手续更为便捷：④将专门备案改为通过填写纳税申报表自动履行备案手续；⑤完善小微企业所得税纳税申报软件；⑥对未享受优惠的小微企业及时采取补救措施；⑦严格定额征税管理。全年督查，切实让每一级税务机关履行好落实小微企业税收优惠政策的责任：⑧把落实小微企业税收优惠政策作为2015年税务部门“一号督查”事项和绩效考评事项；⑨建立小微企业咨询服务岗和12366反映诉求平台。全面分析，尽力让每一申报期间内的小微企业税收优惠政策效应分析工作具体深入：⑩加强统计分析工作。

2015年8月13日，工业和信息化部、国家税务总局发布《关于中小企业信用担保机构免征营业税审批事项取消后有关问题的通知》（工信部联企业〔2015〕286号），该通知指出，符合条件的担保机构从事中小企业信用担保或再担保业务取得的收入（不含信用评级、咨询、培训等收入）三年内免征营业税。上述免征营业税政策涉及的审核批准工作程序取消，改为备案管理，并对具体的条件进行了明确的规定。2015年9月21日，国家税务总局发布《关于中小企业信用担保机构免征营业税审批事项取消后有关管理问题的公告》对中小企业信用担保机构免征营业税审批事项取消后有关后续管理问题进行了详细的规定。

2015年8月27日，财政部和国家税务总局联合发布《关于继续执行小微企业增值税和营业税政策的通知》（财税〔2015〕96号），将《财政部 国家税务总局关于进一步支持小微企业增值税和营业税政策的通知》（财税〔2014〕71号）规定的增值税和营业税政策（自2014年10月1日起至2015年12月31日，对月销售额2万元（含本数，下同）至3万元的增值税小规模纳税人，免征增值税；对月营业额2万元至3万元的营业税纳税人，免征营业税）继续执行至2017年12月31日。

2015年9月2日，财政部、国家税务总局联合发布《关于进一步扩大小型微利企业所得税优惠政策范围的通知》（财税〔2015〕99号）小型微利企业所得税政策通知如下：①自2015年10月1日起至2017年12月31日，对年应纳税所得额在20万元到30万元（含30万元）之间的小型微利企业，其所得减按50%计入应纳税所得额，按20%的税率缴纳企业所得税。前款所称小型微利企业，是指符合《中华人民共和国企业所得税法》及其实施条例规定的小型微利企业。②为做好小型微利企业税收优惠政策的衔接，进一步便利核算，对本通知规定的小型微利企业，其2015年10月1日至2015年12月31日间的所得，按照2015年10月1日后的经营月份数占其2015年度经营月份数的比例计算。③《财政部 国家税务总局关于小型微利企业所得税优惠政策的通知》（财税〔2015〕34号）继续执行。④各级财政、税务部门要严格按照本通知的规定，做好小型微利企业所得税优惠政策的宣传辅导工作，确保优惠政策落实到位。2015年9月10日，国家税务总局发布了《关于贯彻落实进一步扩大小型微利企业减半征收企业所得税范围有关问题的公告》，规定：①自2015年10

月1日至2017年12月31日，符合规定条件的小型微利企业，无论采取查账征收还是核定征收方式，均可以享受财税〔2015〕99号文件规定的小型微利企业所得税优惠政策（以下简称减半征税政策）。②符合规定条件的小型微利企业自行申报享受减半征税政策。汇算清缴时，小型微利企业通过填报企业所得税年度纳税申报表中“资产总额、从业人数、所属行业、国家限制和禁止行业”等栏次履行备案手续。此外，还对企业预缴时享受小型微利企业所得税优惠政策的类型，以及小型微利企业2015年第4季度预缴和2015年度汇算清缴的新老政策衔接等问题进行了规定。

2015年9月9日，国家税务总局发布《关于认真做好小型微利企业所得税优惠政策贯彻落实工作的通知》（税总发〔2015〕108号）对税务机关进一步落实小型微利企业所得税优惠政策工作进行了规定：①提高思想认识，迅速做好贯彻部署工作；②广泛开展税收宣传和纳税服务，确保小微企业税收政策家喻户晓；③依托信息手段抓重点，确保落实工作无死角；④开展督查和绩效考评，切实抓好整改。

3.2.2 修订《中小企业发展专项资金管理暂行办法》，建立600亿国家中小企业发展基金

2015年7月28日，财政部公布了最新修订的《中小企业发展专项资金管理暂行办法》，明确了该专项资金的支持范围，并将民族贸易企业等纳入扶持范围。此次修订该办法，旨在进一步规范中小企业发展专项资金的管理和使用，提高财政资金使用效益。根据办法，中小企业发展专项资金，是指中央财政预算安排用于优化中小企业发展环境、引导地方扶持中小企业发展及民族贸易、少数民族特需商品定点生产企业发展的资金。现行办法明确只用于支持中小企业特别是小微企业科技创新、改善中小企业融资环境、完善中小企业服务体系、加强国际合作等方面的资金。新办法还明确了专项资金的具体支持范围，包括小微企业创业创新基地城市示范；中小企业参加重点展会、完善中小企业公共服务体系、中小企业创新活动、融资担保及国内贸易信用保险等；民族贸易和少数民族特需商品定点生产企业发展；以及其他促进中小企业发展的工作。办法明确，民族贸易企业和少数民族特需商品定点生产企业有关省份包括内蒙古、广西、西藏、宁夏、新疆等5个民族自治区；贵州、云南、青海等

3 个多民族省；吉林、湖北、湖南、四川、甘肃等 5 个辖有民族自治州的省。此外，伴随新办法的公布实施，财政部宣布上年曾修订过的财政部、工业和信息化部、科技部、商务部《关于印发 < 中小企业发展专项资金管理暂行办法 > 的通知》，以及财政部、国家民委《关于印发 < 民族贸易企业网点建设和民族特需商品定点生产企业技术改造专项资金管理办法 > 的通知》同时废止。

2015 年 9 月 1 日，国务院总理李克强主持召开国务院常务会议，决定设立国家中小企业发展基金，政府与市场携手增强创业创新动力。中央财政通过整合资金出资 150 亿元，创新机制发挥杠杆作用和乘数效应，吸引民营和国有企业、金融机构、地方政府等共同参与，建立总规模为 600 亿元的国家中小企业发展基金，通过设立母基金、直投基金等，用市场化的办法，重点支持种子期、初创期成长型中小企业发展。基金原则上采取有限合伙制，其募资、设立、管理、收益分配、到期退出等均按市场化原则操作。通过社会出资人优先分红、国家出资收益适当让利等措施，更多吸引社会资本，激发中小企业“双创”活力。

3.2.3　简政放权推进商事登记制度改革，中小企业井喷式发展

“三证合一”登记制度是指将企业登记时依次申请，分别由工商行政管理部门核发工商营业执照、质量技术监督部门核发组织机构代码证、税务部门核发税务登记证，改为一次申请、由工商行政管理部门核发一个营业执照的登记制度。2015 年 6 月 23 日，国务院办公厅印发《关于加快推进“三证合一”登记制度改革的意见》（国办发〔2015〕50 号），提出了“三证合一”登记制度改革的意义目标：通过“一窗受理、互联互通、信息共享”，将由工商行政管理、质量技术监督、税务三个部门分别核发不同证照，改为由工商行政管理部门核发一个加载法人和其他组织统一社会信用代码的营业执照，即“一照一码”登记模式。

改革步骤：现阶段，已试行“一窗受理、并联审批、三证统发”登记模式改革和“一窗受理、并联审批、核发一照、一照三号”登记模式改革的省、自治区、直辖市可继续试点；支持上海、广东、天津、福建自贸试验区率先推行“一照一码”登记模式改革试点。各地区要积极推进“三证合一”登记制度改革各项工作，做好实施“一照一码”登记模式改革各项准备工作，待统

一社会信用代码实施后，2015年底前在全国全面推行“一照一码”登记模式。基本要求：①统一申请条件和文书规范；②规范申请登记审批流程；③优化登记管理服务方式；④建立跨部门信息传递与数据共享的保障机制；⑤实现改革成果共享应用。

3.2.4 国务院开展“大众创新、万众创业”双创工作

2015年3月2日，国务院办公厅印发《关于发展众创空间推进大众创新创业的指导意见》（国办发〔2015〕9号）提出了以下几项重点任务：①加快构建众创空间。总结推广创客空间、创业咖啡、创新工场等新型孵化模式，充分利用国家自主创新示范区、国家高新技术产业开发区、科技企业孵化器、小企业创业基地、大学科技园和高校、科研院所的有利条件，发挥行业领军企业、创业投资机构、社会组织等社会力量的主力军作用，构建一批低成本、便利化、全要素、开放式的众创空间。②降低创新创业门槛。深化商事制度改革，针对众创空间等新型孵化机构集中办公等特点，鼓励各地结合实际，简化住所登记手续，采取一站式窗口、网上申报、多证联办等措施为创业企业工商注册提供便利。③鼓励科技人员和大学生创业。加快推进中央级事业单位科技成果使用、处置和收益管理改革试点，完善科技人员创业股权激励机制。④支持创新创业公共服务。综合运用政府购买服务、无偿资助、业务奖励等方式，支持中小企业公共服务平台和服务机构建设，为中小企业提供全方位专业化优质服务，支持服务机构为初创企业提供法律、知识产权、财务、咨询、检验检测认证和技术转移等服务，促进科技基础条件平台开放共享。⑤加强财政资金引导。通过中小企业发展专项资金，运用阶段参股、风险补助和投资保障等方式，引导创业投资机构投资于初创期科技型中小企业。⑥完善创业投融资机制。发挥多层次资本市场作用，为创新型企业提供综合金融服务。⑦丰富创新创业活动。鼓励社会力量围绕大众创业、万众创新组织开展各类公益活动。⑧营造创新创业文化氛围。

2015年4月27日，国务院发布了《关于进一步做好新形势下就业创业工作的意见》（国发〔2015〕23号），提出了意见指导意见：①坚持扩大就业发展战略；②发展吸纳就业能力强的产业；③发挥小微企业就业主渠道作用；④积极预防和有效调控失业风险；⑤营造宽松便捷的准入环境；⑥培育创业创

新公共平台；⑦拓宽创业投融资渠道；⑧支持创业担保贷款发展；⑨加大减税降费力度；⑩调动科研人员创业积极性；⑪鼓励农村劳动力创业；⑫营造大众创业良好氛围；⑬鼓励高校毕业生多渠道就业；⑭加强对困难人员的就业援助；⑮推进农村劳动力转移就业；⑯促进退役军人就业；⑰强化公共就业创业服务；⑱加快公共就业服务信息化；⑲加强人力资源市场建设；⑳加强职业培训和创业培训；㉑建立健全失业保险、社会救助与就业的联动机制；㉒完善失业登记办法；㉓健全协调机制；㉔落实目标责任制；㉕保障资金投入；㉖建立健全就业创业统计监测体系；㉗注重舆论引导。

2015 年 6 月 11 日，国务院发布了《关于大力推进大众创业万众创新若干政策措施的意见》（国发〔2015〕32 号）。该意见首先指出了大众创业、万众创新的重要意义以及总体思路。在此基础上提出了具体的政策措施要求，包括：①完善公平竞争市场环境；②深化商事制度改革；③加强创业知识产权保护；④健全创业人才培养与流动机制；⑤加大财政资金支持和统筹力度；⑥完善普惠性税收措施；⑦发挥政府采购支持作用；⑧优化资本市场；⑨创新银行支持方式；⑩丰富创业融资新模式；⑪建立和完善创业投资引导机制；⑫拓宽创业投资资金供给渠道；⑬发展国有资本创业投资；⑭推动创业投资“引进来”与“走出去”；⑮加快发展创业孵化服务；⑯大力发展第三方专业服务；⑰发展“互联网＋”创业服务；⑱研究探索创业券、创新券等公共服务新模式；⑲打造创业创新公共平台；⑳用好创业创新技术平台；㉑发展创业创新区域平台；㉒支持科研人员创业；㉓支持大学生创业；㉔支持境外人才来华创业；㉕支持电子商务向基层延伸；㉖支持返乡创业集聚发展；㉗完善基层创业支撑服务；㉘加强组织领导；㉙加强政策协调联动；㉚加强政策落实情况督查。

2015 年 6 月 17 日，国务院办公厅发布《关于支持农民工等人员返乡创业的意见》（国办发〔2015〕47 号）。2015 年 6 月 18 日，国务院办公厅 关于印发进一步做好新形势下就业创业工作重点任务分工方案的通知（国办函〔2015〕47 号）。2015 年 8 月 14 日，国务院办公厅发布《关于同意建立推进大众创业 万众创新部际联席会议制度的函》（国办函〔2015〕90 号）。

2015 年 9 月 23 日，国务院办公厅发布《关于加快构建大众创业万众创新支撑平台的指导意见》（国发〔2015〕53 号）对加快构建大众创业万众创新支撑平台、推进四众持续健康发展提出指导意见。

3.2.5 多部委推动缓解中小企业融资难

2014 年 12 月 9 日，商务部和银监会联合发布《关于完善融资环境加强小微商贸流通企业融资服务的指导意见》（商流通函〔2014〕938 号），提出了以下意见：第一，优化创新融资产品的外部环境，主要包括①加快完善融资政策环境；②支持银行创新融资产品；③建立市场主体合作机制。第二，发挥其他融资机构的融资补充作用，主要包括①发挥典当的短期应急融资服务功能；②发挥融资租赁的设备融资服务功能；③发挥商业保理的风险转移和融资功能。第三，完善融资风险防范补偿机制，主要包括①推动开展信贷风险补偿；②鼓励运用组合融资方式；③健全小微商贸流通企业信用体系。第四，发挥公共服务平台促进作用，主要包括①积极组织银企对接活动；②协同开发推广特色融资产品；③落实配套支持政策。

2015 年 1 月 28 日，中国保监会、工业和信息化部、商务部、人民银行、银监会联合发布《关于大力发展信用保证保险服务和支持小微企业的指导意见》（保监发〔2015〕6 号）。该意见提出：第一，创新发展方式，包括①创新保险产品；②创新经营模式；③创新资金运用。第二，提高服务能力，包括①优化投保操作流程；②提高理赔服务效率；③拓宽增值服务项目。第三，营造政策环境，包括①扩大金融机构网点，延伸金融服务小微企业的地区，拓宽服务范围；②完善风险评估政策，合理确定授信额度，提高金融机构风险容忍度；③充分运用中央和地方对小微企业信用保证保险支持政策，扩大保险覆盖面；④推动银保合作，共同分担和防范化解小微企业贷款风险；⑤积极搭建小微企业信用信息共享平台，提升信息透明度；⑥鼓励再保险公司为小微企业提供再保险支持。第四，夯实基础建设，包括①加强队伍建设；②加强信息化建设；③加强风险防范。第五，注重协作监督，包括①加强监督，规范管理；②加强组织领导，密切沟通协作。

2015 年 3 月 3 日，中国银监会发布《关于 2015 年小微企业金融服务工作的指导意见》（银监发〔2015〕8 号）。该意见提出了“三个不低于”目标，小微企业贷款增速不低于各项贷款平均增速，小微企业贷款户数不低于上年同期户数，小微企业申贷获得率不低于上年同期水平。并提出了以下几方面的指导意见，单列信贷计划，优化信贷结构；加强机构建设，扩大网点覆盖面；落实尽职免责，调动工作积极性；改进考核机制，激发内生动力；加大金融创新，提升服务能力；规范服务收费，切实降低融资成本；严守风险底线，抓好风险防控；强化监管激励约束，确保政策落实；加强多方联动，优化服务环境。

2015 年 7 月 30 日，国家税务总局、中国银行业监督管理委员会联合发布《关于开展“银税互动”助力小微企业发展活动的通知》（税总发〔2015〕96 号）。“银税互动”是在依法合规的基础上，由税务部门、银监会派出机构和银行业金融机构通过协商，共享区域内小微企业纳税信用评价结果，助力小微企业健康发展。通过建立银税合作机制、充分运用纳税信用评价结果、优化小微企业金融服务等方式解决小微企业信贷融资中信息不对称的问题，促进小微企业融资的可获得性，降低融资成本；有利于纳税信用评价结果的增值运用，促进小微企业依法诚信纳税；有利于银行业金融机构开发优质客户，判断企业诚信状况，改进服务方式。

3.2.6　财政部等五部委开展小微企业创业创新基地城市示范工作

2015 年 1 月 10 日，科技部出台了《关于进一步推动科技型中小企业创新发展的若干意见》（国科发高〔2015〕3 号），该意见指出：第一，鼓励科技创业，包括①支持创办科技型中小企业；②加快推进创业投资机构发展；③加强创新创业孵化生态体系建设。第二，支持技术创新，包括①支持科技型中小企业建立研发机构；②支持科技型中小企业开展技术改造；③通过政府采购支持科技型中小企业技术创新。第三，强化协同创新，包括①推动科技型中小企业开展协同创新；②鼓励高校院所和大型企业开放科技资源；③吸纳科技型中小企业参与构建产业技术创新战略联盟。第四，推动集聚发展，包括①充分发挥国家高新区、产业化基地的集聚作用；②引导科技型中小企业走专业化发展道路，提升产品质量、塑造品牌。第五，完善服务体系，包括①完善科技型中小企业技术创新服务体系；②充分发挥专业中介机构和科技服务机构作用。第六，拓宽融资渠道，包括①完善多层次资本市场，支持科技型中小企业做大做强；②引导金融机构面向科技型中小企业开展服务创新，拓宽融资渠道；③完善科技型中小企业融资担保和科技保险体系。第七，优化政策环境，包括①进一步加大对科技型中小企业的财政支持力度；②进一步完善落实税收支持政策；③实施有利于科技型中小企业吸引人才的政策；④加强统计监测与信用评价体系建设。

2015 年 4 月 13 日，工业和信息化部印发了《国家小型微型企业创业示范基地建设管理办法》，该办法对示范基地的申报主体的基本条件进行了具体的规定，并对申报程序和示范基地管理就行了细化的规定。

2015 年 5 月 6 日，财政部发布通知，根据国务院关于促进中小企业健康发展的决策部署，财政部、工业和信息化部、科技部、商务部、工商总局决定，从 2015 年起开展小微企业创业创新基地城市示范工作，中央财政给予奖励资金支持。根据发布的《关于支持开展小微企业创业创新基地城市示范工作的通知》，中央财政通过中小企业发展专项资金给予示范城市奖励支持，由示范城市统筹使用。通知强调，示范城市不得将中央财政奖励资金安排用于基地楼堂馆所等基建工程支出，要重点强化对创业创新基地服务能力的支持。这些支持包括对入驻基地的小微企业适当减免经营场地、生产厂房费用等；改进对小微企业的公共服务，并运用大数据、云计算等信息化手段，促进形成服务平台互联互通、资源共享的服务体系；协调落实支持创业就业以及鼓励创新的相关政策措施等。通知称，示范期内，计划单列市及省会城市奖励总额为 9 亿元，一般城市（含直辖市所属区、县）奖励总额为 6 亿元。示范期为 3 年，奖励资金分年拨付。此外，通知表示，将对示范城市实行绩效考核，建立退出机制。对不能按期保质完成示范工作的城市，扣回奖励资金并责其退出示范；对示范工作完成好、成绩突出的城市，按奖励资金规模 10% 加大奖励。

3.2.7 工业和信息化部 2015 年扶助小微企业专项行动

2015 年 2 月 10 日，工信部公布了 2015 年《2015 年扶助小微企业专项行动实施方案》，提出了“围绕扶助小微企业，推动大众创业、万众创新，以落实好支持小微企业发展政策为重点，以‘加强帮扶、强化服务’为主题”的实施方案。

具体目标是：加强政策宣传，抓好支持小微企业发展的政策落实；开展百场小微企业政策宣传与现场咨询活动；加快中小企业公共服务平台网络建设，年服务小微企业不少于50万家；支持担保（再担保）机构为不少于15万家小微企业提供担保服务；完成50万人次小微企业经营管理人员和1000人次以上领军人才培训；组织开展市场开拓及服务对接等活动；推动行政审批前置服务项目及收费清单公布，建设全国涉企收费项目库并接受社会监督。

重点工作包括：①抓好政策落实，加大惠企政策宣传。②推进小企业创业基地建设和中小企业公共服务平台网络建设；加强国家中小企业公共服务示范平台动态管理，做好示范平台年度检查工作；继续组织大学生百日招聘活动，促进大学生创业就业。③深入开展中小企业信息化推进工程；加强创新服务，助力小微企业专精特新发展；推动小微企业与大企业协同创新；开展质量品牌诊断、推广先进质量管理方法、培育工业品牌等活动，引导小微企业加强质量品牌能力建设。④深入实施中小企业银河培训工程和企业经营管理人才素质提升工程，完成50万人次小微企业经营管理人员和1000人次以上领军人才培训；完善中小企业管理咨询专家库，组织开展管理咨询专家对小微企业服务对接活动。⑤加强中小企业信用担保体系建设；加大财税支持小微企业担保业务力度，为不少于15万家小微企业提供担保服务；继续深化与农业银行、建设银行、交通银行、国家开发银行和平安银行等银行业金融机构的合作，推动建立与金融机构间的中小企业信息交流机制。⑥推动落实《关于促进中小企业创新发展的南京宣言》，深化拓展APEC框架下中小企业领域的交流与合作。⑦全面落实已出台的各项收费减免措施，推动公布全国和各省市涉企行政审批前置服务收费清单，建设全国涉企收费项目库并公开接受社会监督，进一步清理取消没有法律法规依据的涉企收费项目，通过清理取消、整合规范进一步减少涉企收费项目，降低收费标准，健全减轻小微企业负担的长效机制。

3.2.8　商务部出台《关于促进中小商贸流通企业健康发展的指导意见》

2014年11月28日，商务部出台的《关于促进中小商贸流通企业健康发展的指导意见》（商流通函〔2014〕919号）提出应高度重视中小商贸流通企业工作，并提出了主要任务：①发展现代流通方式，提高中小企业组织化程度。扶持培育一批经营模式新、市场接受度高、发展前景好的区域性连锁经营企业；支持第三方物流企业、冷链物流企业和物流信息平台等完善服务功能，为中小商贸流通企业提供质优价适的物流配送等相关服务；引导各类电子商务平台开辟专门通道，制订针对性的优惠政策，为中小商贸流通企业开展网络销售提供便利。②发展新型营销渠道，提升中小企业品牌化水平。支持中小商贸流通企业参加商务主管部门主办或引导支持的展会，帮助中小商贸流通企业参加各类展销和促销活动，拓宽营销渠道；引导中小商贸流通企业注册并规范使用商标，创建知名商品品牌和服务品牌；通过举办地方名特优商品大集等方式，帮助品牌企业与大型流通企业建立长期合作关系，形成稳定的品牌产销链条。③健全标准信用体系，引导中小企业规范化发展。深入推进流通标准化建设，紧密围绕中小商贸流通企业特点和现实需求，区别轻重缓急，有针对性地做好标准制修订工作；加快建设以中小商贸流通企业为主的商务领域企业信用信息数据库；大力开展宣传培训，帮助中小商贸流通企业了解并学习使用商业承兑汇票、信用证、信用保险、商业保理等现代信用产品和工具。该意见还从健全服务体系、加大政策支持、缓解融资困难和完善营商环境几方面提出了、一些政策措施。

3.3 中小企业当前面临的困难与特点

3.3.1 市场需求不足，经营成本上升，中小企业亏损面加大

高成本竞争和市场需求相对不足同时并存，已经成为当前和今后中小企业面临的主要矛盾。国内外市场订单继续下降，生产经营压力进一步加大。国家统计局、中国物流与采购联合会发布的我国制造业采购经理指数显示，制造业继续保持增长态势，微刺激初步见效。但是从分项数据看，尽管中央已经出台了一系列支持小微企业的措施，但小型企业的经营情况依然不佳。国家统计局公布的数据显示，2015 年 11 月份中、小型企业 PMI 为 48.3% 和 44.8%，分别比上月下降 0.4 和 1.8 个百分点，继续低于临界点。与之相对的是，2015 年 11 月份大型企业 PMI 为 51.2%，比上月上升 0.2 个百分点，在扩张区间呈现企稳走势。中国中小企业协会发布的数据显示：2015 年三季度中国中小企业发展指数（SMEDI）为 91.9，与上季度持平，但是相较于 2015 年第一季度下滑 0.4 个百分点；整体上来看仍然低于 2014 年水平。由于目前经济增长的内

生动力仍然不强，经济下行压力进一步显现，受宏观经济环境影响，广大中小企业特别是小微企业生产经营的困难更大一些。从总体上看，生产经营活力不足，中小企业发展指数由降转升的难度较大。

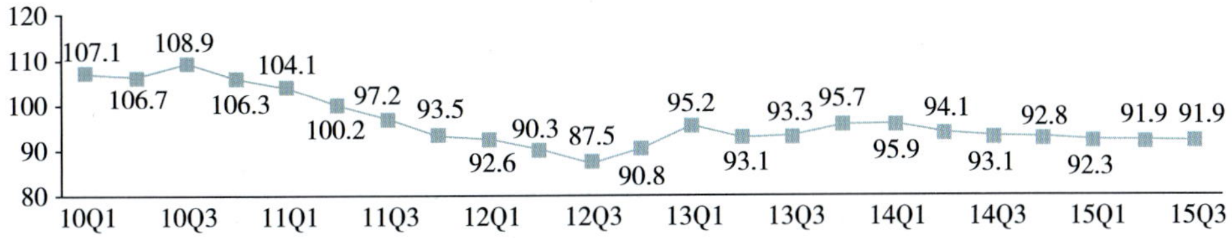

图 3.1 中国中小企业发展指数运行图

受用工、土地、资金等生产要素成本上升，加之物流、环保等费用增加，进一步增加了中小企业经营成本，而工业品出厂价格已连续 40 个月下降，两头挤压企业的利润空间，企业盈利能力下降，亏损面增加。

以劳动力成本为例，经济日报 3 月份指出，近年来无论是沿海地区、还是中西部地区，职工工资普遍增长较快，年增长率超过 10%。同时，结构性缺工，熟练技工和技术研发人员严重缺乏，人才流失频繁等因素，也在无形中推高了用工成本。另外，由于最低工资标准上调，相应社会保险和公积金的征缴基数也随之增长，增加了企业社会保险支出负担，工资上涨的速度已远超中小企业利润平均增速。据国家统计局公布的不同岗位平均主要工资数据显示，全国城镇就业人员的平均工资从 2001 年的 10834 元提高到了 2014 年的 49969 元。其中全国城镇非私营单位就业人员年平均工资 56339 元，同比名义增长 9.4%，扣除物价因素，实际增长 7.1%；全国城镇私营单位就业人员年平均工资 36390 元，同比名义增长 11.3%，扣除物价因素，实际增长 9.0%。私营单位平均工资增速快于非私营单位。进入 2015 年来，先后有湖南、海南、西藏、天津、深圳、北京等地区宣布提高最低工资标准，其中深圳提高到 2030 元/月，最低工资标准首次超过两千元大关，成为目前全国最高的地区。截至 9 月底，全国有 21 个地区调整了最低工资标准，平均增幅 13.3%。截至 12 月初，全国仅河北、辽宁、江苏和青海未调整最低工资标准。（详见表 3.10）

表 3.10　2015 年各省市上调最低工资标准一览表（截至 2015 年 12 月 07 日）

地区	标准执行日期	月最低工资标准（元）			
		第一档	第二档	第三档	第四档
北京	2015. 04. 01	1720			
天津	2015. 04. 01	1850			
河北	2014. 12. 01	1480	1420	1310	1210
山西	2015. 05. 01	1620	1520	1420	1320
内蒙古	2015. 07. 01	1640	1540	1440	1340
辽宁	2013. 07. 01	1300	1050	900	
吉林	2015. 12. 01	1480	1380	1280	
黑龙江	2015. 10. 01	1480	1450	1120	1030
上海	2015. 04. 01	2020			
江苏	2014. 11. 01	1630	1460	1270	
浙江	2015. 11. 01	1860	1660	1530	1380
安徽	2015. 11. 01	1520	1350	1250	1150
福建	2015. 08. 01	1500	1350	1230	1130
江西	2015. 10. 01	1530	1430	1340	1180
山东	2015. 03. 01	1600	1450	1300	
河南	2015. 07. 01	1600	1450	1300	
湖北	2015. 09. 01	1550	1320	1225	1100
湖南	2015. 01. 01	1390	1250	1130	1030
广东	2015. 05. 01	1895	1510	1350	1210
其中：深圳	2015. 03. 01	2030			
广西	2015. 01. 01	1400	1210	1085	1000
海南	2015. 01. 01	1270	1170	1120	
重庆	2016. 01. 01	1500	1400		
四川	2015. 07. 01	1500	1380	1260	
贵州	2015. 10. 01	1600	1599	1400	
云南	2015. 09. 01	1570	1400	1180	
西藏	2015. 01. 01	1400			
陕西	2015. 05. 01	1480	1370	1260	1190

续表

地区	标准执行日期	月最低工资标准（元）			
		第一档	第二档	第三档	第四档
甘肃	2015.04.01	1470	1420	1370	1320
青海	2014.05.01	1270	1260	1250	
宁夏	2015.07.01	1480	1390	1320	
新疆	2015.07.01	1670	1470	1390	1310

注：加底色的地区为尚未调整最低工资地区。

受经济下行压力影响，订单和利润回落较快，亏损企业亏损额增加等。从中小企业融资和担保情况看，仍存在小微企业融资成本居高不下，资金周转不畅以及担保机构风险上升导致新增业务下滑等问题。

3.3.2　对扶持中小企业发展的认识不到位，政府转变职能不到位

全国上下对扶持中小企业发展的认识有所提高，但仍有一些地方和部门在过去的发展中形成了“特殊政策、招商引资、择优扶强”的思维惯性，习惯于“抓大放小”的简单工作方式，只重视见效快的“大工程、大企业”，不重视见效慢的中小企业发展，不知道如何改进市场环境和产业环境，促进量大面广的中小企业发展，这在政府配置资源的比例上尤其明显。

政府转变职能不到位，具体表现在：①行政审批依然过多，简政放权改革还需深化。“先照后证”改革后，企业办照容易了，但办证仍然麻烦。从全国来看，后置审批事项仍非常多，很多地方甚至都没有统计出精确数量。②政府监管能力建设进展较慢，影响简政放权改革落实。一方面，一些部门尤其是基层部门监管手段相对落后，高素质、专业化监管人才队伍还远未培育起来；另一方面，监管碎片化问题长期得不到解决，部门之间的联动监管、统一监管等新机制尚未真正建立。③政府服务能力不足，难以为量大面广的中小企业提供普惠性服务。多数地方政府仍然沿用传统的条块分割的管理模式，一些部门热衷于挂牌子、批项目、分资金等事项。④一些地方执法不公、以罚代管、只罚不管等问题较为突出。

3.3.3　市场环境、金融、政府采购等配套体制机制改革滞后

市场监管体制机制不能适应“宽进严管”的要求。一些审批部门仍停留于旧的许可监管思维，“有证监管、无证不监管”；部门之间存在“信息孤

岛”，企业登记取得了营业执照，其他许可监管部门不掌握注册信息；一些许可监管部门的监管能力不足，未能延伸到无证经营领域。我国目前还未完全摆脱“重资格轻管理”、“重审批轻过程”的传统监管思维，还未建立起与“宽进严管”相适应的市场监管体制机制。

建立普惠金融体系还存在体制机制障碍。尽管贷款50万元以下的小企业实际不良率较低，利率较高，具有较高的市场开发价值，但银行对这些企业的服务覆盖率较低，主要原因还是市场竞争不充分。而且由于竞争度不高，银行在与企业关系中处于绝对的强势地位，造成过桥贷款、变相提高资金成本现象普遍存在。

政府购买服务扶持中小企业发展的制度尚未建立。我国财政支出管理制度主要是针对投资固定资产等有形产品设计，对于购买服务的方式尚难以适应，相关政府部门尚未形成政府购买服务支持中小企业发展的成熟制度。

中介机构的市场化改革相对滞后。与审批相关的中介服务市场化改革不到位，造成不少“红顶中介”垄断经营性服务项目，且服务收费标准不透明不规范。各级政府仍然保留相当数目的涉企政府定价或政府指导价的经营服务性收费，政府部门相关的权力清单尚不明确，不同部门之间监管缺乏协同，存在权力寻租的空间。一些中小企业反映，时常碰到不同部门、不同地区重复要求进行产品认证，增加了企业负担。

3.3.4 部门间政策措施不协调不配套

商事改革中不配套的问题广泛存在。注册登记方面，有些部门还未对“三证合一”做好准备，如有的地方，企业办理银行贷款仍要求提供三证，税务系统“一个主体对应一个地址”的要求与“一照多址”不相符。“先照后证”方面，中央和地方都尚未对后置审批事项进行系统梳理与清理，办证难的问题仍然比较突出。简易注销方面，清税申报没有配套跟进，导致实际很难操作。

金融支持的配套措施不完善。如民营银行设立后，在民营银行进入同业拆借市场、金融债券市场融资等方面仍存在一定的制度障碍。又如金融资产流转市场匮乏，融资租赁资产、典当资产、小贷公司资产等转让渠道不畅，导致资产流动性很低，增加了这些机构为中小企业提供服务的风险。此外，金融诉讼的法律制度存在司法程序不尽合理、资产追索耗时长、成本高等问题，增加了金融机构服务中小企业的成本。

服务平台的投入缺乏连续性。一些公共服务平台建成后没有稳定的财政资金支撑服务平台的运营维护，导致人才引进、购买服务、后续系统功能开发、公益性活动、宣传推广等可持续性困难。此外，平台尚未建立动态考核评价机制，难以有效激励服务平台为中小企业提供服务。

3.3.5 法律法规修订滞后

如在商事改革相关法规方面，《互联网上网服务营业场所管理条例》仍没根据“谁审批谁监管”、“谁主管谁监管”的原则调整，导致职责不清、监管真空。有些改革措施与当前法律有冲突，如简易注销，《公司法》规定了企业注销的复杂流程，因此简易注销可能导致法律风险，从而影响了试点的推进。又如在金融方面法规方面，受《证券法》未完成修订影响，尚未盈利的互联网和高新技术企业到创业板发行上市、全国中小企业股份转让系统向创业板转板等试点无法落实。在市场竞争法规方面，《反不正当竞争法》亟待修订完善。

3.3.6 社会信用体系不完善

我国社会信用体系建设尚处于起步阶段。一些政府信息平台尚未建立规范的动态信息披露制度，各部门之间信息互不联通、缺乏共享，使得政府主导的公共信用信息平台的作用并没有得到充分发挥。

市场化、专业化的信用服务机构发展不足。由于现阶段政府数据开放程度不高，很多涉及市场交易和社会交往中的信用信息没有以适当方式公开，并且对行业组织、互联网企业等社会力量依法采集相关信息支持力度不够，导致很多市场化的信用服务机构实力相对弱小，无法为中小企业提供有针对性的服务。

3.3.7 部分政策的针对性、可操作性需要提高

有些政策条款未抓住问题要害。以支持金融机构服务中小企业的政策为例，金融支持中小企业的关键在于构建允许能容忍较大市场失败的开放金融体系，在于创造良好的信用、资产登记、评估、流转以及司法救济等环境的基础上，推进金融监管理念、体制和标准改革，搭建政策金融的合作体系。目前政策作用的对象仍是追求安全盈利且主要服务于大中型企业的金融机构。

有些政策条款不明确不具体。有的文件涉及上百项政策措施，其中有些政策措施内容明确，如推行“三证合一”、全程电子登记和电子营业执照等，有些内容则抽象宽泛。文件对政策措施性质、实施主体、实施时限和实施目标没有给出具体要求，分不清哪些是倡导性意见，哪些是强制性要求，谁来实施，需要做到什么程度等，给政策执行和评估都带来一定的难度。

3.4 政策建议

3.4.1 加大财政资金支持和统筹力度

（1）扩大财政扶持资金规模。逐年增加预算投入，稳步提高财政支持力度。加快推进国家中小企业发展基金设立。2003 年，《中小企业促进法》规定“国家设立中小企业发展基金”，2015 年 9 月 1 日，国务院常务会议决定设立国家中小企业发展基金，建议相关部门抓紧落实、尽快推进。尽快扩容“小微企业创业创新基地示范城市”。2015 年初，五部门联合启动“小微企业创业创新基地示范城市”项目，财政部将中小企业专项资金 116 亿元中的 84 个亿安排给 15 个示范城市，非示范城市失去了中央财政支持的机会。建议财政部加大资金投入，缩短试点期，尽快扩容示范城市数量，并将扶持重点转移到中西部地区。

（2）优化财政资金投入结构。逐步缩减直接补贴占比，增强财政资金杠杆作用。引入市场机制，加快财政投入模式创新试点，强化财政资金的引导功能，增强杠杆作用，引导社会资金、风投机构加大中小企业投资。调整投入方式，分类扶持中小企业。

（3）完善专项扶持资金管理配套机制。加强扶持资金的监管及绩效评估，各级政府应尽快构建扶持资金管理机构，将资金使用信息公开，接受社会监督；对资金支出管理与绩效评估工作规则、工作程序、组织方式及结果评价，可考虑委托业务能力强、信誉好的中介机构具体实施绩效评价工作。

（4）加大政府采购支持中小企业力度。检查督促各地严格落实“面向中小企业采购的政府采购项目预算中，预留给小型和微型企业的不能低于 60%”规定；实行对中小企业认定的动态管理等；财政部应加快落实《政府采购工作要点的通知》提出的“完善政府采购信息公开的配套制度和细化规定，建立覆盖全过程的政府采购信息公开机制”，切实提高政府采购透明度，真正破除中小企业参与政府采购的“玻璃门”。

3.4.2　完善税收优惠政策，提升普惠性减税的效果

（1）进一步扩大普惠性减税的覆盖面。扩大税收优惠的范围，如将中小企业免征营业税和增值税的标准提高至“月销售额不超过5万元”；区域性股权市场投资者建议参照新三板做法执行投资纳税规定；改进不利于创新的税制规定，如对知识产权入股实行延迟纳税，应在实际发生股权兑现或分红收益时再同步实行纳税，而不是统一规定为一个固定年限如5年，以鼓励科技成果转化；加大行业协会减税力度。

（2）以减税措施为抓手建立中小企业申报统计库，既提高中小企业的纳税人意识，也能够保证相关统计数据的完整性。

（3）将中小企业的免税起征点改为免征额。对月销售额未达到起征点的不予征税，对月销售额达到起征点的仅对超过部分予以征税，增加优惠政策普及面，减少征纳成本。

（4）建立并完善税银联动征信系统。将企业的纳税情况与贷款额度结合起来，有利于银行、担保、保险公司等金融中介以及民间资本更好地识别优质中小企业，有利于降低中小企业参与市场融资的门槛，减少融资成本。应系统总结梳理地方试点经验教训，尽快建立并完善全国性的税银联动征信系统，推广税银联动。

3.4.3　深化简政放权，有效降低创业门槛和退出门槛

（1）坚持放管并重，重点解决监管不到位的问题。建立部门间的同步联动监管机制。工商部门应将已领照未办证的企业信息及时、精准地推送告知给卫生、食药监、质检、消防等后置许可审批监管部门，各监管部门要根据工商信息加强上门服务、在线沟通，提醒和辅导新企业及时办证，改变过去“有证才监管”的工作思路，做到经营全覆盖。明确“先照后证”的取证周期。继续修订相关法律。尽快按“谁审批谁监管”、“谁主管谁监管”的原则调整相关法律，如《互联网上网服务营业场所管理条例》，明确各部门的监管职责，避免部门之间互相推诿。建立符合“宽进严管”的新型市场监管体系。

（2）深化简政放权，进一步降低市场准入门槛。把清理后置审批事项作为深化简政放权的重点。从中央到地方都要对后置审批事项进行系统梳理，形成后置审批事项清单，明确审批条件、时限等要求，并向社会公布；对确实需保留的许可审批事项要优化流程、提高办证效率。继续缩减工商登记前置审批事项。加快推进市场准入负面清单制度。

（3）宽容接纳最体现、最适合大众创业、万众创新的平台型公司业态。以自然人形态参与市场的个人网店创业者，虽然这类经济主体按照传统定义不算中小企业范畴，但从理论上来说，个体开展经营活动来谋生是一种天然的权力，不一定必须通过行政注册手续、缴验注册资本金、年审等才能谋生。工商登记制度、行业监管、税收制度要去适应个体谋生活动形势的变化，而不应该是为了管理和收税的便利性而剥夺个体谋生的经营权力。新的创新业态下，法律制度存在空档期，要明确法无禁止则行，积极去适应中中小企业创新发展实践。因此要完善工商登记注册制度，适应信息经济下的市场主体运行规律。税收体系上也需要尽快由间接税改向直接税、生产型增值税改向消费型增值税方向转型。

（4）加强商事制度改革宣传沟通，着力解决不配套问题。“三证合一”、“一照一码”改革给企业带来了极大便利，还要处理好“新旧合一”过渡期出现的各种不配套问题。

（5）加快简易注销试点工作。扩大试点地区，尽早发现和解决简易注销中的问题与障碍。

（6）完善企业破产法律规范，实现企业有序退出。逐步增强破产制度的社会接受度；建立健全失信惩戒机制；积极探索破产程序类型多样化。既有适用于所有企业破产的“普通程序”，又有适用于中小企业的“简易程序”，还要有适用于极少数情况下的“特别程序”。对简单破产案件，可通过指定个人管理人、改进债权人会议制度和表决方式、加快审理进度等简化破产程序，实现社会资源的重新分配。

（7）加快全程电子化登记工作加大信息化改造的资金投入、人员投入，提速全程电子化登记工作。

3.4.4 加快建设普惠金融体系，更好地服务中小企业

（1）加快《证券法》、《商业银行法》等修订工作，出台《非存款类放贷

组织管理条例》、《金融机构破产法》、《外资企业法》、《区域性股权市场监督管理试行办法》、《股权众筹融资试点管理暂行办法》等法律法规。督促高法及时出台司法解释，明确实践中遇到的法律问题。加快落实尚未盈利的互联网和高新技术企业到创业板发行上市、全国中小企业股份转让系统向创业板转板、特殊股权结构类创业企业境内上市等政策试点工作。

（2）完善征信体系和资产登记制度，提高抵押物处置效率。适度扩大人行征信体系的使用者范围（如保险机构等）；切实落实区域性股权市场作为股权质押登记的合法机构，推动其与工商信息系统的实时交互对接；提高违约企业的抵押物处置效率；协调有关部门提高中小企业不良贷款判决和抵质押物的处置效率，提高银行机构从业积极性。

（3）建立合理的风险分担机制，形成财政和金融体系支持小微的合力。加快推进政府主导的政策性融资担保体系，提高财政对政策性融资担保体系的持续注资能力；增加财政资金对专利保险、信用保证保险等新型险种的补贴力度，以调动商业保险公司的积极性，降低中小企业、科技企业的保费负担。对保险公司开展的小额贷款保证保险等给予免征营业税的政策支持。

（4）加大小型金融机构发展步伐，加快建立普惠金融体系。放松对金融机构市场准入的行政性管制，积极稳妥发展面向中小企业的民营银行、金融租赁公司、消费金融公司等，促进市场竞争，增加金融供给。进一步完善各项配套措施。如改进对不良率的监管办法，完善受托支付相关考核办法；抓紧解决对互联网金融、供应链金融等金融创新中存在的问题；进一步提升场外市场的服务能力，包括设立增加服务于新三板和区域性股权市场的中介服务机构，制定税收递延政策等。

3.4.5 搞活中小企业公共服务平台机制，提升绩效

（1）继续增加财政投入，并且向欠发达地区和县以下倾斜。同时，应将政府直接补贴企业的资金转变为公共服务投入，提高财政投入的普惠性。

（2）从政府包揽公共服务向购买市场服务为主转变。通过 PPP 方式引导社会资本发展众创空间、创业基地、孵化器、产业集聚区。利用政府购买服务为中小企业提供如记账、管理咨询等辅助性服务服务，帮助中小企业发展。利用创新券、服务券工具，帮助中小企业购买检验检测、技术研发等服务，协助

中小企业创新。

（3）提升服务效率，推进事业单位改革，将部分专业服务机构市场化，政府购买服务。放宽专业化服务机构的市场准入，提高第三方专业化服务的社会化程度，通过引入市场竞争，提升各类服务机构的活力和能力。

3.4.6 进一步完善公平竞争的营商环境

（1）加快中介机构、行业协会与原行政管理机关的脱钩改制，强化涉企收费目录清单的规范化透明化，重点清理隐形收费、搭车收费。可考虑采取集中收费、收到分开的方式，切断各部门与收费的利益关系。取消在行政审批中指定第三方服务机构，放宽中介服务的市场准入，引入市场化的竞争机制，鼓励通过市场化方式、企业化运作提供专业化服务。继续放开部分涉企经营性服务项目的价格，把定价权更多放给企业和市场，政府做好事中事后监管。

（2）推进《反不正当竞争法》修订。从制度框架、具体条款等方面对现有法律加以完善，特别是加强对网络不正当竞争行为的惩治。采取分类监管的方式，消除监管空隙，并对网络广告经营行为进行规范。

（3）进一步规范涉企收费并加大普惠性降费力度。建立健全公开透明的涉企收费监管制度，按照收费项目只减不增的原则，继续清理规范行政事业性收费和政府性基金。

（4）加强反垄断和反不正当竞争执法。完善调查取证与决定处罚分开、决定罚款与收缴罚款分离、执法监督及问责等制度建设。

3.4.7 加快政府推动、社会共建的信用体系建设

（1）尽快落实政府信息公开制度。对政府信息披露情况开展第三方评估，防止少数机构以各种理由拖延信息公开。

（2）建立跨部门的有效信息共享和联动协作机制。协调制定各部门信息记录的数据标准、接口标准、格式标准等，打破信息孤岛，推动工商、商务、税务、海关、质检、环保、交通、社保等部门的信息相互开放、互联互通、实时交换。

（3）扩大政府信用数据使用范围。有序扩大政府涉企信息对社会的开放，促进人行征信体系、税务、工商等信用信息系统向商业银行、保险、征信机构等开放和共享，优化信用调查、信用评级和信用管理等行业的发展环境。

（4）建立企业信息一单申报系统。减少中小企业信息申报负担，同时激励企业提高信息申报的信息量和真实度。

（5）探索和完善信用激励与惩戒机制。

3.4.8　加大重视程度和协调力度，成立国家小企业局

（1）从社会转型方面更加重视发展中小企业的作用。发展中小企业是社会经济转型成功、扩大就业、实现富民的根本之道，是促进社会公平的有效途径，是实现“稳增长、调结构”的主要手段，是催生经济发展新动力的重要措施。要加强宣传，让广大干部更加充分认识到扶持中小企业发展和促进“大众创业、万众创新”的重要意义。通过提高认识，自觉将扶持中小企业发展放在优先位置。

（2）成立国家小企业局，加强中小企业工作统筹协调力度。适应经济社会转型发展要求，完善中中小企业政策的管理体制。借鉴发达国家统筹协调小企业政策、实现政策协同效果的经验，加强中小企业工作统筹协调力度，建立国家层面的小企业局，替代目前非常设机构的部际协调领导小组。在此基础是完善中小企业的综合统计体系，协调各部门涉及中小企业发展的政策和行政规范，维护中小企业合法权益。

（3）加强培训，推广扶持中小企业发展的先进经验。要让各级干部认识到中小企业发展的客观规律，改变过去“抓大放小、择强扶优”的政策思路，重在改进企业发展环境，重在制定普惠性政策，激发全社会的创造活力，促进中小企业集群式发展。

（4）加强政策引导，促进中小企业环保绿色可持续发展。加强对中小企业创业者的政策引导和规范，充分发挥有关行业协会、商会等中介组织的作用，提高中小企业的社会责任意识，促进中小企业绿色转型发展、可持续发展。

执笔：王继承

第四章　企业跨境投资

4.1 “十三五”我国企业“走出去”战略研究

4.1.1 “十二五”我国企业“走出去”的基本情况

（1）总体进展

“十二五”期间，我国企业“走出去”进入全面开展阶段。“十二五”是我国企业海外投资发展速度最快的时期，企业“走出去”的数量和质量均大幅提高。海外投资规模高速增长，首次成为资本净输出国。截至2015年10月底，我国“十二五”期间累计非金融类对外直接投资规模达到4886亿美元，较“十一五”翻了一番。年度对外投资流量由2010年的688亿美元上升到2014年的1231亿美元，增幅近50%，连续3年位列全球第三。对外直接投资与吸引外资间的差距逐渐缩小，2014年仅差53.8亿美元，首次接近平衡。企业“走出去”的国际地位不断提高。我国2万多家投资者在186个国家和地区设立了3.7万多家企业，投资覆盖率接近80.0%。企业实力不断提升，知名度越来越高，已形成了一些有世界影响力的跨国公司，在通讯、工程建筑、家电制造、基础设施、油气及矿产资源开采等领域已初步形成全球布局架构，高铁、装备制造、核电等新兴领域，已走在了世界前列，初步具备了与国际知名跨国公司同台竞争的实力。“走出去”企业在境外的经营能力和收益不断提高，为投资国税收和就业做出了巨大贡献。

“十二五”期间，我国“走出去”政策环境大幅改善，政府推动成为“走出去”的重要推手。对外投资管理大幅放松，由审批、核准制改为备案制，手续流程大大简化。各级政府积极构建和完善了对外投资公共服务平台。“十二五”期间，国家出台了一系列实质性的政策举措推动中国企业“走出去”。2014年以来，我国提出了“一带一路”国家战略，制定了翔实的规划，并主导设立了丝路基金和亚投行。为推动我国优势产能和富余产能走出，国务院于2015年专门出台了《关于推进国际产能和装备制造合作的指导意见》。这些战略举措极大地推动了我国企业“走出去”步伐。

（2）基本特点

①企业“走出去”布局由区域重点向全球化布局转变。“十二五”期间，我国企业“走出去”仍主要集中在北美、欧洲等发达经济体的成熟市场，但亚洲、非洲、南美和东欧等新兴经济体的成长性较高。以海外并购为例，2014 年中国大陆企业海外并购交易金额区域分布为：北美 30.6%、欧洲 30.1%、亚洲 17.8%、南美 12.5%、非洲等其他地区 9.1%[①]。尼加拉瓜大运河等一些战略性大项目的落实，将加快我国全球战略布局的实现。

②企业“走出去”的实现形式日益多元化。从过去以工程承包为主，转向项目总承包、PPP、绿地投资、海外并购、海外上市等多种投资方式，其中海外并购正在成为我国企业“走出去”的主要形式，2014 年占对外投资总额的 55.3%。企业“走出去”的组织形式也在发生巨大变化，抱团出海成为新趋势，如多方组建国际联合体、建海外园区、全产业链集体出海等，不仅发挥了协同效应，也降低了投资经营风险。

③企业“走出去”的领域广泛，全面开花。从过去以矿产、油气资源等原材料领域为主，转向高端制造、服务业、文化娱乐业、互联网、房地产业及金融保险业等各个领域，全面开花，更多产业、更多企业参与了全球资源配置。以 2015 年前三季度的海外并购交易额为例，媒体娱乐 22.6%、金融服务 20.5%、原材料 15.8%、高科技制造 13.7%、房地产 12.3%、能源电力 3.4%、其他 11.6%。

④“走出去”的企业主体结构已发生显著变化。从过去以国有企业为绝对主力，转向国企和民企并进发展。国有企业仍占据对外投资的最大份额，但民营企业的增长速度非常快，2014 年民营企业对外投资额同比增长 300%，2015 年前三季度民营企业海外并购交易数量是国有企业的近三倍，交易金额占总量的 1/3。上市公司成为我国海外并购活动的主力军，2015 年前三季度近 62% 的海外并购交易项目由上市公司完成。地方企业对外投资稳步增长，对外投资存量占比超过三成。财务投资者和私募股权基金等积极参与企业“走出

① 海外并购数据均来自普华永道的内部报告，在此表示感谢。

去”，成为海外投资的重要资金来源，2014 年财务投资者的海外并购交易金额占到总交易额的 27.1%。

（3）主要问题

①如何取得国际信任是我国企业“走出去”的一个重要挑战。国际政治经济关系错综复杂，使得我国企业“走出去”在一些地区和国家存在巨大风险，中东、非洲一些国家的内战和极端恐怖分子活动已给我国企业造成了巨大损失，“一带一路”沿线部分国家还未与我国建立起真正的战略互信关系，全球经济下滑背景下贸易保护主义和民族主义抬头。国际社会对我国企业“走出去”存在着诸多担心和争议：担心我国通过国企控制东道国的能源、矿产、港口等战略资源，影响该国的经济安全、军事安全；担心我国企业大规模的海外并购会抢走核心技术，特别是与军事有关的技术；担心我国“走出去”的国企得到政府不透明的支持（资金、税收、准入等），造成不公平竞争；对我国企业在劳工权利保障、环境破坏和尊重当地风俗习惯等方面还有不少非议；部分国家甚至对我国逐渐成为一个全球贸易和投资大国的地位感到不安。上述担心或争议是我国企业大规模“走出去”的一个重要挑战。

②支持企业“走出去”的政策效果和公共服务还有待提高。我国出台了很多支持企业“走出去”的政策，但政策碎片化，缺乏系统性，由此造成政府顶层设计和综合协调作用发挥不够，支持企业“走出去”的政策红利没有得到充分释放。对外投资管理体制尽管已大幅放松，但在外汇管制、支付方式、投资保障等方面还存在诸多制约因素。中央和地方政府都建立了不同层次的对外投资公共服务体系，但提供“走出去”全程一揽子专业化服务能力不足，服务水平不高，不能满足企业大规模“走出去”的要求。政府主导的全球信息和服务网络尚未形成，及时收集和研究国外投资环境的能力差，与国际组织机构合作机制有待完善。此外，行业协会、市场中介等独立第三方机构在推动企业“走出去”过程中尚未发挥足够的组织协调和智库的作用。

③金融等配套服务滞后，跟不上大规模企业“走出去”的需要。我国企业“走出去”的融资渠道仍以间接融资为主。民营企业比国有企业融资难的问题更加突出，信用担保体系和海外投资保险体系不健全是主要原因。我国企业海外投资的融资缺乏竞争力，融资成本较发达国家高得多，如日本贷款利率

只有0.1%，而我国优惠利率还要2%~3%，不利于我国企业承担大型基础设施项目。国内金融机构海外银行网点不多，也成为企业在海外发展的一个制约因素。

④企业“走出去”的内功不足，难以满足全面“走出去”的要求。总体上，我国“走出去”企业的盈利性不高，一些矿产资源类企业由于缺乏国际化经验，不掌握行业发展规律等，前期海外投资亏损严重。部分企业“走出去”缺乏战略性谋划，对海外投资的政治风险、法律风险、环保和社会风险认识不够，风险防范意识有待进一步增强。企业“走出去”所需要的国际化人才短缺，业务整合、管理整合、文化整合能力弱，国内国际协同效应未能有效发挥。企业的行业自律性差，协调不足，相互压价、恶性竞争等问题广泛存在。

4.1.2 “十三五”我国企业“走出去”面临的环境

（1）国际环境

①国际金融危机的深层次影响依然存在，世界经济仍将处于深度调整之中，国际经济贸易增长乏力，外部需求不足的状况难以有根本性改变。“十三五”期间，亚太地区仍将是全球经济增长的重要引擎，印度、东南亚等国家将保持快速增长势头，美国经济复苏力度会增强，欧洲多数国家不景气状况将会持续，新兴经济体受自身结构约束和外部需求不足的影响，增长会减弱，会分化。美日欧等发达国家加快实施“再工业化”和“制造业回归”战略，美国大幅减少能源进口并可能在“十三五”期间成为能源净出口国，新一轮科技革命和产业变革正在兴起，这些诸多根本性变化都将使全球供应链发生重构、国际分工发生重大调整，这些也是导致全球贸易量增长缓慢的重要因素。

②全球经济关联性不断加深，中国在全球经济中的地位日益突出，与发达国家和发展中国家的经济协同互补性强，企业间合作热情高、空间大。“十三五”期间，经济全球化整体趋势没有改变，世界各国经济的关联性不断加深，利益进一步融合。发达国家和新兴经济体需要吸收境外资本来促进本国经济增长，发展中国家需要引入外部投资改善落后的基础设施，各国都将会为外国投资者创造稳定的投资环境。中国作为仍处于快速成长中的全球第二大经济体，地位越来越强，市场、资本、生产制造能力等多重优势日益显著，与各国的经

济协同互补性也日益增强。发达国家有技术但市场不足，发展中国家有需求但缺资本，与中国企业间的全方位合作空间巨大。

③国际经济规则快速重构，国际力量对比趋于平衡，欧美国家倡导的竞争中立等规则将对中国企业“走出去”形成挑战。“十三五”期间，世界各国围绕国际贸易、服务和投资新规则的制定，将会展开多重角力。总体上，全球经济合作仍将维持在促进各国市场开放、共同参与国际分工、保障公平竞争环境的主框架内。发达国家仍是世界经贸新规则制定的核心，但新兴经济体的力量在不断增强，话语权将会有实质性提升，主导权争夺将越演越烈。针对新兴经济体国有企业的对外投资，欧美国家在双边、多边贸易协定中极力倡导“竞争中立”原则，美韩 FTA 及 TPP 协议中都有关于竞争中立的专门规定，对中国国有企业“走出去”是一个严峻挑战，需要我们积极应对。此外，面对错综复杂的地缘政治关系变化，政治风险将成为中国企业“走出去”的首要风险。

（2）国内环境

①“十三五”期间，我国“一带一路”国家战略深入实施、全面推进，将激励更多中国企业“走出去”，掀起一轮海外投资和国际产能合作的热潮。“一带一路”贯穿欧亚，辐射非洲，沿线国家基础设施建设空间巨大。基础设施互联互通是“一带一路”建设的优先领域，我国正与“一带一路”沿线国家一道，积极规划和建设中蒙俄、新亚欧大陆桥、中国—中亚—西亚、中国—中南半岛、中巴、孟中印缅等六大经济走廊及若干海上重要战略节点建设。相应地，“一带一路”沿线国家的铁路、公路、港口、航空等基础设施，以及电力、电网、通信等公共服务都将成为中国企业海外投资的重点。同时，“一带一路”基础设施建设还将带动中国企业对资源开采及相关制造业的投资，钢铁、建材、装备制造、油气开采与加工等都会有较大建树。这些领域，国内产能已严重过剩，配合“一带一路”战略的实施，能够推动过剩产能“走出去”，拓展产业发展的国际空间。

②“十三五”是我国全面建成小康社会的决胜阶段，国民经济将保持中高速增长，城乡居民收入将大幅增长，创新、协调、绿色、开放、共享的发展理念将创造更大的市场空间，为中国企业“走出去”奠定了坚实基础。我国一直保持着较高的国民储蓄率，随着居民收入的持续增长，将会有越来越多的

国内财务投资者、私募股权基金等为中国企业“走出去”提供充裕的资金。另一方面，人民生活水平的提高和五个发展理念的确立，将极大地拓展国内市场空间，如绿色发展的推进，将使得我国形成近十万亿元的环保市场规模。在全球经济增长缓慢的大环境下，国内大幅扩大的有效市场需求成为全球稀缺资源。“十三五”期间，资金优势和市场优势将成为中国企业“走出去”的两大基石，与资源、技术等丰裕的国家和地区形成巨大的协同效应，使得中国企业能够更为有效地利用国内国外两种资源、两个市场。

③新常态下创新发展成为国家发展全局的核心，国民经济从规模扩张向质量效益提升转变，产业向中高端水平迈进，对技术、管理、人才的要求越来越高，迫使中国企业“走出去”获得更多优质资源，服务于国内经济的转型升级。“十三五”是我国进入新常态发展的第一个五年，也是我国转方式、调结构的重要窗口时期。一方面，部分行业产能过剩严重，低端低效低质生产过多，创新能力不足，企业效益持续下滑；另一方面，随着我国逐渐迈入中高收入阶段，消费升级特征突显，对品质、品牌的要求不断提升，多样化需求显著增强。这种供需矛盾迫使我们着力加强供给侧结构性改革，着力提高供给体系的质量和效率，把供给创新作为驱动经济发展的第一动力。对于中国企业来说，通过“走出去”，获取海外技术、管理、人才等各种优质资源，是提升企业能力、满足国内需求的一条有效途径，既省时又省力。“十三五”期间，中国企业“走出去”获取资源的投资和并购目标将全面多元化，有成熟技术的制造业企业、拥有品牌和客户资源的消费品企业、关注生活方式提升的传媒娱乐企业都将成为中国企业的合作对象。

④中国企业整体实力上新台阶，部分产业已走在了世界前列，在国际竞争中具有相当优势，正在逐步由消费品出口向投资品出口升级。经过三十多年的规模扩张，中国企业整体实力已显著增强，财富500强企业数量仅次于美国，占到1/5多（包括港澳台）。相当一部分企业不仅是规模达到了国际水平，技术、管理、国际化程度等也都走在了世界前列，尤其是高铁、核电、电力设备、工程建筑、通讯、移动终端等行业，我国已培育出了一批具有自主知识产权、自主品牌和较强国际竞争力的优势企业。“十三五”期间，这些优势企业将会加快“走出去”步伐，与国际知名跨国公司相竞争，积极拓展国际市场，

并推动我国对外经济合作由消费品出口向投资品出口升级。

4.1.3　“十三五”我国企业“走出去”思路、目标与基本原则

（1）总体思路

将“走出去”作为构建开放型经济新体制的重要举措，以深入实施“一带一路”国家战略为核心，以服务国内经济转型升级和全面建成小康社会为目的，统筹国内国际两个市场、两种资源，推动中国企业全面“走出去”。从过去以资源为单一目标向资源、技术、市场等多重目标转变，通过“走出去”和“拿进来”两条途径，推动我国优势和富余产能跨出国门、促进国际产能合作、拓展发展空间，掌握更多技术、品牌、渠道等高附加值生产要素，使更多领域的更多企业走向国际市场、利用国际资源，最终促进我国产业尤其是制造业向中高端水平迈进。实现方式上，要加强全球产业链的整合和布局，通过培育一大批具有国际竞争力的跨国公司，实现从全球产业链的参与者向主导者转变。“十三五”期间，中国企业“走出去”要更加注重风险控制，更加注重文化融合、更加注重本土化运作，加强抱团出海、集群式“走出去”，通过有序竞争、优势互补、合作共赢，实行海外资源和市场的综合开发与利用，实现“走出去”的最大化综合效益。

（2）战略目标

“十三五”期间，要改革完善对外投资监管体系，扫清对外投资的各种制度障碍，进一步确立企业和个人作为对外投资主体的地位，构建企业“走出去”的综合服务体系，提高我国对外投资的综合效率，推动对内对外开放相互促进、引进来和走出去更好结合，促进国际国内要素有序自由流动、资源高效配置、市场深度融合，开创我国对外经济合作的新局面。到2020年，建立一支规模大、素质高、专业性强的国际化人才队伍，培育一批能够主导全球价值链、具有全球资源整合力和控制力的跨国公司，基本形成布局合理、协同高效、内外融合的对外投资战略格局。

（3）重点领域

“十三五”我国企业“走出去”要围绕两条主线和三个重点领域展开。两条主线：一是以满足国内经济转型升级、创新发展和消费升级需求为目标，积极发挥我国的市场优势和资本优势，通过“走出去”并购优秀公司，吸纳更

多技术、管理、人才和资源等高端要素为我所用，促进我国农业、制造业和服务业中各门类产业向中高端发展，并保障国内能源、粮食、稀缺资源等战略物资的供应；二是围绕“一带一路”国家战略，积极发挥我国的技术优势和产业优势，通过基础设施互联互通、经济走廊及重要战略节点的建设，推进更多优势产业和富余产能“走出去”，拓品牌、促生产、扩市场，布局我国主导的全球产业链。

三个重点：一是在欧美等发达国家地区，并购其成熟的优势公司，吸纳技术、管理、人才等高端要素，以及全球布局的资源与产业链。这些传统优势公司，包括部分跨国公司，在工业生产、智能制造、消费品领域等都处于全球领先地位，受世界经济深度调整的影响，正处于经营困难中，股东有意出售，是我国企业难得的并购机遇；二是在“一带一路”沿线国家，包括东南亚、中亚、东欧、中东及非洲等地区，由于经济相对落后，基础设施薄弱、制造业不够发达，同时自然资源丰裕，要素价格相对较低，是我国开展国际产能合作的核心区。一方面，这些地区是中国企业“走出去”进行公路、铁路、港口等基础设施和电力、电网、通信等公共服务建设的主力区域，也是油气、矿产资源开采的重点区域。另一方面，要借助这些地区加快推进基础设施和公共服务建设的机遇，推动国内钢铁、有色、建材、化工、轻纺、汽车、机械等富余产能向这些地区释放。三是核电、高铁、通讯、装备制造、工程建筑、家电制造等优势产业的全球化布局。发展中国家和发达国家都是这些优势产业“走出去”的目的地。不仅发展中国家需要引进外国投资者来发展这些产业，很多发达国家要么缺资本，要么缺技术、缺能力，同样也需要引入全球行业领先企业。

（4）基本原则

坚持市场导向原则。充分发挥企业市场主体作用，坚持以企业为主体、市场为导向，按照商业原则和国际惯例，推动中国企业积极“走出去”。政府要加强统筹协调、宏观规划和指导，实行市场化的对外投资管理方式，完善支持政策，营造良好环境，为企业“走出去”创造有利条件。企业要根据自身业务发展需要，充分发挥自身优势，自主决策、自负盈亏、自担风险，前期要有明晰的战略规划和目标，中间要做好市场尽职调查、深入评估可能出现的风险，“走出去”以后要加强跨国管理、企业整合和文化融合。

坚持产融结合原则。发挥金融的引领作用和风险管理功能，以资本输出带动产能输出和吸纳高端生产要素。拓宽外汇储备运用渠道，支持企业在境内外发行股票或债券募集资金，发挥政策性金融工具作用，扩大出口信用保险覆盖面，建立和完善海外投资保险机制。充分利用国际金融机构和国际资本，特别是应充分发挥中投公司、丝路基金、亚投行、金砖银行等金融资本的纽带和支持功能，积极探索产业资本与金融资本联合开展国际产能合作、海外并购的商业新模式。推动国内金融机构改革创新，提升跨境金融服务能力，完善跨境金融服务体系建设，为中国企业“走出去”提供更便捷、更高效的金融服务。

坚持“走出去”要服务于国内经济发展的原则。中国企业大规模“走出去”本质上是我国新常态下国民经济和社会发展所要求的。“十三五”期间，国民经济和社会发展将紧紧围绕着创新、协调、绿色、开放、共享等五个理念发展，对我们的发展动力、要素投入、生产布局等都提出了更高要求。中国企业“走出去”要坚持服务于国内经济发展的要求，一是要在国际上吸纳更多技术、管理和人才等高端生产要素，推动我国经济转型升级、创新发展；二是要为优势产能和富余产能寻找更大规模的市场空间与发展空间，推动国内国际互利共赢、共同发展。

坚持“走出去”要发挥国内外协同效应的原则。中国企业“走出去”要以资源整合为目标，坚持优势互补、协同发展的原则，积极发挥和利用国内国际间的市场协同、产业协同、管理协同等效应，达到对外投资的综合效益最大化。对欧美发达国家，我国企业拥有市场优势和资本优势，要有效利用投资或并购对象的技术、管理和产业基础等，通过业务重组、资源整合，实现战略协同。对“一带一路”沿线及大量发展中国家，要将我国企业所拥有的技术、产业、资金等优势，与当地的市场、资源和要素相结合，实现综合开发和利用。

4.1.4　“十三五”我国企业“走出去”的保障措施

（1）进一步完善对外投资监管体系

①立法规范对外投资行为。目前我国尚未制定对外投资的基本法律，也没有国务院颁布的条例，相应的政策、制度和规范散落在各部委出台的规章文件

及其他法律法规中，不仅内容单一，只规定了若干关键点，而且立足点偏低，没有上升到国家战略高度。“十三五”期间，我国对外绿地投资和海外并购数量及金额将大幅扩大，系统健全的法律体系是保障我国对外投资战略顺利推进的基本保障，需把对外投资立法提上议程，尽快制定《对外投资法》，确保我国对外投资有法可依。

②对外投资管理采用事后备案制度。目前我国对外投资管理已大幅放松，确立了以“备案为主、核准为辅”的新型管理模式，绝大部分一般性境外投资都实行了备案制，仅有少量项目需要核准。“十三五”期间要进一步放松对外投资管理，将事前备案改为事后备案，即除需核准的项目之外，其他对外投资项目一律改为事后备案，并取消金额以及国家、行业的投资限制，把对外投资的决定权真正交给企业。对外投资管理部门要加强宏观规划和指导，加强信息收集、形势研判和投资协助等服务工作。同时，要进一步放松外汇管制，做好事后备案与外汇管理的衔接工作。

③完善境外国有资本监管制度。国有企业一直是我国企业“走出去”的主力。“十三五”期间，随着“一带一路”战略的深入实施和国内产业转型升级的要求，将会有更多国有企业和国有资本“走出去”，防止国有资产流失将成为境外国有资本监管的核心。一方面要切实按照国务院《加强和改进企业国有资产监督 防止国有资产流失的意见》，着力加强国有企业境外资本的内部监督、外部监督和社会监督，实现企业境外资产审计监督全覆盖。另一方面，要从改革国有企业、规范公司治理的角度入手，依照国有企业分类改革的原则，尽快推进商业类国有企业的股权多元化改革、监管体制改革和三项制度改革，依法落实公司董事会、监事会和经理层的职权，形成更加市场化的企业运行机制。

（2）为大规模海外投资扫清制度障碍

①放开以国内上市公司股份为对价的海外并购支付方式。由于缺乏以国内上市公司股份作为对价进行海外并购的法律法规，同时受制于外商企业并购境内企业的相关规定，国内上市公司海外并购基本都采取了现金支付的方式。另外一个原因是我国于2014年取消了上市公司现金并购的行政审核，大幅缩短了并购流程，提高了并购效率。但现金收购一是风险大，二是资金占用量大，不利于未来我国大规模的海外并购。从国际并购实践来看，对价支付较少采用

“现金”，大部分采用“股份”或“股份 + 现金”的方式。为适应上市公司海外并购以股份为支付对价的特殊要求，要修改相关规定，或制定单独的上市公司海外并购法律法规，放开限制，缩短流程，为以国内上市公司股份为支付对价开启便捷的通道。

②进一步完善海外投资的税收支持制度。减轻企业海外投资并购的税收负担，提高企业跨国竞争优势。一是完善企业境外纳税申报制度，在境内外总分机构之间进行合并纳税，并允许境内外企业盈亏相抵，即在计算企业综合抵免限额时允许将海外亏损额计算在内；二是实施税收饶让抵免制度，将境外国家为吸引外国投资所给予的税收减免优惠视为企业已纳税款，允许从国内法人税中抵扣。

③逐步建立有效的对外投资保险制度。大规模的海外投资和并购意味着中国企业未来将会承担更多的风险，建立一个有效的对外投资保险制度非常重要。目前我国的海外保险尚处于初期阶段，以出口信用保险为主，投资保险刚刚起步，还未形成气候。“十三五”期间，要加快海外投资保险制度的建立，为中国企业大规模“走出去”提供保障。一是要尽快国内海外投资保险立法，将对外投资保险制度提升至法律层面；二要充分利用双边投资保护协定和多边投资公约，行使好代为求偿权；三是建立商业性保险公司进入对外投资保险领域的机制，鼓励更多保险公司为中国企业“走出去”保驾护航。

（3）创新企业“走出去”的合作方式

“十三五”我国企业“走出去”将呈现出规模大、任务重、行业广、目标多的特征，对企业的综合能力要求高，企业单打独斗的风险增大，尤其是一些大型基础设施、公共服务项目的开发，前期投资大、涉及的业务领域多、盈利周期长，难以依靠单体企业来完成。为此，需要我们进一步创新“走出去”的合作方式，加强抱团出海、集群式“走出去”、综合体开发等新型合作方式。一是推动更多企业以集群方式“走出去”。过去工程总承包以集群方式“走出去”已有很多经验，未来我们要进一步通过海外的大项目、大工程等投资，带动工程建筑、工程服务、装备制造、运营管理等企业共同“走出去”；二是加强海外投资的综合性开发。对海外基础设施、公共服务的投资需要进行综合性开发，实现综合效益最大化，譬如高铁投资，不仅有铁路主体建设，还涉及车站周边的房地产开发等。三是积极推进中外园区合作模式。在“一带一路”沿线及其他区域的发展中国家，以大企业为龙头，通过与境外国家或地区合作，建立中外合作的工业园区、经贸合作园区、技术开发园区，带动大量中小企业“走出去”，建立上下游产业配套和产业集群，形成我国跨国公司整合和主导全球资源的产业链节点。

（4）建立企业国际化人才支撑体系

国际化人才是企业对外投资的智力保障，也是企业国际竞争的关键。伴随着中国企业大规模“走出去”，国际化经营管理人才短缺的问题正越来越突出。“十三五”期间，我国需把培养国际化人才队伍作为中国企业“走出去”的重要战略目标，形成一支规模大、素质高、专业性强的国际化人才队伍，作为我国“走出去”战略的重要内容。为此，我们应尽快建立起国际化人才支撑体系。一是要加强教育的国际合作，形成多层次的国际化人才培养体系；二是大力实施各项人才计划，加大创新人才推进计划、海外高层次人才引进计划等实施力度；三是实施更加开放的人才政策，充分发挥好海外华侨华人的作用，并吸引大规模的海外学成归国人员；四是要加强推进企业对外投资的本土化运作，吸纳更多的当地精英为我所用；五是要简化出入境手续，完善签证等公共服务，探索建立人才移民和较为灵活的国籍管理制度。

（5）构建多方参与的风险控制体系

“十三五”期间，随着中国企业大规模地“走出去”，我国对外投资风险也会大幅扩大。企业所面临的各类风险将越来越多，除传统的经营风险以外，政治风险、安全风险、法律风险、环境和社会风险等都会扑面而来。为应对风险挑战，我国需尽快构建由政府、企业和第三方共同参与的风险控制体系。政府部门要加强宏观规划和统筹协调，除了加快对外投资立法和建立有效的对外投资保险制度外，政府还要从外交、国际交往、企业教育、信息服务等多个方面提供安全保障。一是与更多国家签订双边投资保护协定，并进一步完善我国的领事保护制度；二是建立全球各地各国的风险评估机制，尤其要加强对重点地区和国家的信息搜集、检测和研判；三是完善我国境外安全风险防范和应急处理的工作机制，适时发布境外安全风险预警和提示；四是加强对“走出去”企业人员的安全教育和培训工作，建立常态机制。“走出去”的企业，要建立健全内控体系，遵守当地的法律法规，尊重当地的宗教和社会习俗，践行企业社会责任，构建与当地的和谐关系，树立企业良好形象。充分发挥独立的专业机构、市场化中介、行业协会、智库等第三方机构在风险评估、预测和防控中的作用。

（6）培育强有力的中介服务体系

以会计师事务所、律师事务所、咨询公司、投资银行、人力资源服务公司等为代表的第三方中介服务机构具有广泛的信息渠道和合规的实操经验，熟悉东道国的法律法规、宗教及社会习俗，能够为企业“走出去”、“融进去”提供各种专业服务，提升“走出去”的效率，降低相关风险。当前我国的中介服务还不成熟，尤其是本土中介服务机构总体上水平不高、国际化程度低，难以满足中国企业“走出去”的需要。“十三五”期间，为支撑我国企业大规模“走出去”实行全球战略布局，需要培育一个强有力的高端中介服务体系。一是要采取政府主导与市场培育两个手段，推动国内中介服务机构高端化发展；二是要以开放的眼光，吸纳更多国际知名中介服务机构为我所用，促进其与国内同业机构的合作；三是引导“走出去”企业使用本土中介服务机构，支持本土中介服务机构配合大项目、大工程“走出去”，提升国际化水平；四是发展和规范综合性或行业性商会协会等服务机构，明确为行业内企业“走出去”服务的功能定位，改革管理体制，完善内部治理与经营机制。

4.2 “十三五”时期中国利用外资总体思路和政策法律措施

根据《中共中央国务院关于构建开放型经济新体制的若干意见》第一部分“构建开放型经济新体制的总体要求”以及发改委的解读，坚持使市场在资源配置中起决定性作用和更好发挥政府作用，坚持改革开放和法治保障并重，坚持引进来和走出去相结合，坚持与世界融合和保持中国特色相统一，坚持统筹国内发展和参与全球治理相互促进，坚持把握开放主动权和维护国家安全。这六个方面是辩证统一的，也是我们“十三五”时期利用外资所要把握的基本原则。

4.2.1 我国利用外资国内外环境分析

（1）世界经济与外国直接投资走势

国际金融危机发生后，目前世界经济虽然整体上走出衰退的阴影，但结构快，新产业、新业态不断涌现①。

（2）各国外国投资政策和招商引资动态

根据《2015 年世界投资报告》，在国别层面，各国出台的外资政策继续朝着投资开放、投资促进及便利化方向发展。2014 年，超过 80% 的外资政策涉及放宽外资准入条件或减少对外资的限制。新出台的对外资的限制及监管措施主要涉及国家安全考虑或一些战略性产业（如交通、能源等）。

吸引外国投资对于世界各国的经济发展都具有重要意义，因此各国政府均会采用各种方式招商引资，如举办投资项目推介会、推行便利投资的措施、修订法律放宽对外资的准入限制并创造稳定、透明的投资环境。

如美国政府为加强招商引资力度、密切与各国投资者的联系，美国政府在 2011 年推出“选择美国”计划，并于 2013 年举办首届“选择美国投资峰会”。美国总统奥巴马 2015 年 3 月出席第二届“选择美国投资峰会”，鼓励外国企业扩大对美投资。此外，美国总统奥巴马表示美国联邦政府将与各州政府加强招商引资合作，为投资者提供在美投资基本知识培训服务、有关各州投资激励政策的在线数据库和其他投资工具，以帮助投资者确定具体投资对象以及寻找当地潜在合作伙伴。美国政府还将改革 L－1B 签证制度，允许跨国企业暂时将在其他国家分公司具有专业技能的雇员更快派遣到美国分公司。

（3）中国吸引外资竞争优势

根据联合国贸发会《2015 年世界投资报告》，中国已成为最大的 FDI 接受国。在全球十大外资流入地中，发展中经济体占据 5 席，包括：中国、中国香港、新加坡、巴西和印度。

截至 2014 年我国外商投资企业是 810011 家，实际利用外资金额为 16053. 29 亿美元②。

---

① 新常态下我国经济发展的新特点，http：//www. fdi. gov. cn/1800000121_ 21_ 87598_ 0_ 7. html，最后访问日期：2015－12－12。

② 商务部外资司：“2015 年中国外资统计”，http：//img. project. fdi. gov. cn//21/1800000121/File/201512/201512141042059874239. pdf，最后访问日期：2015－12－15。

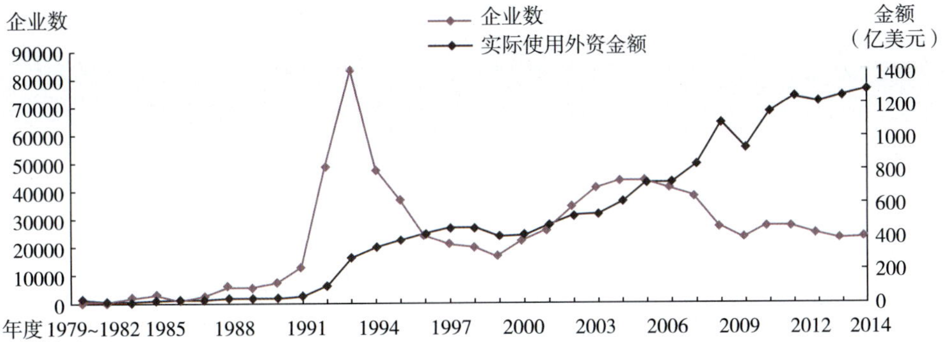

图 4.1　1979～2014 年外商投资企业及实际使用外资金额一览表

数据来源：商务部外资司。

2015 年 1～10 月，全国设立外商投资企业 21022 家，同比增长 9.3%；实际使用外资金额 6394.2 亿元人民币（折 1036.8 亿美元），同比增长 8.6%。主要国家或地区对华投资总体保持稳定。1～10 月，前十位国家或地区（以实际投入外资金额计）实际投入外资总额 976 亿美元，占全国实际使用外资金额的 94.1%，同比增长 8%。对华投资前十位国家或地区依次为：香港（764.3 亿美元）、新加坡（53.4 亿美元）、台湾省（35.9 亿美元）、韩国（32.3 亿美元）、日本（27.6 亿美元）、美国（20.1 亿美元）、德国（13.6 亿美元）、法国（10.7 亿美元）、英国（9.5 亿美元）和澳门（8.6 亿美元）。

表 4.1　　2015 年 1～10 月利用外资统计简表

利用外资方式	新设外商投资企业数			实际使用外资金额		
	本年累计	上年周期	比上年%	本年累计	上年周期	比上年%
总计	21022	19239	9.3	1036.8	960.3	8.0
一、外商直接投资	21022	19239	9.3	1036.8	958.8	8.1
中外合资企业	4725	3956	19.4	211.8	173.8	21.8
中外合作企业	89	84	6.0	14.0	10.6	31.2
外资企业	16154	15164	6.5	785.1	757.5	3.7
外商投资股份制	54	35	54.3	25.9	15.9	53.4
合作开发	0	0	0	0	0	0
其他	0	0	0	0	0	0

续表

利用外资方式	新设外商投资企业数			实际使用外资金额		
	本年累计	上年周期	比上年%	本年累计	上年周期	比上年%
二、外商其他投资	0	0	0	0	1.4	-100
对外发行股票	0	0	0	0	0	0
国际租赁	0	0	0	0	0	0
补偿贸易	0	0	0	0	0	0
加工装配	0	0	0	0	1.4	-100

此表数据未包括银行、保险、证券领域吸收外商投资数据。http：//www.fdi.gov.cn/1800000121_33_5408_0_7.html，最后访问日期：2015-12-14。

在当前国内经济下行压力较大、国际引资竞争日益激烈等诸多影响下，中国吸引外资仍具有综合优势，质量和结构均有所提升，预计 2015 年中国吸引外资将保持中低速稳定增长。

尽管当前我国面临着劳动力成本上升较快、发达国家鼓励制造业回流和周边东南亚国家加大吸引外资力度等多重压力，但我国吸引外资仍能保持稳步增长。其主要原因在于我国吸引外资的结构上发生改变，压力集中体现在制造业上，而我国服务业的大力发展恰恰是给了外资新的机会。第三产业增速、占比都会逐年提升，外商投资新的增长点也会出现在第三产业。无论在政府逐渐放开的金融保险领域，还是养老、保健、体育等领域，外资的进入都会促进新兴市场培育，创造新的增长点。不同产业利用外资的占比变化逐渐朝合理的方向发展。制造业需要转型升级，高端制造业吸引高水平、高质量的外来投资，也是我国利用外资的发展方向之一。这是中国吸引外资质量提升的表现。

根据《2015 年全球创新 1000 强》报告显示，中国的研发投入正不断增加，无论是中国本土企业的研发投入，还是跨国企业在华设立研发中心的研发投入，都有明显增长。2015 年中国已经成为全球第二大研发投资目标国。中国的研发总支出，包括跨国企业在中国的研发支出和投资以及中国本土企业的研发支出，已经跃升至世界第二，其研发支出占全球比例由 2007 年的 7% 增长到 2015 年的 11%。同时中国本土企业对创新研发的重视程度也明显加强：中国的企业在销售额增加的同时，研发强度普遍提升。中国本土企业研发支出从 2005 年的 12 亿美元，增长至 394 亿美元，增长了近 32 倍。全球创新 1000 强中，2005 年中国企业仅有 8 家，而 2015 年已有 123 家[①]。

总之，我国宏观经济前景较好，加上自贸区和服务业等开放优势、质量效益优势、强大的产业配套能力以及巨大的消费市场等，对外资吸引力依然优势明显。特别是“一带一路”的实施、自贸区的扩容等再次掀起了外资对东部地区的投资热潮。而自贸区的扩大开放效应也会进一步对全国吸引外资起到带动作用。

尽管当前我国外商投资环境存在一定的制约因素，但总体上是有利的。

①国内经济发展的支撑条件发生变化。低廉且供给充足的劳动力、土地、自然资源等生产要素与广阔的市场等多重比较优势是我国制造业保持国际竞争优势的主要因素之一。我国经济经过 30 多年的高速发展，这一重要的比较优势正逐步发生变化。在我国原有的比较优势逐步衰减的同时，也有很多新的优势在提升：一是支撑我国经济增长的新的发展观念已经确立，即从单纯追求 GDP 增长转向追求全面、协调和可持续发展；二是支撑我国经济增长的制度机制已发生深刻变化，即正在走向完善的市场经济，市场准入门槛进一步降低，政府管制进一步放松，投融资环境进一步改善，法律环境进一步健全；三是我国拥有完整的现代化工业体系和稳定增长的宏观经济。

②出口导向型发展模式面临调整。出口导向型发展战略是在我国改革开放初期的经济社会条件下形成的。我国在工业化初期，推行出口导向型贸易战略是非常必要的，也取得了成效。当前，我国制造业面临的国际竞争日趋激烈，从出口导向模式中分享的全球化红利在减少。以欧美市场为代表的外部需求萎缩将成为中长期趋势，即使外部市场恢复，作为 13 亿人口的大国，也不能把经济增长长期建立在外需基础上。

③国内市场的巨大潜力不断释放。我国仍将处于工业化和城镇化的快速推进时期和居民消费结构的快速升级时期，无论在推动传统产业转型升级，还是在加快发展新兴产业方面，无论在提升服务业现代化水平，还是在构建战略性支柱产业方面，都有巨大的投资机遇。我国中西部地区将会形成若干新的中心城市，中等收入者的比重将大幅度提升，而且在国家扩大内需的政策支持下，

① “2015 年全球创新 1000 强：创新的全球新秩序”，http：//www.199it.com/archives/400376.html，最后访问日期：2015 年 12 月 10 日。

一些新的市场领域有待开发，巨大的需求潜力将为外商投资提供持续的动力。未来 10 年，我国将努力在科技、信息、服务和管理等领域提升自己的产业结构，当地消费能力将超越当地工厂的低成本优势，成为吸引外资扩张业务的重要因素。

④投资环境的综合优势仍然比较明显。后金融危机时代，我国投资环境的综合优势仍然比较明显，一是尽管目前我国制造业处在比较优势转折期，但与其他发展中国家相比，我国制造业在生产成本、配套体系、市场规模、技术投入等方面仍具有较大优势。二是我国市场广阔，虽然整体经济发展水平不高，人均消费水平低，但市场层次多、消费人口基数大并且原来的市场开发水平远远不够，所以国内市场的开拓余地将极大地吸引当地市场取向的外商投资。三是改革开放 30 多年奠定了我国开放型经济的良好基础，形成了产业集聚优势。四是我国经济增长比较稳定，政策法律环境较完善。

4.2.2 国际投资规则的变化

(1) 投资的自由化水平更高

目前，国际投资规则已经从投资保护和促进走向投资自由化时代，表现为投资者范围扩大，国民待遇和最惠国待遇从准入后阶段延伸到准入前阶段，外汇自由转移等。特别值得一提的是，包含“准入前承诺”的国际投资协定的数量正在增加。所谓“准入前承诺”（pre - establishment commitments）就是将国民待遇和最惠国待遇义务延伸到投资的设立、收购和扩大阶段。根据联合国贸发会《2015 年世界投资报告》，截至 2014 年底，包含“准入前承诺”条款的国际投资协定（IIAs）的数量已经达到 228 个（103 个双边投资协定和 125 个其他国际投资协定）①。上述大部分国际投资协定涉及发达国家，尤其是美国、加拿大、芬兰、日本和欧盟。此外，亚洲和拉丁美洲的不少发展中国家也正积极推进包含“准入前承诺”的国际投资协定，如智利、哥斯达黎加、韩国、秘鲁和新加坡。上述国际投资协定采取正面清单或负面清单的模式。除此之外，一些协定还囊括“市场准入”条款以禁止某些允许设立权的非歧视性措施。正面清单模式是指制定投资者享受设立权的领域或部门的清单，如列举

① UNCTAD：World Investment Report 2015：Reforming International Investment Governance，p. 110.

承诺给予自由化的领域或部门，以实现有选择性的投资自由化。负面清单模式则是除了明确列举的某些领域之外，还允许投资自由化。从条约实践来看，这两种模式中负面清单已经很盛行了。条约义务中“准入前”的范围，（例如，投资在“设立、收购和扩大”阶段）通常包括国民待遇、最惠国待遇、禁止业绩要求以及禁止规定高管和董事成员的国籍要求①。

国家通常在此类条款中使用保留以保护现存的不符措施和维护其在未来采取新的不符措施的权力。在以负面清单模式作出承诺的情形下，基于清单“非列举即为允许”的性质，保留非常重要。这种保留可以是部门保留，也可以政府层级的保留（如由某一层级的政府采取的不符措施）、政策领域保留（土地权、私有化、补贴和其他特定领域）以及政府程序保留（审查和批准某些外国投资）②。除此之外，某些条约包含允许在条约生效后缔约方修改其保留时间表的“安全阀”。有些条约还将准入前事项的争议排除在投资者诉国家争端解决机制（ISDS）之外，仅允许此类争议由国家与国家之间的争端解决机制（SSDS）解决。

包含准入前待遇的国际投资协定正逐渐将与外国投资准入有关的政策从东道国管理体制的范围提升到国际水平。从东道国的角度看，准入前的承诺可以增加该国作为投资目标国的吸引力。然而从投资母国来看，这些国家提升了现行的开放水平，使得监管环境变得更加透明；在某些情形下，还可以打开新的投资机会。与此同时，作出准入前承诺需要复杂的国内管理体制以及充分的机构建设能力，以完成现行国内政策的修订和考虑未来的管理需求③。

《区域全面经济伙伴关系协定》（RCEP）谈判于2013年5月正式启动，目前已举行10轮谈判和4次经贸部长会议，目标是达成一个现代、全面、高质量和互惠的自由贸易协定。RCEP成员国人口约占全球人口50%，国内生产总值、贸易额和吸引外资接近全球1/3，是当前亚洲地区规模最大的自由贸易协定谈判，也是我国参与的成员最多、规模最大、影响最广的自贸区谈判。

2015年11月22日，在马来西亚首都吉隆坡，中国—东盟自贸区升级谈判成果文件——《中华人民共和国与东南亚国家联盟关于修订〈中国—东盟全

---

①② UNCTAD: World Investment Report 2015: Reforming International Investment Governance, p. 111.

③ UNCTAD: World Investment Report 2015: Reforming International Investment Governance, p. 112.

面经济合作框架协议〉及项下部分协议的议定书》正式签署[①]。该议定书是我国在现有自贸区基础上完成的第一个升级协议，它涵盖货物贸易、服务贸易、投资、经济技术合作等领域。在投资方面，双方同意加强投资促进和便利化合作，简化投资审批程序，建立一站式投资中心，创造稳定透明便捷的投资环境。升级《议定书》的签署，也将进一步加快本地区区域经济一体化步伐，推动实现亚太地区更高水平的贸易投资自由化和便利化目标。

中澳自由贸易协定（中澳 FTA）中澳大利亚承诺给予我国投资者和投资准入前国民待遇，以及中澳双方相互给予投资者及其涵盖投资以准入前最惠国待遇。我国与美国的双边投资协定谈判亦是在“准入前国民待遇 + 负面清单”的基础上进行的[②]。2015 年 12 月 20 日，中澳、中韩自贸协定将同时生效。中国商务部表示，这两份自贸协定将进一步扩大双边贸易投资，提升贸易便利化水平，提高双边投资的可预见性和透明度，促进中韩两国和中澳两国间货物、资本、人员等的自由流动，为业界创造更加便利、透明和公平的贸易和投资环境[③]。

（2）高水平的投资保护和可持续发展的目标

现行的国际投资规则更加注重准入后的投资保护，提出更高的投资保护水平。传统国际投资规则以资本跨越国境时的措施为主要对象，强调市场准入的开放、优化和便利，主要涉及投资待遇、资本及外汇转移、征收补偿等条款。目前，国际投资规则还涉及税收、透明度、金融服务、知识产权、政府采购、竞争中立等投资准入后的监管措施。

除此之外，对 2014 年签订且已经公布文本的 18 个国际投资协定（11 个双边投资协定和 7 个其他国际投资协定）进行研究发现，大多数国际投资协定包括维护国家基于可持续发展目标的管理权的条款。上述协定中，14 个国际投

---

① “高虎城解读中国—东盟自贸区升级《议定书》”，2015 - 11 - 23，http：//news. xinhuanet. com/fortune/2015 - 11/23/c_ 1117229965. htm，最后访问日期：2015 - 12 - 13。

② “国际投资规则新发展与中国的战略选择”，http：//www. sinotf. com/GB/News/1003/2014 - 06 - 24/5MMDAwMDE3NjM5Mw. html，最后访问日期：2015 - 11 - 18。

③ “中澳 FTA 将于 20 日生效：一大波免税商品将袭来”，中国新闻网，2015 - 12 - 10，http：//finance. sina. com. cn/world/20151210/173123986117. shtml？ qq - pf - to = pcqq. group，最后访问日期：2015 - 12 - 13。

资协定包含一般例外条款，比如为保护人类、动物或植物的生命或健康，或者为了保护可用竭资源。其他 14 个协定包含了明确认识到缔约双方不可放宽健康、安全或环境标准以吸引投资的条款。其中 12 个投资协定还在序言中提及对健康与安全、劳工、环境或可持续发展的保护①。例如，《跨太平洋伙伴关系协定》（TPP）在很多新的领域制订了新的规则或者比较高的标准，能够不断加快全球经济和贸易发展。全球对于劳动的问题、对于环保的问题、对于保护知识产权的问题、国有企业市场化的问题都在加快解决。TPP 的投资章节第 9.15 条明确指出，投资章节不影响缔约方采取以下与本章规定相一致的措施，即“为确保其境内投资活动以不损害环境、健康或其他规制目标的方式进行，而采取其认为合理的措施”。

可持续发展特征已经被国际投资协定为了更大限度保护东道国对公共政策的管理空间或减少争端进入投资仲裁程序的因素所补充。这些因素包括如下条款：①限制条约适用范围（比如，将某些类型的资产排除出投资的定义）。②明确义务的含义（如细化公平公正待遇条款的内容）。③包含转移例外条款或审慎措施（carveouts for prudential measures）。④谨慎设置“投资者诉国家投资争端解决机制”（ISDS）（如限制适用该仲裁机制的条款、将某些政策领域排除出该机制、为税收和审慎措施设置特别的机制和/或争议可提交仲裁的时限要求）。值得注意的是，上述 18 个国际投资协定中，有 17 个协定并不包含所谓的“保护伞”条款②。

上述维护国家基于可持续发展目标的管理权条款的纳入并不意味着现行国际投资协定降低了投资保护水平。大多数 2014 年签订的国际投资协定都包含了高水平的投资保护标准。国际投资规则的以上发展趋势，使得发展中国家面临前所未有的挑战。这不仅是因为发展中国家在参与国际投资规则的制定时需要投入更多的资源，还因为将面临国内外投资监管体制的艰难调整与改革。

（3）注重东道国与投资者之间的利益平衡

历史上看，国际投资协定是在发达国家的推动下出现和不断发展的，最初主要是为了保护发达国家在发展中国家的投资者和投资。随着发展中国家的不

①② UNCTAD：World Investment Report 2015：Reforming International Investment Governance，p. 112.

断崛起及其对外投资的发展，发展中国家和发达国家都从单纯的资本输入国或从单纯的资本输出国转变为集二者于一身的国家。因此，以发达国家为代表的新一波国际投资协定范本中，开始关注东道国国家利益和投资者保护的平衡。在例外条款的设定方面，越来越多的国际投资条约引入了国家安全例外、一般例外、金融审慎例外、税收例外、转移例外、征收例外甚至是文化领域的例外条款，确认在这些领域国家对外资的规制权，目的是在给予外国投资高水平保护的同时，更好地兼顾东道国的国家利益。TPP 的例外章节中，借鉴了美国 2012 年 BIT 范本中具有自我裁判性质的“根本安全”条款，第 29. 2 条规定：“本协定的任何规定不得解释为……排除缔约方适用其认为对履行……保护其根本安全利益相关义务所必要的措施”。

（4）投资者与国家之间的投资争端解决机制（ISDS）

在投资者—国家争端解决方面，现行国际投资规则规定了更加详实的程序性条款。截至 2014 年底，投资者—国家争端解决机制（ISDS）受理案件累计达 608 起，涉及 99 个国家。发展中国家仍是诉讼的主要对象，同时发达国家所占比例也在上升。ISDS 已裁决案件总数达到 405 件，裁决的平均赔偿金额高达 11 亿美元，单一案件最高赔偿金额更达 50 亿美元，给被诉发展中国家带来巨大的财政负担。由于投资者依据国际投资条约起诉东道国的案子逐年迅速增加，以及争端的裁决缺乏一致性与稳定性，挑战了东道国作为主权国家的监管权。同时，ISDS 在仲裁过程中对协定文本作出的扩大化的，有时甚至是前后矛盾的解释，招致国际社会的广泛批评。要求改革投资争端机制的呼声高涨①。因此，现行国际投资条约在争端解决不仅细化程序规则以限制国际投资仲裁庭的自由裁量权，给东道国留有一定空间和余地，而且还出现设置上诉机制或专门投资法庭的考虑，以保证投资仲裁的一致性与稳定性，如美国主导签订的《跨太平洋合作伙伴关系协定》（TPP）、《欧盟与加拿大自由贸易协定》（CETA）和欧盟委员会发布的《跨太平洋贸易和投资伙伴关系协定章节草案》（TTIP）。

TPP 旨在形成一种区域性的高标准贸易和投资规则，逐步影响和推向区域

① “《2015 年世界投资报告》分析全球投资七大趋势”，http：//www. ccpit. org/Contents/Channel_3430/2015/0708/471727/content_ 471727. htm，最后访问日期：2015 - 09 - 30。

之外，最终形成全球性的高标准贸易和投资规则，从而实际上取代受到困扰的世界贸易组织（WTO）为代表的现有多边贸易体制。TPP 投资章节（第 9 章）的最终文本与美国其他投资协定基本一致，同时也包含了一些与美国 2012 年 BIT 范本一致的新的重要表述。但是，TPP 在国家当事方与投资方之间的投资争端的解决方法上主要是仲裁，而且淡化了磋商。例如，TPP 规定，如果发生相关的投资争端，争端相关方“应该”（should）先通过磋商和谈判解决争端，包括利用斡旋、调解和调停。磋商应以书面形式提出并说明争端的性质。提起磋商并不等于承认裁决机构的管辖权①。TPP 规定，如果自收到磋商请求后的 6 个月内磋商未果，申请方可提出仲裁。申请人可以为自己的相关投资利益损害提出仲裁，也可为申诉方拥有或控制的、作为应诉方法人的企业提出仲裁。申诉方应在提出仲裁前 90 天发出仲裁意向通知。TPP 规定了详细的投资仲裁条款，包括提交仲裁的事由，同意仲裁的表示，各方同意的前提和限制，仲裁员的选择，仲裁的进行，仲裁程序的透明，适用法律，案件合并，仲裁裁决和文书送达等。为了防止投资者滥诉（frivolous），TPP 协定对仲裁裁决赔偿的范围做了限制，即如果仲裁庭一旦认定仲裁申诉属于滥用，仲裁庭可裁定被申请人可获得合理的成本及律师费②。仲裁裁决只能要求支付金钱赔偿，不能裁定惩罚性赔偿，更不能要求东道国改变其法律③。TPP 仲裁程序的透明度原则规定，被申诉方应向公众公开相关文件，仲裁庭举行公开听证，除非相关文件、信息属于保密的④。最后，TPP 规定，在仲裁裁决得不到遵守时，可根据 TPP 第 28 章争端解决规定，申请成立专家组来裁定是否遵守了仲裁裁决，建议被申请人履行或遵守仲裁裁决⑤。总之，TPP 引入了早期国际投资协定没有的程序条款，如要求公众参与听证和获得文书，允许其他利益方提出请求，建立对无理诉求的快速驳回程序，允许 TPP 成员发布具有约束力的对投资章节的联合

① “TPP 第九章 B 节投资者和国家争端解决第 9.17 条磋商和谈判”，商务部国际贸易研究院译本。

② “TPP 第九章 B 节投资者和国家争端解决第 9.28.4 条裁决”，商务部国际贸易研究院译本。

③ “TPP 第九章 B 节投资者和国家争端解决第 9.28.6 条裁决”，商务部国际贸易研究院译本。

④ “TPP 第九章 B 节投资者和国家争端解决第 9.23 条仲裁程序的透明度”，商务部国际贸易研究院译本。

⑤ “TPP 第九章 B 节投资者和国家争端解决第 9.28 条裁决”，商务部国际贸易研究院译本。

解释[①]等，这些条款似乎与其他领域现行或正在兴起的实践相一致。例如，2014 年联合国贸易法委员会（UNCITRAL）的《透明度规则》就允许公众参与仲裁程序，《北美自由贸易协定》（NAFTA）等条约的成员国也发布了对条约的联合解释等。

2015 年 11 月 12 日，欧盟委员会向 TTIP 谈判的另一方美国提交了关于投资保护和投资争端解决的正式谈判文本建议，建议在 2015 年 9 月份欧委会通过的《TTIP 投资保护和投资法庭系统（投资章节）草案文本》的基础上形成。文本建议继续呼吁设立公开投资法庭，包括原讼法庭和上诉法庭，在仲裁员的道德要求方面提出了更高的要求，规定仲裁员在获得任命后，就不得再担任任何未决的或新的投资争议案件的顾问或者专家证人。

总之，国际多边投资规则的趋势得到强化。国际投资规则主要通过双边投资协定发展，因此至今仍处在碎片化的状态之中，缺乏一套综合性的多边投资规则，也缺乏一个有效运作的国际机构，更缺少具有司法性的争端解决机制。

4.2.3 创新外商投资管理体制，形成对外开放新体制

根据《中共中央关于制定国民经济和社会发展第十三个五年规划的建议》（以下简称《规划》），我国应完善法治化、国际化、便利化的营商环境，健全有利于合作共赢并同国际贸易投资规则相适应的体制机制。建立便利跨境电子商务等新型贸易方式的体制，健全服务贸易促进体系，全面实施单一窗口和通关一体化。提高自由贸易试验区建设质量，在更大范围推广复制。全面实行准入前国民待遇加负面清单管理制度，促进内外资企业一视同仁、公平竞争。完善境外投资管理，健全对外投资促进政策和服务体系。有序扩大服务业对外开放，扩大银行、保险、证券、养老等市场准入。

（1）统一内外资法律法规

根据《中共中央、国务院关于构建开放型经济新体制的若干意见》（以下简称《意见》），改善投资环境，扩大服务业市场准入，进一步开放制造业，稳定外商投资规模和速度，提高引进外资质量。改革外商投资审批和产业指导的管理方式，向准入前国民待遇加负面清单的管理模式转变，促进开发区体制

① “TPP 第九章 B 节投资者和国家争端解决第 9. 24. 3 条准据法”，商务部国际贸易研究院译本。

机制创新和转型升级发展。

修订中外合资经营企业法、中外合作经营企业法和外资企业法，制定外资基础性法律，统一内外资法律法规。具体内容是将规范和引导境外投资者及其投资行为的内容纳入外资基础性法律，将外资企业组织形式、经营活动等一般可由统一适用于各类市场主体法律法规加以规范的内容，按照内外资一致的原则，适用统一的法律法规。2015 年 1 月 19 日，商务部公布了《外国投资法（草案）》（征求意见稿），规定了境外投资者及其投资行为的规范，对于保持外资政策稳定、透明、可预期，营造规范的制度环境和稳定的市场环境有着重要意义。

目前，国内各个层面正在对《外国投资法（草案）》（征求意见稿）里的重大问题进行研究，如“控制”的认定标准、“协议控制结构（VIE 结构）”公司、安全审查制度等方面，听取法学专家、法律实务工作者和企业代表的意见，严谨、科学地论证立法建议稿的每一项规定。

（2）推进准入前国民待遇加负面清单的管理模式

在国际贸易和投资协定谈判中，按“正面清单”模式还是按“负面清单”模式谈判，直接关系到市场准入和市场开放的程度。就承担义务的水平而言，负面清单高于正面清单。前文提到，准入前国民待遇和负面清单模式已经成为国际投资规则发展的新趋势。

我国目前通过在国内自由贸易试验区率先推行准入前国民待遇加负面清单的外资管理体制，积极完善外商投资市场准入制度。目前，在上海、广东、天津、福建四个自由贸易试验区使用的《自由贸易试验区外商投资准入特别管理措施（负面清单）》（2015 年 4 月版）对列举的行业分类的 50 个条目规定了 122 项特别管理措施，措施包括具体行业措施和适用于所有行业的水平措施。上海自贸试验区从 2013 年创设“负面清单”，到 2014 年完善“负面清单”，再到 2015 年共享“负面清单”，既为中外资提供了“国际化、市场化和法治化”的营商环境，又为各级政府构思了“简政放权”的职能转变的大思路。与规定了 190 条特别管理措施的《中国（上海）自由贸易试验区外商投资准入特别管理措施（负面清单）（2013 年）》相比，目前的开放水平有所提升，但离全面提升外资开放水平的总体目标仍有距离。

此外，我国正在尝试在全国范围内的某些特定行业探索逐渐放开限制外商投资的措施。如 2015 年 6 月中国工信部发布《关于放开在线数据处理与交易处理业务（经营类电子商务）外资股比限制的通告》，在全国范围内放开在线数据处理与交易处理业务的外资股比限制，外资持股比例可至 100%。

因此，应在做好风险评估的基础上，分层次、有重点放开服务业领域外资准入限制，推进金融、教育、文化、医疗等服务业领域有序开放，放开育幼养老、建筑设计、会计审计、商贸物流、电子商务等服务业领域外资准入限制，进一步放开一般制造业。在维护国家安全的前提下，对于交通、电信等基础设施以及矿业等相关领域逐步减少对外资的限制。

总之，我们需要谨慎、严密而透明地对待"例外清单"，这一管理模式的改变，将带来更深层面的社会管理模式的变化，因为"只要法律不禁止就是法律允许做的"。

（3）人民币加入 SDR 货币篮子与外国投资收益的自由转移

2015 年 12 月 1 日，国际货币基金组织（IMF）执董会做出将人民币纳入特别提款权（SDR）货币篮子的决定，SDR 由原来四种货币相应扩大成五种，包括美元、欧元、人民币、日元、英镑，权重相应为 41.73%、30.93%、10.92%、8.33%和 8.09%，新的 SDR 货币篮子将于 2016 年 10 月 1 日生效。人民币加入 SDR 货币篮子，对于中国来说意味着人民币成为世界货币，这将是中国经济融入世界金融体系的里程碑，也是中国改革开放的新起点。人民币加入 SDR 对我国的意义在于：①提升人民币储备货币地位。②有利于增强市场对人民币的信心。③全球投资人对人民币资产配置将大幅上升。④人民币国际化取得了重大进展，随着"对外战略"的逐步实施，经济上稳增长、保就业、促转型都将获得更大的回旋余地和新的动力。⑤中国的金融市场将因此变得更加开放，中国的资产价格将逐步与国际接轨，资产泡沫问题将逐步得到解决①。

外商投资收益自由转移是与外汇管理、资本项目自由兑换紧密相关的问题。TPP 对投资收益自由移动提出了要求，这必然会触动中国的外汇管理特别

① "加入 SDR 对我国意义重大"，http：//politics. caijing. com. cn/20151215/4032144. shtml，最后访问日期：2015 - 12 - 15。

是资本项目管理的现有体制。如果资本项目可自由兑换的改革步伐跟不上，我们就无法与正在形成的国际投资规则接轨。因此，我国面临的任务是，转变外汇管理和使用方式，从正面清单转变为负面清单，放宽境外投资汇兑限制，放宽企业和个人外汇管理要求，放宽跨国公司资金境外运作限制，加强国际收支监测，保持国际收支基本平衡。当然，这需要推进资本市场双向开放，积极稳妥推进人民币资本项目可兑换，改进并逐步取消境内外投资额度限制，便利境内外主体跨境投融资。

上海自贸试验区在外汇管理制度方面已经做了一系列改革，主要体现在2014年2月28日《国家外汇管理局上海市分局关于印发支持中国上海自由贸易实验区建设外汇管理实施细则的通知》，如外商投资资本金从支付结汇制改为意愿结汇制。

（4）完善外商投资监管体系

根据《中共中央国务院关于构建开放型经济新体制的若干意见》，加强对外开放的法治建设，坚持依法开放，大力培育开放主体，充分发挥行业协会商会作用，着力构建稳定、公平、透明、可预期的营商环境。这需要建立统一开放、竞争有序的市场体系和监管规则，加快转变政府职能，完善经济管理体制和运行机制，逐步建立权力清单制度。

为了及时、准确、全面掌握外国投资情况和外国投资企业运营状况，商务部发布的《外国投资法（草案）》（征求意见稿）规定了外国投资信息报告制度。外国投资者或外国投资企业对其投资经营行为，无论是否属于特别管理措施目录列明的领域，都要向外国投资主管部门履行信息报告义务。报告信息必须真实、准确、完整，不得有虚假记载、误导性陈述或重大遗漏。《征求意见稿》区分信息报告的三种类别（外国投资事项报告、外国投资事项变更报告、定期报告），规定了相应的报告内容和时限①。

按照扩大开放与加强监管同步的要求，加强事中事后监管，建立外商投资信息报告制度和外商投资信息公示平台，充分发挥企业信用信息公示系统的平台作用，形成各政府部门信息共享、协同监管、社会公众参与监督的外商投资

---

① 商务部：“关于《中华人民共和国外国投资法（草案征求意见稿）》的说明”。

全程监管体系，提升外商投资监管的科学性、规范性和透明度，防止一放就乱。加强知识产权保护和反垄断制度建设，健全全社会诚信体系，清理妨碍全国统一市场和公平竞争的各种规定和做法，保证各类所有制企业依法平等使用生产要素、公开公平公正参与市场竞争、同等受到法律保护。

（5）完善外商投资国家安全审查机制，维护国家安全

根据《中共中央国务院关于构建开放型经济新体制的若干意见》，要大力加强对外开放的安全工作，在扩大开放的同时，坚持维护我国核心利益，建立系统完备、科学高效的开放型经济安全保障体系，健全体制机制，有效管控风险，切实提升维护国家安全的能力①。

在中国引进外商投资的过程中，一直存在“重引进轻管理、重优惠轻规制”的倾向。对影响和可能影响国家安全的吸收外资项目，对涉及敏感的投资主体、并购对象、行业、技术、地域的外商投资，在进行安全审查和监管等方面还不到位。根据中央部署，完善外商投资国家安全审查机制，建立与负面清单管理模式相适应的外商投资国家安全审查制度，将是建设开放型强国的必要保障。同时，我国还应该加强事中事后监管，充分发挥社会监督作用，确保安全审查措施落到实处。

依照2011年2月《国务院办公厅关于建立外国投资者并购境内企业安全审查制度的通知》，国家安全审查的并购交易包括两类：其一，涉及国防安全的并购；其二，涉及重要农产品、重要能源资源等领域的并购交易。对于后一类交易，以外资取得实际控制权为审查门槛，未取得实际控制权的不进行审查。在审查机制方面，《通知》规定采取部际联席会议（以下简称“联席会议”）形式，由发改委和商务部“双牵头”，会同相关部门共同进行审查。

2011年8月，商务部公布了《商务部实施外国投资者并购境内企业安全审查制度的规定》，对《通知》的相关内容作了进一步明确和细化。2014年5月，发改委发布了《外商投资项目核准和备案管理办法》，将国家安全审查纳入外商投资项目管理体系，实现相关管理制度有机结合。与《通知》仅适用于并购投资不同，该管理办法适用于“中外合资、中外合作、外商独资、外商

---

① 《中共中央、国务院关于构建开放型经济新体制的若干意见》之十一“建立健全开放型经济安全保障体系”。

投资合伙、外商并购境内企业、外商投资企业增资及再投资项目等各类外商投资项日”（第 2 条），既包括并购投资，也包括新设投资。《管理办法》第 7 条明确规定“外商投资涉及国家安全的，应当按照国家有关规定进行安全审查”，从而将国家安全审查与外商新设投资联系起来。

为防止外国投资对国家安全造成或者可能造成危害，2015 年 1 月 19 日，商务部发布的《外国投资法（草案）》（征求意见稿）设专章规定了外国投资国家安全审查制度。针对现行国家安全审查制度效力层级低、制度不完善等缺陷，在国务院办公厅《关于建立外国投资者并购境内企业安全审查制度的通知》基础上，充分借鉴有关国家的做法，《征求意见稿》进一步完善了国家安全审查的审查因素、审查程序，明确了为消除国家安全隐患可采取的措施等内容，并规定国家安全审查决定不得提起行政复议和行政诉讼[①]。对于联席会议的审查决定，《征求意见稿》第 58 条与国际主流接轨，在《通知》所规定的通过或不通过这两类决定之外，增加了一类“附条件通过”决定，即“外国投资危害或者可能危害国家安全、但可通过附加限制性条件消除的，予以附条件通过”，从而使得制度运作更加灵活，也更加人性化。

2015 年 4 月，国务院办公厅发布了《自由贸易试验区外商投资国家安全审查试行办法》，该办法统一适用于 4 个自贸试验。与过去的相关规定相比，该办法拓宽了安全审查范围，从主要审查外资并购扩大到绿地投资；对影响或可能影响国家安全、国家安全保障能力，涉及敏感投资主体、敏感并购对象、敏感行业、敏感技术、敏感地域的外商投资进行安全审查，将互联网、文化、协议控制（VIE）等敏感领域和商业模式都纳入进来；丰富了安全审查的内容，审查内容则包括外商投资对国防安全，国家经济稳定运行、社会基本生活秩序、国家文化安全、公共道德、国家网络安全、涉国家安全关键技术研发能力等的影响；完善了审查工作机制和程序，明确了自贸试验区地方管理机构的职责。

总之，中国应当建立国家层面的外资安全审查机制，还应当从法律的高度对相关内容和程序作出详细规定，并有高规则的外资安全审查机构予以负责和落实。此外，在外资准入之后，还需建立跟踪、监测、实施与报告机制。外资

---

① 商务部：“关于《中华人民共和国外国投资法（草案征求意见稿）》的说明”。

安全审查是一个持续的过程，相关部门还需要持续开展追踪、监测、评估工作，比如当外资企业实施对国内企业的兼并收购之后，还需进一步跟踪相关的协议和条款，避免其影响中国国家安全或区域经济安全。

（6）参与和引领国际投资规则制定

根据《中共中央国务院关于构建开放型经济新体制的若干意见》，巩固和加强多边贸易体制，加快实施自由贸易区战略，积极参与全球经济治理，做国际经贸规则的参与者、引领者，扩大国际合作与交流，努力形成深度交融的互利合作网络①。

①坚持世界贸易体制规则。维护多边贸易体制在全球贸易投资自由化中的主渠道地位，坚持均衡、普惠、共赢原则，反对贸易投资保护主义。积极落实“巴厘一揽子”协议，推动后巴厘工作计划制定，争取尽早完成多哈回合谈判。推进《信息技术协定》扩围和《环境产品协定》谈判，推动我国加入《政府采购协定》谈判。支持世贸组织继续加强贸易政策监督机制、完善争端解决机制。进一步加强贸易政策合规工作。

②建立高标准自由贸易区网络。加快实施自由贸易区战略，坚持分类施策、精耕细作，逐步构筑起立足周边、辐射“一带一路”、面向全球的高标准自由贸易区网络，积极扩大服务业开放，加快推进环境保护、投资保护、政府采购、电子商务等新议题谈判，积极推进国际创新合作。积极落实中韩、中澳自由贸易区谈判成果，打造中国—东盟自由贸易区升级版，推进中国与有关国家自由贸易协定谈判和建设进程，稳步推进中欧自由贸易区和亚太自由贸易区建设，适时启动与其他经贸伙伴的自由贸易协定谈判。

③积极参与全球经济治理。推进全球经济治理体系改革，支持联合国、二十国集团等发挥全球经济治理主要平台作用，推动金砖国家合作机制发挥作用，共同提高新兴市场和发展中国家在全球经济治理领域的发言权和代表性。全面参与国际经济体系变革和规则制定，在全球性议题上，主动提出新主张、新倡议和新行动方案，增强我国在国际经贸规则和标准制定中的话语权。

④构建多双边、全方位经贸合作新格局。坚持正确的义利观，弘义融利，

① 《中共中央、国务院关于构建开放型经济新体制的若干意见》之七“拓展国际经济合作新空间”。

因地制宜，务实合作。丰富中美新型大国关系的经贸内涵，深化中欧多领域合作，协同推进中美、中欧投资协定谈判，统筹国内改革与对外开放进程。促进中俄经贸关系跨越式发展。深化同发展中国家合作。加强与“一带一路”沿线国家的宏观政策沟通与协调。完善区域次区域合作机制，发挥亚太经合组织、亚欧会议、上海合作组织作用，强化中非、中阿、中拉等合作机制。推进大湄公河、中亚、图们江、泛北部湾等次区域合作。多双边合作机制要加强统筹、提高效率、讲求实效。

⑤建立国际经贸谈判新机制。抓紧建立依法有序、科学高效、协调有力、执行有效的谈判机制。统筹谈判资源和筹码，科学决策谈判方案，优化谈判进程。加强谈判方案执行、监督和谈判绩效评价，提高对外谈判力度和有效性。充分发挥有关议事协调机制的积极作用，完善国际经贸谈判授权和批准制度。

推动同更多国家签署高标准双边投资协定、司法协助协定，争取同更多国家互免或简化签证手续。构建海外利益保护体系。完善反洗钱、反恐怖融资、反逃税监管措施，完善风险防范体制机制[①]。

积极参与全球经济治理。推动国际经济治理体系改革完善，积极引导全球经济议程，促进国际经济秩序朝着平等公正、合作共赢的方向发展。加强宏观经济政策国际协调，促进全球经济平衡、金融安全、经济稳定增长。积极参与网络、深海、极地、空天等新领域国际规则制定[②]。

推动多边贸易谈判进程，促进多边贸易体制均衡、共赢、包容发展，形成公正、合理、透明的国际经贸规则体系。支持发展中国家平等参与全球经济治理，促进国际货币体系和国际金融监管改革。

加快实施自由贸易区战略，推进区域全面经济伙伴关系协定谈判，推进亚太自由贸易区建设，致力于形成面向全球的高标准自由贸易区网络。

执笔：袁东明　马淑萍　亓长东　祁欢

① 《中共中央关于制定国民经济和社会发展第十三个五年规划的建议》之六“坚持开放发展，着力实现合作共赢”之二。

② 《中共中央关于制定国民经济和社会发展第十三个五年规划的建议》之六“坚持开放发展，着力实现合作共赢”之五。

第五章 企业创新

5.1　传统的企业组织管理模式面临互联网的挑战

5.1.1　工业经济的企业组织管理模式

工业时代福特制在生产中强调标准化，尝试使用移动总装线，并采用高度分工和一体化的生产及组织管理模式，成为工业经济中企业组织管理模式的典范。主要特点是等级分明、层层服从、部门间少横向联系、流水线式的线性管理。

①标准化和规范化。福特制的本质是大规模生产。在这种生产方式下，只有生产达到一定规模，才能达到最佳效果，即成本最低、利润最高。实现大规模生产的关键需要实行产品的标准化和生产的规范化。

②流水线作业。全过程链式总装传送带，通过移动工件来改变过去组装工人的移动，从而节约了组装工人来回走动的时间和工件运输的时间，大大减少了组装工时，产量倍增，效率大幅提高。

③劳动高度分工。在总装线上，通过不断的分工与再分工，生产任务分割为最小单元，由通过简单训练即可胜任的低技能工人完成。每个最小单元的任务非常单一，工人只需专注于自己简单的工作。而且，工人对单一工作熟悉后工作得更快，生产效率迅速提升。

④科层式管理。规模增大，需要越来越多的管理部门和多层次的组织结构来控制日益复杂精细的业务活动。

从工业经济到正在兴起的互联网经济，许多维度正在发生快速变化（参见表5.1）。

表5.1　工业经济与互联网经济的比较

工业经济	互联网经济
集中式	分散式
维持现状	尝试、学习、适应、发展

续表

工业经济	互联网经济
少数人掌控资产和财富	大型网络平台
层级管理	网状管理
追求垄断地位	追求最大的参与度
标准化	定制化和个性化
通过商业机密和专利创造价值	通过意见交换和开放标准创造价值
通过规模经济实现	通过自由经济实现
拥有资产	租借资产

5.1.2 互联网正在重新定义世界

（1）互联网技术发展三阶段

互联网发展至今，主要经历了三个阶段，即：Web 1.0、Web 2.0 和 Web 3.0，如表 5.2 所示。在 Web 1.0 阶段，企业开始使用互联网技术，并以此降低信息使用成本，优化经营方式。在 Web 2.0 阶段，互联网的蓬勃发展使得企业通过互联网相互联结，建立关系。Web2.0 是包括 Blog，Wiki，SNS，Ajax 等一系列新兴工具和技术的平台和应用的总称，强调用户的参与性、网络的开放性和社会网络。Web 3.0 拥有大数据、云计算、物联网等，信息和知识几乎无成本地快速传播、转移和分享。

表 5.2　信息技术的发展过程

	Web 1.0	Web 2.0	Web 3.0
对象	互联网的发明	互联网的蓬勃发展、ERP、多媒体、2G 移动互联网、社交网络的萌芽	大数据、云计算、移动互联网（3G，4G）、物联网，密集的社交网络
特点	开始进入信息时代	电子手段对传统手段的替代，大量的信息	信息和知识的快速分类、传播、分享

（2）互联网世界地图

英国牛津大学互联网研究所根据世界银行 2013 年的数据中互联网用户人数制作了一张互联网世界地图（图 5.1）：每块区域都由小六边形组成，每块六边形代表 47 万互联网用户。互联网世界地图上，因为各国网民人数相差很大，各国的领土形状和面积也随之发生了改变，有些用户数少于 47 万的国家在地图上消失了。中国互联网用户数量居世界第一，面积最大。英国和日本的面积超过澳大利亚，俄罗斯则缩小到和法国、德国一般大小。

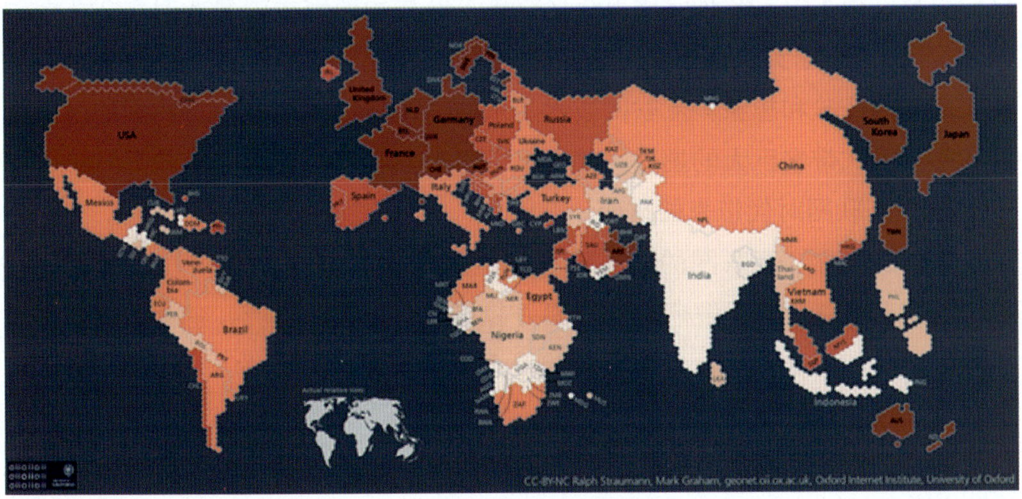

图 5.1 互联网世界地图

“领土”大小显示在线用户人数，“领土”颜色则显示当前该国在线人数占全国人口的百分比。深红色表示使用互联网人数占全国人口的 80% ~100%，白色表示使用互联网人数占全国人口的 0 ~20%。在大小和人口百分比的对照上，印度显得格外突出：“领土”相对较大表示印度有很多互联网用户，“领土”为白色则表示印度互联网用户占其总人口的百分比低于 20%。与之形成对比的是中国：互联网用户人数最多，在地图上“领土”最大；同时互联网用户人数占总人口的 40% ~60%，“领土”颜色为橘红。

（3）互联网时代的管理基础出现指数级跃迁

管理基础源于世界现实。传统的管理方式源自于传统的数据：美国每天 100 万人住宿酒店、100 万人乘坐飞机，北京、上海每天有 100 万人打出租车等，因此，传统的经验和管理基础往往是以百万数量级为基础的。而随着互联网时代的到来，数据出现指数级跃迁：每天全球网络搜索请求超过 10 亿次、每天电子邮件超过 10 亿封、每天仅中国人发出的手机短信与微信就超过 10 亿条……数量级都以十亿级计，这已经远远超出传统既有经验或管理范围。

再以阿里巴巴集团的淘宝和天猫为例，每天 1 亿人次登录淘宝网，8 亿件商品在淘宝和天猫平台销售，900 万大淘宝活跃商家，每天贡献 3000 万笔订单。2015年“双十一”淘宝和天猫平台成交912.17亿元，1分12秒就完成10亿元交易，第12分28秒完成100亿交易。参与的商家或消费者遍布217个国家和地区，“全球买、全球卖”象征着互联网跨时空的商业体系、突破了过去关于商业的经验和想象。互联网技术带来的量级指数式递升，对我们的组织管理和管理方式带来巨大的挑战，要求组织管理上必须给予适应和有所创新。

（4）互联网时代带来的改变

①信息对称。互联网的最重要作用就是使信息在企业与用户之间更加对称，消费者能够更加了解产品，有能力参与产品开发和生产。企业不仅要提供更好的产品和服务，而且更为重要的是企业要提供以用户为中心的解决方案，消费者和用户的影响力提升。

②个性化。互联网时代，消费者可以选择的产品或服务列表趋于极大丰富和多样。随着供应侧的大大增加，消费的个性化需求迸发，过去大规模制造带来的排浪式消费被互联网时代的规模化定制、私人定制为特点的个性化、多样化消费替代。出现了以消费者为原点，逐步推导至零售、批发环节，进而上溯至品牌商、生产商、原材料供应商，产业链各环节逐步实现互联网化。以阿里巴巴的淘宝和天猫为例，其在线上有3.67亿消费者、900万活跃卖家和8亿件商品，这倒逼批发商必须把自己内部的ERP、CRM系统对接开放到互联网、支付和快递物流业也必须对接至互联网。

③去中心化。互联网时代，用户既是互联网内容的消费者，也是互联网内容的制造者。每个人都是互联网的一个中心节点，没有中心，领导的职能大大削弱，人和人直接实现了对接，产生了更直接、更多元、更平等的连接。例如专车司机既可以开专车为别人提供服务，也可以作为乘客享受别人提供的专车服务。在人人都是产销者的模式下，个体经济重新回归，个体有望通过互联网平台，获得优质口碑，个人品牌和注意力的价值将凸显。

④去中介化。传统经济秩序里，中介企业扮演着“生产者和消费者之间的联系人”的角色。例如出租车公司、代理/分销渠道、培训机构、家政公司等，掌握着供方信息资源，消费者处于信息劣势地位，只能依托中间企业获取服务。而在互联网时代，供需双方可以高效便捷地直接互联，人人都是产销者，每个人都可以提供服务，整合起来的大量独立个体能够发挥长尾效应，比单一

大企业获取更高的匹配效率。例如滴滴出行打破了出租车的垄断壁垒。在互联网时代，中介企业存在的价值降低，甚至在一个完全去中心化，开放的点对点交易平台上，中间人角色已经变得多余。

⑤开放性。互联网能够用最小的成本获取最大的资源，互联网平台企业能够用很短期的时间，用很小的成本，却可以整合很大的资源，创造商业指数级增长。消费者和生产者的边界不再明显，过去企业清晰的组织边界也开始变得模糊。企业内部可能通过移动互联网工具进行信息沟通，企业外部可以通过互联网整合全球资源，企业内外部"交易成本"大幅降低，大企业存在的基础正在进一步削弱，开放性的生态性企业群正在形成。

⑥分布式管理。传统的直线制、职能制和事业部制组织形态，其核心原则是集中决策原则，要求所有决策必须从上到下，需要正式的流程和完整的文件来决定岗位、任务和职能，每个层次的管理必须严谨，每个阶段的工作绩效必须进行评判，每个任务的实施必须有详细的操作说明书。这种集中控制的方式必然带来企业整个组织流程过长、决策效率低下。面对快速变化的互联网时代的市场环境，传统金字塔科层模式会因为需要层层汇报而错过机遇、丧失战略优势。互联网时代的组织形态必然向分布式管理变迁：没有强制性的中心控制，次级单位具有自治特质，次级单位之间彼此高度连接，点对点间的影响通过网络形成非线性因果关系。

基于上述的变化，形成了表 5.3 所示工业时代与互联网信息时代不同的运作逻辑和法则。

表 5.3　　　　不同时代的商业逻辑

时代	运作逻辑	世界图景	基础法则	时间法则
工业时代	线性控制 ①以企业为中心 ②企业内部科层制	机械化 ①机械系统观 ②线性演进观 ③流水线、紧密耦合、严格控制	标准化	同步化
信息时代	网状协同 ①消费者为中心 ②企业内部社区化 ③企业之间协同	生态化 ①生态系统观 ②自组织 ③多元、多向演化	个性化	弹性化

资料来源：阿里巴巴研究院。

5.2 互联网对企业组织管理模式的影响研究综述①

网络作为一个平台，提供了一系列服务，其中最受人关注的是信息和数据的共享，进而引发了组织内外部结构的变革。对于组织外部关系而言，将呈现越来越多的零散并自愿的用户参与；对于组织内部结构而言，基于丰富的用户体验的开发，将通过小模块实现，产品将处于持续改进的状态，不断调整技术以满足人们日益成熟的需求（Levy，2009）。在 Web 3.0 阶段，企业在互联网中联结起来，建立起一个“虚拟企业世界”，大幅度降低企业之间合作开展知识创造和创新活动的风险和成本（Wasko，Teigland，Leidner & Jarvenpaa，2011）。

在信息技术和组织变革的因果关系上，学术界主要有三类观点，技术驱动、组织驱动和涌现。技术驱动视角认为是技术影响了组织结构的变化，组织驱动视角认为信息技术是因变量，决定于设计者目的和信息过程需要。涌现视角认为信息技术的使用和影响是在复杂社会关系中不可预计地呈现（Markus & Robey，1988）。但无论是什么因果关系，还是什么具体变革形式，从组织发展的角度看，最终结果都可被视为面向网络化结构的企业组织发展，这是企业适应信息技术发展和经济全球化趋势，在网络环境下对传统的以等级制为基础的组织形式和管理模式的革命性变革（张钢等，2005）。

目前所呈现的商业网络，是由网络中各式联结的演化以及行为、资源和行动者集合共同决定的。这种显著的、拟物的、复杂的依存关系又影响网络中设备设施投资、涉及人数及关系、个体和组织层面知识、组织惯例等（Snehota & Hakansson，1995）。关于这方面的研究，目前主要有两个视角：第一，关注组织集群（网络）及组织间的联系模式；第二，以企业为分析单位，关注理解创造和管理网络及其产出的机制（Steier & Greenwood，2000）。Crossan and Apaydin（2010）认为新的互联网平台对企业组织的内外部边界设计及其管理提出了新的挑战，促使企业对影响组织创新的因素进行再思考。因此，我们重

① 本部分文献综述由浙江大学张钢、陈佳乐、沈丞、陈思潮执笔。

点关注互联网背景下，组织外部结构和内部结构的变革。

5.2.1　组织外部结构

关于组织外部结构网络化的研究集中在三个方面：①网络整体的性质和演进方式。②网络中节点间的联结。③作为网络节点的企业的边界问题。

关于第一方面，网络是唯一能够没有偏见而发展，不经引导而学习的组织。其他的形态都有可能限制发展和学习。网络的群集四周都是边缘，因此，无论你由哪个方向接近，网络都是开放性的。事实上，网络是能够称得上具有结构的组织里最不具有结构性的组织（曼纽尔·卡斯特，2001）。在互联网时代，个体、团队、计算机或者其他东西都有可能成为某一节点，节点与节点之间则以各种方式联结起来。新的网络形态是没有中心的方格，它允许开放式的沟通和人员以及观念的持续流动（Mintzberg & Van der Heyden，1999）。在网络结构视角下，系统的演化不是线性的，也不驱动于单一的外部因素，而是路径依赖和随机性的。结构的两重性和社会实践的递归效应是网络结构的核心，前者是网络形态演变的动力机制，后者则为演变提供了边界范围（Sydow & Windeler，1998）。Funk（2011）以移动互联网为例，展示了复杂的行业系统在发展过程中，产品和服务各个模块之间关系的演化和接口标准的涌现。

关于第二方面，企业间的互动表现在机会和限制以及影响和被影响、控制和被控制等几个方面（Håkansson & Ford，2002）。在网络中，行动者的信息来源主要是他们之间的联结，联结的类型和身份识别一样起着重要的作用（Gulati，1998）。Cachon and Fisher（2000）通过仿真技术发现信息技术能使企业间信息的共享更加快速和低成本。因此随着信息技术应用的深入和企业间联结的演化，一方面行业整体分布发生了变化，大大拓宽了潜在消费者和潜在供应商的范围，不仅使供应商收益，还使得消费者能获得定制化服务。另一方面，企业构建了以内部客户为中心的供应体系，提高了供应链的整合水平（Gharavi，Roger & Sor，2006）。Chen and Paulraj（2004）在企业关系网络化发展的背景下构建的新型供应链结构模型中，信息流、资源流和价值流在企业的联结中得到了统一。同时为了应对不确定的环境，企业间原先大规模和平滑生产的联结关系需要重新塑造（Holweg & Pil，2005），一种“敏捷”的关系变得日益重要

（Christopher，2000）。信息技术的发展使得企业更加依赖于开放式的创新，在对外的联结上，企业对信息技术的保持弹性和整合同样重要，前者有助于企业快速和经济地适应外部知识共享要求，后者有助于企业及时和深入地与合作伙伴进行知识的交换，两者能显著提高企业的创新绩效（Cui，Ye，Teo & Li，2014）。

关于第三方面，Grieves（2000）认为信息技术在组织中开发和应用的速度正在推动着管理观念和组织形态的变革。世界级的组织正在变成虚拟的、以知识为中心的组织，这样的组织是贴近顾客的、柔性的和流动性的组织，因此它也能够更持续地自我提升，并探索更高水平的组织发展和组织学习。这种虚拟组织结构与传统组织结构相比，在弹性、质量、分化程度等方面得到了较大的提升，并缩短了演化周期。Venkatraman and Henderson（1996）认为虚拟性具体通过价值链和内外部相关者管理机制的设计为组织提供了持续获得并协调核心竞争力的能力（U. J. Franke，1999）。赵纯均，陈剑和冯蔚东（2002）则认为虚拟组织的核心能力在于将企业外部资源进行优化整合。因此，互联网背景下，学术界开始关注企业的边界问题，这种研究的主要视角是基于交易费用理论。Brynjolfsson，Malone，Gurbaxani and Kambil（1994）发现企业在信息技术上的投资将显著降低企业的平均规模，而这个影响有一个两到三年的滞后效应。对此 Afuah（2003）提出了不同的看法，他将企业边界分为垂直边界和水平边界，前者决定于组件生产成本和交易费用，后者决定于系统生产成本和行政协调费用。内外部组件生产成本和交易费用对垂直边界的影响相反，系统生产成本和行政协调费用对水平边界的影响也相反。互联网技术的出现和扩散会同时降低这四种成本和费用，因此这既有可能扩大也有可能缩小组织的边界。关于企业的边界管理，外包是核心的问题，Weigelt and Sarkar（2012）认为外包有助于提高企业的效率，但不利于企业保持适应性，企业内部的吸收能力则能有效地缓解这对矛盾。对效率和适应性偏好的不同决定了企业内部结构的不同。

5.2.2 组织内部结构

在互联网时代，企业所处环境的复杂性、动态性大大增加，为了更好地适应环境，实现可持续发展，企业必须保持一定的柔性。同时，在“超竞争”

的环境下，企业的竞争优势又取决于效率。Choi，Dooley 和 Rungtusanatham（2001）认为管理者应平衡好创新和灵活性与工作的可预测性和规范日常工作之间的关系。因此如何平衡柔性和效率日益成为企业内部结构变革中的核心问题。这种组织的双元性有三个核心要素：冲突、平衡机制和产出。Cao，Mohan，Ramesh and Sarkar（2013）认为契约管理有助于效率的提高，而关系管理有助于适应能力提高，这两者可以通过流程化的合作、目标导向的关系建设、成熟话语体系的构建、标准操作的控制等方式实现平衡。

从传统的科层制结构到网络化结构，互联网技术带来的是企业柔性的增加。故而学者们更关注的是企业的柔性问题。柔性具体体现在四个方面：①组织通过打破原有科层结构呈现更小、更独立的单元以实现去中心化。②通过外包或者分解增强柔性。③用分解和战术替换科层结构和理性战略以应对不可预期的环境。④减少层级创造更精简更节约的组织（Thompson & O'Connell Davidson，1995）。

随着技术发展，信息技术为企业提供了在较高柔性的基础上保证效率的可能性。在互联网时代企业产品生产架构的设计不仅要使生产绩效最大化，也要使得开发过程更具弹性（MacCormack，Verganti & Iansiti，2001）。Croom（2001）认为互联网技术的使用①降低了搜索、订单、支付的成本，将促进内部流程的简化。②增加了流程外包的范围，使企业更关注核心竞争力。③促进了企业供应链的重构，在某些方面减少联结的数量。通过降低协调成本，信息技术将促进组织更偏向于利用市场而不是层级结构以开展经济活动（Malone，Yates & Benjamin，1987）。这种以核心层、项目层、知识层为主体的网络组织更能适应市场环境的动态要求（Daft，1998）。Huber（1990）则更关注信息技术本身所带有的张力，他认为对于高度集中的组织而言，计算机技术的使用能促进组织的分化，然而有趣的是他认为对高度分化的组织而言，计算机技术的使用同样能促进组织的集中。

在对柔性和效率的平衡机制研究中，有两个主题值得关注，一个是组织的二元性结构，另一个是组织的模块化。前者通过隔离的方式，平衡柔性和效率之间的关系，后者通过分解的方式，实现整体柔性和局部效率的统一。关于组织二元性及其结构影响机制研究，源于 1976 年 Ducan 的工作，他认为具备

“二元性”的组织应具有双重结构，即：有机结构和机械结构，其中有机结构从事创新活动，机械结构来实现创新价值（Birkinshaw & Gupta，2013）。O Reilly and Tushman（2004）认为组织内部有隔离机制来影响柔性和效率的平衡，有些部门负责探索型互动，有些部门负责利用型互动，这两类部门拥有不同的过程、结构和文化。但事实上很少组织能实现真正的双元性平衡，因为探索型创新和利用型创新所需要的组织结构、流程和文化是不同的，而组织的资源和能力是有限的（Simsek，Heavey，Veiga & Souder，2009）。对此，X. Yu，Chen，Nguyen and Zhang（2014）将平衡机制设计的视角转向了组织与外部的联系和战略能力。

关于组织模块化的研究，学术界普遍认为在技术驱动产业，创新和复杂产品有模块化的趋势（Argyres & Bigelow，2010）。而产品的模块性与组织的模块性又存在一定的匹配关系（Baldwin，2008）。Drucker（1993）认为传统的组织结构正逐渐被“内网络型”结构替代，这种结构没有中间层次，知识和专家几乎都集中在基层，由具有特定功能的工作小组完成产品的设计到生产，甚至进入市场。模块性设计就在于要构建一种基于“设计规则”的协调机制，使不同的专业化群体能按照预先设定的、解释联结关系的“设计规则”即可独立地解决各自模块内部的问题，实现了整体的一致性和可用性（Baldwin & Clark，2000）。信息技术的发展使得产品的原型设计越来越呈现出数字化趋势，增强了设计和创新过程中的可编辑性、互动性、可迭代和分布的广泛（Kallinikos，Aaltonen & Marton，2013）。模块化保障了企业在松散的组织结构情况下实现产业化生产的可行性，同时多层次模块化的组织结构设计使得组织能在不同产品层面上实现创新（Henfridsson，Mathiassen & Svahn，2014）。

5.3 互联网时代出现的几种企业组织管理新模式

5.3.1 平台组织迅速崛起

平台组织是指连接两个（或更多）特定群体，为他们提供互动机制，满足所有群体的需求，并从中赢利的组织模式。例如，阿里巴巴集团的淘宝网打造了连接商品卖家和买家的平台，让他们之间互动并满足彼此的需求；微软通过 WINDOW 平台、谷歌通过安卓操作系统平台、苹果通过 IOS 操作系统平台为成千上万的程序开发商提供应用平台，进而形成规模亿计的用户群。

美国哈佛大学托马斯·艾丝曼教授的研究表明，全球市值最大的 100 家互联网公司中，有 60 家主要收入来自平台商业模式，其中包括苹果、思科、谷歌、微软等；而排在前 15 位的公司（其中 4 家为中国公司，其余 11 家为美国公司），无一例外都是平台组织模式。

近几年，随着 PC 互联网公司纷纷向移动互联网转型，平台组织模式的公司进一步大量涌现，并推动新的独角兽公司（指市场估值在 10 亿元以上的公司）不断产生。据艾瑞咨询截止到 2015 年 9 月的统计，中国市值超过 10 亿元的独角兽公司目前已经多达 200 家，排名前两位的蚂蚁金服和小米科技，市值分别达到 460 亿美元、450 亿美元。滴滴和快的合并以后市值也达到了 150 亿美元，大众点评和美团合并之后，市值超过了 100 亿美元。

通过平台组织模式的公司，与传统的公司发展相比，往往呈现出指数式增长，企业成长速度非常快。以小米公司为例，该公司通过互联网平台方式进行电子产品研发、设计与销售，实现了惊人的发展和成效。自 2010 年创立，小米公司经过三年销售额就达到 300 亿，2014 年估值超过 450 亿美元。2015 年 4 月小米公司成立五周年的“米粉节”，当天销售额就超过 20 亿，订单达 290 万笔，仅手机就销售出 211 万部，并创造了用户高达 7% 的参与率。再以滴滴出行为例，商业模式是通过互联网及移动终端 APP 解决长期以来交通出行领域的资源分配不均衡和信息不对称，为司机和乘客建立起直接的供需服务关系。该公司 2012 年 6 月才注册成立，2013 年 10 月仅滴滴打车软件就占到了中国打车软件市场份额的 59.4%，2015 年 2 月滴滴打车与快的打车合并成为滴滴出行。据统计，滴滴出行软件平台 2015 年第三季度就满足全国智能出行总需求为 7.6 亿人次，覆盖 360 个城市，一线城市覆盖率达到 35.4%。在滴滴平台上有 135 万出租车司机、400 万专车司机、550 万顺风车司机、150 万代驾司机，司机人数达到 1235 万名。通过平台组织模式，滴滴出行不仅帮助传统行业实现了更大价值，同时也创造了自身发展与成长的奇迹。

通过平台组织模式的公司，其核心竞争力是其平台中形成的数据。公司通过对这些大数据的分析、处理，形成核心竞争力，例如以阿里巴巴为例，阿里巴巴集团通过自身组建或投资的多家公司来完成业务战略布局，而这些公司背后的本质是相关数据形成、分析与处理（见表 5.4）。

表 5.4　　阿里巴巴集团主要相关公司及数据

阿里巴巴								
阿里健康	滴滴出行 高德地图	微博 陌陌	优酷土豆 阿里影业 光线	恒生电子	菜鸟网络	蚂蚁金服	口碑 饿了么	淘宝 天猫
药品实时数据	出行数据	社交关系数据	线上娱乐数据	证券交易数据	物流数据	支付数据	餐饮服务数据	交易数据

5.3.2　轻资产化的众包组织模式

Uber 作为世界上最大的出租车公司，却没有一辆自己的车；世界最大的住宿服务提供商 Airbnb，没有任何房产和一间产权属于自己的客房；全球最热门的媒体所有者 Facebook 没有一个内容制作人；全球市场最高的零售商阿里巴巴没有一件商品库存。企业正在以轻资产化的方式通过越来越多的众包模式形成柔性化、协同化的弹性组织。对于财产权的认识，使用而无需拥有，正逐步形成趋势。

众多的轻资产运营方式，勾画出网络经济所形成的轻资产化形态。企业可以不再依托全职员工的重资产组织模式，利用自雇型劳动者，实现更合理的企业劳动力结构，更加有弹性的匹配市场高峰和低谷的供需，从而能够更加高效地响应市场。企业成为本身可以不拥有资产，但可以通过众包组织方式协调海量的社会闲置资源。

“众包”（Crowd - sourcing）由美国《连线》杂志记者杰夫·豪（Jeff Howe）2006 年 6 月提出，主要指：“一个公司或机构把过去由员工执行的工作任务，以自由自愿的形式外包给非特定的（而且通常是大型的）大众网络的做法”。互联网，尤其是移动互联网导致沟通成本大幅降低，是众包成为可能的直接原因。众包模式就是把传统上由企业内部员工承担的工作，通过互联网以自由自愿的形式转交给企业外部的大众群体来完成的一种组织模式。在这一过程中，企业只需要为贡献者支付少量报酬，而有时这种贡献甚至完全免费。

众包模式已经对创新、产品及服务产生了颠覆性的影响。例如，通过开放式的众包模式，一个公司耗费巨资经过多年都无法解决的研发或设计难题，很可能被互联网范围内非本公司的一个专家甚至可能是外行人在较短的时间内圆满解决；过去需要花费巨资的产品或服务，通过众包方式，现在只需要较少的费用甚至免费就能获得。尤其是近几年来大量的用户生成内容（UGC）网站蓬勃发展，更进一步丰富了众包模式。诸如维基百科或是 YouTube 这样的 UGC 网站中，企业、组织的核心价值几乎完全来自用户进行的价值创造，而且不产生任何直接成本。人们把参与其中的创造当作一种娱乐，并享受因此带来的自我价值实现。

众包组织模式具有如下的一些特点：

一是扩大了一个组织的边界。众包的活动都不是在组织机构内部完成的，一个公司通过外包使组织外延扩大到包括它旗下的所有接包商，形成以公司为主体的虚拟组织；而一个公司通过将研发任务众包，其专家队伍则包括他所有的众包合作伙伴。因此，企业将业务众包后，其组织边界不再局限于组织内部。

二是充分利用了外部的资源。众包组织方式是对自身资源缺陷的弥补，从外部获取资源为其所用。当公司内部资源有限时，利用外部的资源来解决问题无疑是上策。企业将某些原本应由自己完成的工作众包，既利用了外部专业公司的长处，又使自己减少了在这方面不必要的投入，使企业有精力做自己最擅长的事。企业将某些内部难以完成的工作众包给不特定的大众，广泛地利用了外部智力资源。

三是降低了成本、提高了效率。众包业务往往比自己做有成本优势，大量研究表明，降低成本是企业众包最重要的动力。而众包的成本也大大低于组织内部从事相应活动的成本。

四是依托互联网、移动互联网技术。互联网、移动互联网突破了地理和时间的限制，使沟通更便捷、成本更低，而各国、各地资源价格的不均等是众包组织模式产生的最基本内在推动力。互联网、移动互联网技术为众包多方的沟通提供了最有效的渠道，催生了众包组织模式。

国内众包组织模式也已经开始兴起，例如以服务众包为特点的重庆猪八戒网络有限公司，其众包服务涵盖平面设计、开发建站、营销推广、文案策划、动画视频、工业设计、建筑设计等八大类600多个细分品类，可为中小微创业企业提供一站式的企业全生命周期服务。猪八戒网目前已经拥有500万家中外雇主、1000多万家服务商，2015年平台交易额近75亿元，市场占有率超过80%。目前估值已经超过100亿元。

5.3.3 小型“阿米巴”组织的崛起

互联网企业的典型代表亚马逊公司CEO贝佐夫提出了经典的团队规模论述：“如果两个披萨都喂不饱一支团队，那就说明这个团队已经过于庞大了”。在互联网时代，这种小型组织、小团队正在崛起。因为，人数越多，互联网化所需要的自下而上的创新就会越少，参与度就会降低；人数越多，协调难度越大，官僚主义就将出现，灵活度就会降低；人数越多，惰性就会越大，个人在群体中所付出的努力往往少于其单独工作时的努力；人数越多，情感关系越淡化，个体成员感受到的关怀和帮助逐渐减少。

“阿米巴”是一种单细胞动物，具有繁殖灵活的特性。日本著名企业家稻盛和夫提出了“阿米巴”经营模式，将企业分割成众多小组织体（“阿米巴”），各个“阿米巴”独立核算、独立经营，培养具有经营意识的领导人，让全体员工参与到企业经营中。稻盛和夫在日本京瓷公司、第二电信、日本航空都应用了“阿米巴”经营模式，均取得公司经营或转型的巨大成功。

国内华为、海尔、阿里巴巴是倡导这种小型“阿米巴”组织的代表。任正非把华为从中央集权分拆为小单位作战，简化组织管理，让组织小型化并定义为“班长的战争”，通过现代化的小单位作战部队在前方发现战略机会，再迅速向后方请求强大火力支援，用现代化手段实施精准打击。通过此种组织方式，华为在多个新增长点领域获得了快速发展，特别是在智能手机领域。海尔更是通过多年“阿米巴”化来实现对传统业务的互联网转型，将原来金字塔式组织改变为倒金字塔结构，推行“企业平台化、员工创客化、用户个性化”，不再强调集中式中央管控，而是通过分权、授权体系，把权力下放到最了解市场和客户的“企业小微”中去。海尔6万多员工被分成2000多个“企业小微”，员工自我经营、自我驱动。阿里巴巴也把公司拆成越来越多的小事业部来运营，通过各个小事业部的“自主经营体”方式把互联网商业生态系统构建得更加透明、更加开放、更加协同。

5.3.4 社会化协同的网状组织涌现

以科层为导向的组织特征是改良、完善、规范、效率和稳定，这些组织特征在急剧变化的互联网时代将拖累企业的发展，只有网络化的企业才能适应网络化的世界。互联网时代的组织结构特点就是：扁平化、网络化、垂直化、分权化、民主化、社会化、国际化，不仅高效灵活运行，而且能极大激发组织成员的创新能力，新的组织特征是柔性、动态和灵活。

当高度灵活、自由组合的小团队成为组织结构的主要组成方式，当组织结构趋向极度扁平化的时候，企业就成为一个网状的组织结构，自上而下的科层体系就会自然而然消失。

伴随着商业逻辑的重大变革，“大平台 + 小前端 + 富生态”的组织形态开始大量出现。新的分工体系被建立起来，它不再是孤立的、仅限于企业内部的协作体系，而是大规模社会化的协同。例如在淘宝的生态系统里，有约千万级的卖家以及他们背后的制造、金融、IT、营销、物流服务等相关行业。

目对日益网状的社会，传统的线性管理已越来越难以适应。网络互联、大规模协作，以及每一个管理单元的自我管理、自我驱动、自我组织变得极其重要。通过互联网方式重组分散在各个角落的社会资源，既包括存量市场的线上化，也包括增量市场的补充，它能使无数分散的即时性供求信息同步透明化，使得供应方和需求方直接通过平台进行高效合理的匹配，形成一个充满生机活力的交易集市，更大程度上提升全社会的经济运营效率。

这些正如 Web 设计师 Manu Cornet 在自己的博客上所画的美国科技公司的组织结构图。无论是亚马逊等级森严且有序，还是谷歌产品和部门之间相互交错且混乱；无论 Facebook 架构分散，还是微软、苹果、甲骨文，还是国内的阿里巴巴、腾讯，企业组织结构都正在趋向于进化为更有利于社会化协调的网状结构。

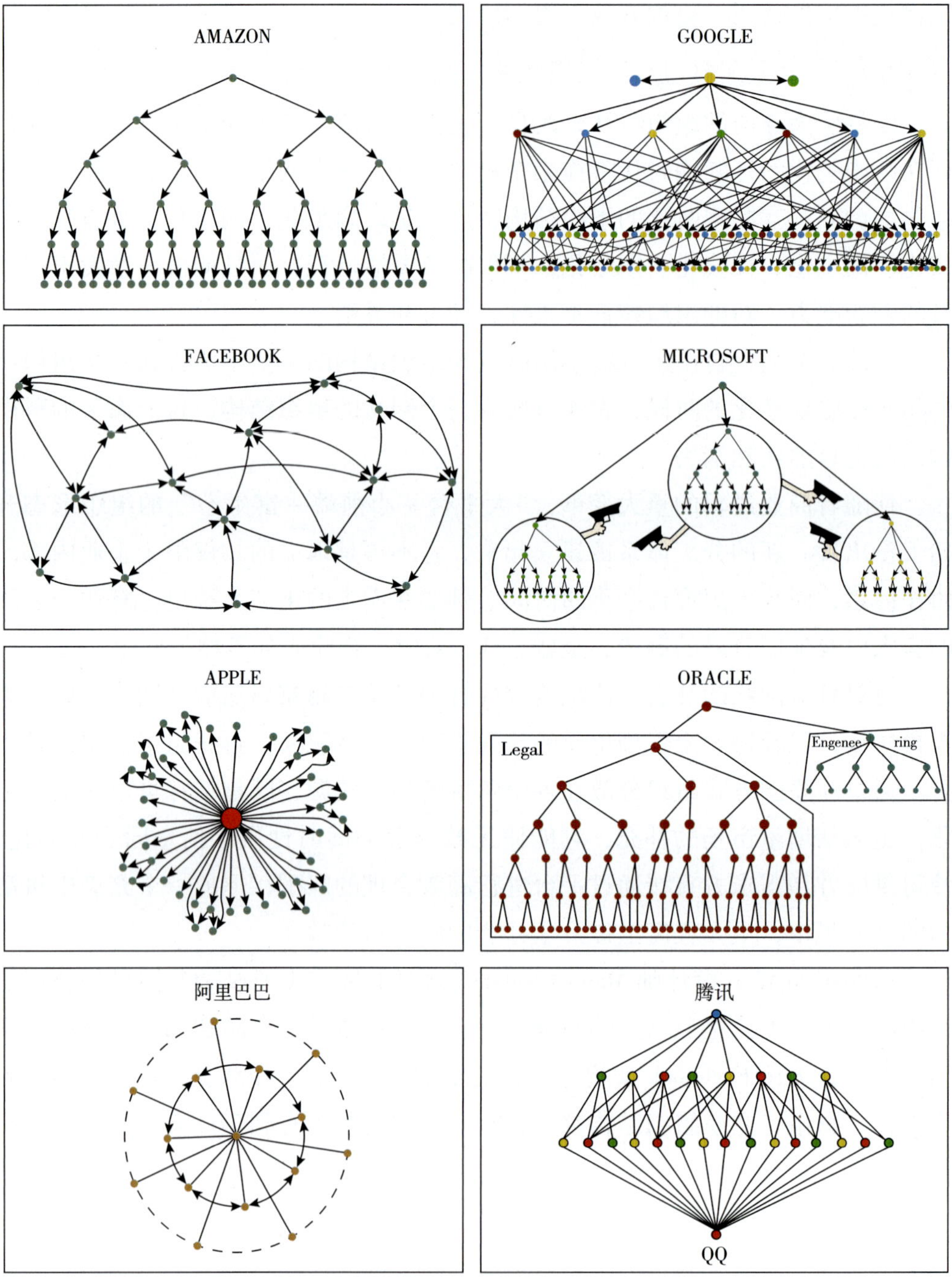
AMAZON
GOOGLE
FACEBOOK
MICROSOFT
APPLE
ORACLE
Legal
Engenee ring
阿里巴巴
腾讯
QQ

执笔：范保群

第六章 我国制造业上市企业创新能力评价

制造业转型升级是我国经济创新发展的重中之重。对制造业企业创新能力进行客观评价有助于我们了解各类企业转型升级的状况，有利于我们因情施策。与过去通常以研发投入单一指标进行企业创新能力评价不同，我们采取了研发投入和人力资本投入作为二维指标进行评价。评价结果显示，过去几年时间里，我国制造业上市企业的整体研发投入强度（研发投入占营业收入的比重）在不断提高，从2012年的2.23%提高到2014年的2.62%，但人力资本投入增长非常缓慢，人均人力资本投入从2012年的77028元上升到2014年89485元，增长16.2%，低于同期全国城镇居民可支配收入19.6%的名义增长率。以2012~2014年的企业平均研发投入强度和人均人力资本投入为指标，1383家制造业上市企业中，有319家属于强创新能力企业，占23.1%，364家属于弱创新能力企业，占26.3%。分行业评价显示，15个制造业细分行业中，仪器仪表制造业、非金属矿物制品业、金属制品业和纺织服装业的强创新能力企业比重较高，均约有1/3的企业是强创新能力企业，属于创新活跃行业；汽车制造业、金属制品业、通用设备制造业、化学原料和化学品制造业、非金属矿物制品业、金属制品业、电气机械和器材制造业、橡胶和塑料制品业的高研发企业比重较高，属于研发活跃行业。

6.1　企业创新能力评价框架设定

我国经济正处在从以要素驱动为主向以创新驱动为主转变的关键时期，创新驱动发展已成为新常态下的国家战略。企业是创新的微观主体，企业自身竞争力的提升，产业结构的优化升级，甚至经济发展模式的转变，都需要依靠企业不断创新。客观评价和认识企业的创新能力与创新活力是我们制定创新政策措施的重要依据。

6.1.1　以研发投入和人力资本作为企业创新能力评价的两项指标

对企业创新能力的评价国内外已有很多研究和方法，概括起来基本都从创新产出和创新投入两个角度切入。创新产出包括核心技术、知识产权、自主品牌、商业模式和盈利水平等多重因素，不同的评价方法会有不同的侧重。创新投入包括内部资源投入和外部政策支持，内部资源主要是指支持于创新的资金和人力。由于创新产出指标数据获取难，有的还难以量化，实践中对批量企业进行创新能力评价时，多以创新投入作为指标，尤其把研发投入作为企业创新能力评价的唯一指标。

考虑到企业转型升级和创新发展中人才发挥着核心作用，既决定了研发投入的有效性，又决定了创新产出的经济性，因此本次研究我们试图把人力资本投入作为企业创新能力评价的另一个指标。国际上，布鲁金斯学会2015年发布的美国先进产业报告中，就应用了研发投入和人力资本两个指标，其中研发投入指标取值企业的人均研发投入，人力资本取值企业员工中具有科学、工程、技术和数学等高学历员工的比重。由于缺乏企业内部详细的人力资源结构数据，从数据易得、简单和可比的基本原则出发，我们用人均人力资本投入作为人力资本考核指标。人力资本投入取值企业支付给员工的工资、奖金、各种津贴和补贴、社会保险及其他费用。研发指标取值每个企业的研发投入强度，即研发投入在营业收入中的比重。

6.1.2 企业创新能力评价的二维框架设定

利用研发投入强度和人均人力资本投入两个指标建立起一个二维评价框架，如图6.1所示。以样本企业的平均研发投入强度和平均人力资本投入作为分割线，形成四个区域，其中研发投入强度和人力资本投入“双高”的区域，表明企业创新能力强，为强创新能力区，位于该区域的企业称为强创新能力企业；研发投入强度和人力资本投入“双低”的区域，表明企业创新能力弱，为弱创新能力区，位于该区域的企业称为弱创新能力企业；研发投入高但人力资本投入低的区域，叫高研发投入区，人力资本投入高但研发投入强度低的区域，叫高人力资本投入区。

对某个企业群体来说，位于强创新能力区域的企业数量比重越高，表明这个群体的企业创新越活跃，相应的比值（包括高研发投入区和高人力资本投入区的企业比重）可以定义为创新活跃指数或转型升级指数。

对不同企业群体或行业进行评价，位于强创新能力区域的企业群体或行业可称为强创新群体或强创新行业，位于弱创新能力区域的企业群体或行业可称为弱创新群体或弱创新行业。

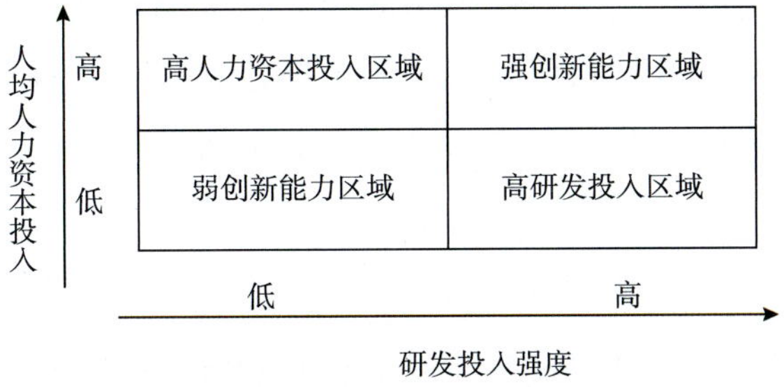

图 6.1　企业创新能力评价框架

6.1.3　以制造业上市公司为评价对象

制造业转型升级是我国创新驱动发展的重中之重，上市公司又是我国制造业企业最具竞争力的企业群体，因此对制造业上市公司的创新能力进行评价具有代表性。同时，上市公司信息披露相对完善、完整和统一，相关数据可获性强、可信度高。首先，尽管研发投入并非是上市公司强制披露的数据，但大部分企业在董事会报告中都会披露本期的研发费用。其次，在上市公司年报的现金流量表中会披露本期“支付给职工以及为职工支付的现金”，其内涵就是企业支付给员工的工资、奖金、各种津贴和补贴、社会保险及其他费用，同时年报还披露本期企业的员工数量，由此可以得到每个企业的人均人力资本投入①。

为观察制造业上市公司创新能力的年度变化情况，并使得数据具有连续性和可比性，我们选取了具有连续三年（2012 ~2014 年）研发和人均人力资本投入数据的制造业上市公司作为评价对象。

6.2　我国制造业上市公司近三年的研发和人力资本投入情况

在 2012 ~2014 年的 3 个年度内，连续公布所需两类指标数据的制造业上

① 按此方法获得的人均人力资本投入基本能够反映企业在人力资源上的投入情况，个别企业由于采取劳务外包、企业员工数统计不规范等原因，导致人均人力资本投入数值远高于平均水平，我们作异常处理。

市企业总数为1383家[①]，占2015年7月底全部制造业上市企业总数的77.3%，涵盖了电气机械和器械制造、通用设备制造业、专用设备制造业、计算机和通信及其他电子设备制造业、仪器仪表制造业、汽车制造业、医药制造业、化学原料和化学品制造业、橡胶和塑料制品业、黑色金属冶炼业和压延加工业、有色金属冶炼业和压延加工业、金属制品业、非金属矿物制品业、食品加工制造业、纺织服装业等十多个行业。

6.2.1 上市公司研发投入增长及分布情况

（1）研发总投入上升趋势明显，投入强度稳步上升

2012~2014年，1383家制造业上市公司年度研发总投入[②]分别为1340.5亿元、1614.8亿元和1824.5亿元（约占全国企业年度研发经费总量的18%），年均增长16.7%，高于同期全国研发经费增长4.3个百分点。研发投入强度稳步提升，由2012年的2.23%提高到2014年的2.62%，高于全国研发强度（研发经费与GDP的比值）0.37个百分点。制造业上市公司人均研发投入接近3万元。

从增长势头来看，制造业上市公司研发投入增长趋缓。受经济增长下行压力的影响，制造业上市公司收入增长大幅减缓，2013年增长10.7%，2014年下降了一半多，仅增长4.9%。与此同时，制造业上市公司研发投入增幅也大幅缩小，由2013年的20.5%下降到2014年的13.0%，其中约有近1/4的企业缩减了研发投入。

（2）各制造行业差异显著，研发强度有升有降

2014年，各制造行业的上市公司整体研发投入增长可归纳为三类：第一类是高增长类，持续保持高速增长态势，且高于同期全国研发投入增长，共有7个行业，分别是电气机械和器材制造业、通用设备制造业、计算机及其他电子设备制造业、仪器仪表制造业、汽车制造业和橡胶塑料制品业，其中汽车制

① 1383家制造业上市公司中，电气机械和器材制造业152家，通用设备制造业92家，计算机、通信及其他电子设备制造业202家，专用设备制造业130家，仪器仪表制造业30家，汽车制造业73家，医药制造业132家，石化、化学原料和化学品制造业177家，橡胶和塑料制品业47家，有色金属冶炼与加工47家，黑色金属冶炼业16家，金属制品业36家，非金属矿物制品业58家，食品加工制造业74家，纺织业54家，其他63家。

② 研发投入或研发支出包括费用化研发支出和资本化研发支出。

造业最高，年均增长率达到26.7%；第二类是平缓增长类，研发投入仍保持增长，但低于同期全国研发投入增长，共有4个行业，分别是化学原料和化学品制造业（包括石化、化学纤维制造业）、非金属矿物制品业、食品加工制造业（包括酒水饮料制造、农副产品加工业）和纺织服装业（包括纺织业和服装服饰业）；第三类是负增长类，即研发投入呈现负增长，共有4个行业，分别是专用设备制造业、黑色金属冶炼、有色金属冶炼和金属制品业，其中金属制品业下降最大，从2013年增长13.3%到2014年下降12.3%。

表6.1　　　　2014年各制造行业上市公司研发投入情况

行业	增长率（%）	人均研发投入（元）
电气机械和器材制造业	16.08	37548
通用设备制造业	17.46	36341
专用设备制造业	-5.91	39092
计算机及其他电子设备制造业	21.60	44096
仪器仪表制造业	21.42	32004
汽车制造业	26.73	39942
医药制造业	16.80	25904
化学原料和化学品制造业	6.11	19504
橡胶和塑料制品业	16.58	31287
黑色金属冶炼业和压延加工业	-0.58	33006
有色金属冶炼业和压延加工业	-0.87	29784
金属制品业	-12.28	24545
非金属矿物制品业	8.49	17149
食品加工制造业	4.15	8010
纺织服装业	3.05	7758
其他	3.19	18526
合计	13.00	29794

相应地，各个制造行业上市公司研发强度也表现出了大致的变化趋势。与2012年相比，除了化学原料和化学品制造业、有色金属冶炼、金属制品业、食品加工制造业和纺织服装业之外，其他行业的研发强度在2014年都有所提高，其中计算机及其他电子设备制造业增长最大，由3.61%大幅提高到

5.28%，金属制品业则下降最大，由2.48%下降到2.26%。与2014年全国2.1%的研发强度相比，共有10个行业在此之上，其中仪器仪表制造业最高，达到5.96%；有5个行业在此之下，分别是化学原料和化学制品制造业、黑色金属冶炼业、有色金属冶炼业、食品加工制造业和纺织服装业，其中食品加工制造业最低，仅有0.90%。从人均研发投入来看，计算机及其他电子设备制造业最高，2014年达到4.4万元，纺织服装业最低，不到0.8万元。

表6.2　　2012~2014年各制造行业上市公司研发强度（%）

行业	2012年	2013年	2014年
电气机械和器材制造业	3.43	3.53	3.70
通用设备制造业	3.06	3.14	3.61
专用设备制造业	4.09	4.27	4.25
计算机及其他电子设备制造业	3.61	5.01	5.28
仪器仪表制造业	5.20	5.88	5.96
汽车制造业	2.45	2.34	2.64
医药制造业	2.78	3.12	3.30
化学原料和化学品制造业	1.37	1.21	1.29
橡胶和塑料制品业	2.67	2.81	3.05
黑色金属冶炼业和压延加工业	1.35	1.62	1.76
有色金属冶炼业和压延加工业	1.33	1.30	1.27
金属制品业	2.48	2.56	2.26
非金属矿物制品业	2.07	2.17	2.20
食品加工制造业	0.97	0.89	0.90
纺织服装业	1.59	1.52	1.50
其他	1.77	1.99	2.00
合计	2.23	2.43	2.62

6.2.2　上市公司人力资本投入增长及分布情况

（1）人力资本投入总量快速增长，但人均投入增长相对较缓

2012~2014年间，1383家制造业上市公司支付给职工及为职工支付的现金分别为4211.1亿元、4780.0亿元和5478.9亿元，2013年与2014年同比增长13.5%和14.6%。企业人力资本投入总量的增长可以分解为两项：一是员工规模的扩大；二是人均人力资本投入的增加。2013年与2014年制造业上市

公司的员工规模分别增长了7.4%和4.2%，人均人力资本投入也有所增加，2012～2014年分别为77028元、81399元和89485元，年均增长了7.8%。同期全国城镇居民可支配收入名义增长率为年均9.3%，与之相比，制造业上市公司人均人力资本投入增长要低1.5个百分点，说明制造业上市公司人才结构调整进展不显著。

（2）各制造业之间有差异，但总体并不显著

除通用设备制造业、专用设备制造业和黑色金属冶炼业的人均人力资本投入比较高之外，其他行业2014年的人均人力资本投入都在6～10万元之间，其中黑色金属冶炼业最高，达到11.5万元，纺织服装业最低，不到6.2万元，绝大部分在9万元上下，差异并不显著。

从2012～2014年的变化趋势来看，除了汽车行业人均人力资本投入呈现负增长外，其他行业均保持了不同幅度的增长，其中低于同期全国城镇居民可支配收入增长的行业有8个，分别是通用设备制造业、专用设备制造业、计算机及其他电子设备制造业、仪器仪表制造业、化学原料和化学品制造业、黑色金属冶炼业、有色金属冶炼业和金属制品业；高于同期全国城镇居民可支配收入增长的行业有6个，分别是电气机械和器材制造业、医药制造业、橡胶和塑料制品业、非金属矿物制品业、食品加工制造业和纺织服装业，其中橡胶和塑料制品业增长最快，年均增长12.0%。

表6.3　　2012～2014年各制造业上市公司人均人力资本投入（元）

行业	2012年	2013年	2014年	年均增长（%）
电气机械和器材制造业	73914	83319	89988	10.3
通用设备制造业	96555	102973	110035	6.8
专用设备制造业	96448	102873	114765	9.1
计算机及其他电子设备制造业	81349	87212	94493	7.8
仪器仪表制造业	70065	79437	81572	7.9
汽车制造业	93276	83046	92342	-0.5
医药制造业	66687	77320	85485	13.2
化学原料和化学品制造业	70004	75312	83383	9.1
橡胶和塑料制品业	70666	75568	88717	12.0
黑色金属冶炼和压延加工业	111037	114395	115246	1.9

续表

行业	2012 年	2013 年	2014 年	年均增长（%）
有色金属冶炼和压延加工业	73074	78527	83793	7.1
金属制品业	61651	61505	72558	8.5
非金属矿物制品业	63267	69282	78858	11.6
食品加工制造业	64281	70778	80244	11.7
纺织服装业	49536	55572	61682	11.6
其他	55719	61291	68088	10.5
合计	77028	81399	89485	7.8

6.3 制造业上市企业创新能力综合评价

6.3.1 整体评价

（1）制造业上市企业创新能力分布

通过对不同行业进行二维评价，将行业特性充分考虑之后，可以评价出每个行业的强创新能力企业、弱创新能力企业、高研发投入企业和高人力资本投入企业，加总之后便可得到四类企业的总量。结果显示，在 1383 家制造业上市企业中，有 319 家属于强创新能力企业，占 23.1%，364 家属于弱创新能力企业，占 26.3%；544 家高研发投入但低人力资本投入的企业，占 39.3%；156 家低研发投入但高人力资本投入企业，占 11.3%。如果只考虑研发投入，可以发现，有 62.4% 的企业属于高研发投入。同样，如果只考虑人力资本投入，可以发现，有 34.4% 的企业属于高人力资本投入。

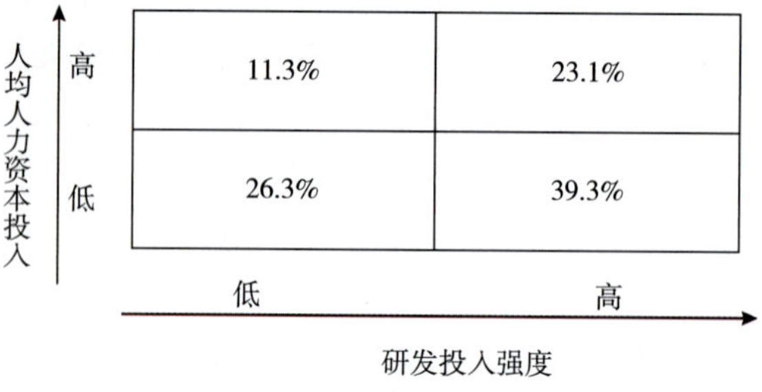

图 6.2　我国制造业上市企业创新能力分布结构

（2）各制造业的行业创新分布

将15个制造行业的平均研发投入强度和人均人力资本投入进行二维评价，并以全部企业的平均研发强度和人均人力资本投入作为轴线，可以形成各制造行业的创新能力分布。评价结果显示，我国的通用设备制造、专用设备制造、计算机及其他电子设备制造业和汽车制造业属于强创新行业，其研发投入强度和人均人力资本投入都超过均值；化学原料和化学品制造业、有色金属冶炼业、非金属矿物制品业、金属制品业、食品加工制造业、纺织服装业属于弱创新行业，行业平均研发投入和人力资本投入均低于整体均值；仪器仪表制造业、电气机械及器材制造业、橡胶和塑料制造业和医药制造业属于高研发投入行业，仪器仪表研发强度在所有行业中最高，电气机械和器材的人均人力资本投入已接近均值；仅有黑色金属冶炼业属于高人力资本投入行业。

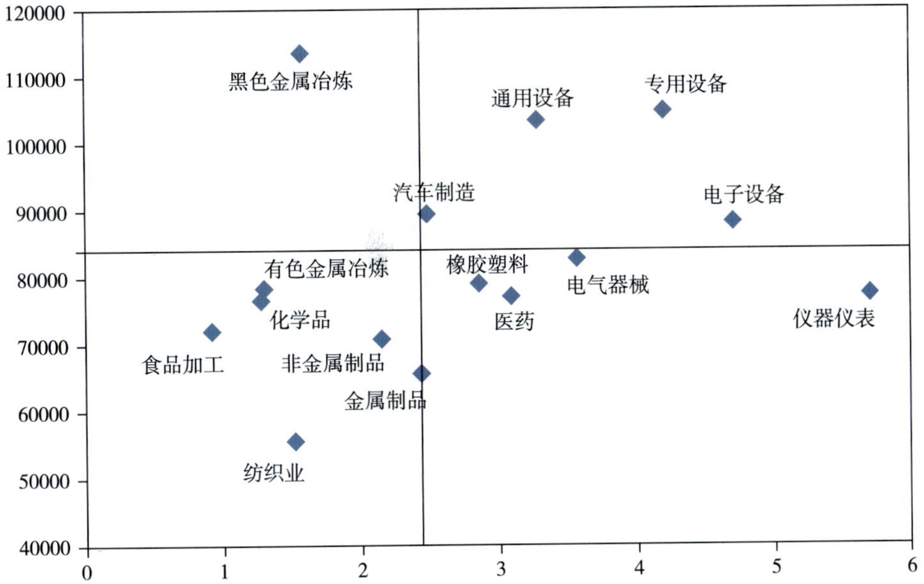

图6.3　2012～2014年各制造业创新能力分布

6.3.2　各制造业的企业创新能力分布

对各个制造业的上市企业分别进行二维分析，可以得到各行业的企业创新能力分布状态，各行业的强创新能力企业详见附表。结果显示，仪器仪表制造业、非金属矿物制品业、金属制品业和纺织服装业的强创新能力企业比重较高，均约有 1/3 的企业是强创新能力企业，企业创新活跃度高，属于创新活跃行业；汽车制造业、金属制品业、通用设备制造业、化学原料和化学品制造业、非金属矿物制品业、金属制品业、电气机械和器材制造业、橡胶和塑料制品业的高研发企业（包括强创新能力企业和高研发投入企业）比重较高，均有 60% 以上的企业研发投入强度超过行业均值，其中汽车制造业的比重达到 83.6%，属于研发活跃行业。

表 6.4　　2012～2014 年各制造行业企业创新能力分布状态（%）

行业	强创新能力企业	高研发投入企业	高人力资本投入企业	弱创新能力企业
电气机械和器材制造业	21.1	42.1	4.6	32.2
通用设备制造业	14.1	54.4	8.7	22.8
专用设备业	13.8	37.7	16.2	32.3
计算机及其他电子设备制造业	26.7	29.7	9.9	33.7
仪器仪表制造业	36.7	16.7	13.3	33.3
汽车制造业	24.7	58.9	8.2	8.2
医药制造业	22.7	40.2	13.6	23.5
化学原料和化学品制造业	25.4	50.3	6.8	17.5
橡胶和塑料制品业	27.7	34.0	12.8	25.5
黑色金属冶炼和压延加工业	6.2	6.2	43.8	43.8
有色金属冶炼和压延加工业	23.4	34.0	14.9	27.7
金属制品业	33.3	36.1	22.3	8.3
非金属矿物制品业	36.2	41.4	6.9	15.5
食品加工制造业	24.3	23.0	25.7	27.0
纺织服装业	31.4	20.4	20.4	27.8
合计	23.1	39.3	11.3	26.3

①电气机械和器材制造业。152 家电气机械和器材制造业上市企业中，有 32 家属于强创新能力企业，约为 1/5；51 家属于弱创新能力企业，接近 1/3；64 家属于高研发投入企业，占 42.1%；7 家高人力资本投入企业。

②通用设备制造业。92 家通用设备制造业上市企业中，有 13 家强创新能力企业，占 14.1%；21 家弱创新能力企业，占 22.8%；50 家高研发投入企

业，超过一半；8 家高人力资本企业，占 8.7%。

③专用设备制造业。130 家专用设备制造业企业中，有 18 家是强创新能力企业，占 13.8%；42 家弱创新能力企业，占 32.3%；49 家高研发投入企业，占 37.7%；21 家高人力资本投入企业，占 16.2%。

④计算机、通信及其他电子设备制造业。202 家计算机、通信及其他电子设备制造业上市企业中，有 54 家是强创新能力企业，占 26.7%；68 家弱创新能力企业，占 33.7%；60 家高研发投入企业，占 29.7%；20 家高人力资本投入企业，占 9.9%。

⑤仪器仪表制造业。30 家仪器仪表制造业上市企业中，有 11 家强创新能力企业，占 36.7%；有 10 家是弱创新能力企业，占 33.3%；高研发投入企业 5 家，高人力资本投入 4 家，分别占 16.7% 和 13.3%。

⑥汽车制造业。73 家汽车制造业上市企业中，有 18 家是强创新能力企业，占 24.7%；43 家高研发投入企业，占 58.9%；高人力资本投入企业和弱创新能力企业均 6 家，各占 8.2%。

⑦医药制造业。132 家医药制造业上市公司企业中，有 30 家是强创新能力企业，占 22.7%；31 家是弱创新能力企业，占 23.5%；53 家高研发投入企业，占 40.2%；18 家高人力资本投入企业，占 13.6%。

⑧化学原料和化学品制造业。177 家包含石油化工和化纤制造的化学原料和化学品制造业上市企业中，有 45 家是强创新能力企业，占 25.4%；31 家是弱创新能力企业，占 18.1%；89 家高研发投入企业，占一半多；12 家高人力资本投入企业，占 6.8%。

⑨橡胶和塑料制品业。47 家橡胶和塑料制品业上市企业中，13 家是强创新能力企业，占 27.7%；12 家属于弱创新能力企业，占 25.5%；16 家是高研发投入企业，占 34.0%；6 家高资本投入企业，占 12.8%。

⑩黑色冶炼和压延加工业。16 家样本企业中仅有宝钢股份一家属于强创新能力企业，弱创新能力企业和高人力资本投入企业均有 7 家，各占 43.8%；高研发投入企业也仅有一家。

⑪有色金属冶炼和压延加工业。47 家有色金属冶炼上市企业中，有 11 家是强创新能力企业，占 23.4%；13 家弱创新能力企业，占 27.7%；高研发投

入企业 16 家，占 34.0%；高人力资本投入企业 7 家，占 14.9%。

⑫金属制品业。36 家金属制品业上市企业中，有 12 家是强创新能力企业，占 1/3；有 3 家是弱创新能力企业，占 8.3%；高研发投入企业 13 家，占 36.1%；8 家是高人力资本投入企业，占 22.3%。

⑬非金属矿物制品业。58 家非金属矿物制品业上市企业中，有 21 家是强创新能力企业，占 36.2%；9 家是弱创新能力企业，占 15.5%；24 家是高研发投入企业，占 41.4%；4 家是高人力资本投入企业，占 6.9%。

⑭食品加工制造业。74 家农副产品加工、酒水饮料及食品制造业上市企业中，有 18 家是强创新能力企业，占 24.3%；有 20 家是弱创新能力企业，占 27.0%；17 家高研发投入企业，占 23.0%；19 家高人力资本投入企业，占 25.7%。

⑮纺织服装业。54 家纺织和服装服饰上市企业中，有 17 家是强创新能力企业，占 31.5%；有 15 家是弱创新能力企业，占 27.8%；高研发投入企业和高人力资本投入企业均为 11 家，各占 20.4%。

6.4 结论

6.4.1 为推进企业创新发展，制造业上市公司更加注重研发投入，而对人力资本投入的重视不够

2012 年以来，制造业上市公司营业收入增幅快速下降，由过去长期保持两位数增长下滑到 2014 年仅增长 4.9%，其中专用设备制造业、化学原料和化学品制造业、黑色金属冶炼业、金属制造业等四个行业甚至出现了负增长，而制造业上市公司的研发投入总体上仍保持着两位数增长。一些行业收入增幅下降了，研发投入增幅反而上升了，如通用设备制造行业，收入增幅由 2013 年的 3.5% 下降到 2014 年的 2.2%，研发投入则从 6.3% 提高到 17.6%。这充分说明了在经济下行的压力下，在国家鼓励创新发展的政策引导下，制造业企业越来越注重研发投入在转型升级中的作用。

与研发投入保持快速增长相反，制造业上市公司人均人力资本投入增长缓慢。总体上低于同期全国城镇居民可支配收入的增长，有的行业尽管收入保持

快速增长，但人均人力资本投入却是负增长，如汽车制造业，2012～2014年汽车制造业上市公司收入增长了31.2%，而人均人力资本投入却下降了1.0%。这表明我国企业更舍得研发投入，而不舍得人力资本的投入，还未充分认识到通过人力资本的结构调整，来保障研发投入的有效性和创新产出的经济性。未来推动我国企业转型升级和创新发展，既要鼓励企业保持较高的研发投入增长，同时也要让企业转变观念，引导企业加强对人力资本的投入。

6.4.2　各制造业的企业创新能力分布差异较大，要根据不同行业的企业创新能力分布实施差异化的创新策略

一些行业已成为国内的强创新行业，行业研发强度和人均人力资本投入都比较高，但行业内企业创新活跃度较低，如通用设备制造业、专用设备制造业、计算机及其他电子设备制造业等三个行业，强创新能力企业比重低。提升这些行业的创新活跃度，重点是要推进行业内企业加强人力资源结构调整，尤其是高研发投入企业要更加注重人力资本的投入，使得研发投入更有效率。

一些行业的企业创新活跃度或研发活跃度高，但行业研发强度和人均人力资本投入都比较低，在国内制造业中处于弱创新地位，如化学原料和化学品制造业、金属制品业、非金属矿物制品业等。这些行业中的企业创新意愿高，有很高比例的企业愿意通过加大研发投入和人力资本投入来推动企业转型升级，但整体水平比较低，原因是缺乏人才、技术、管理等高端要素，产业整体处于低端。提升这些行业的创新能力，重点是要推动这些行业高端化发展，要在高端生产要素提供上着力。

6.4.3　强创新能力企业中民营控股企业占绝大多数，国家创新政策制定要充分考虑这种特征

在全部319家强创新能力企业中，国有股东作为实际控制人的仅有91家，不到1/3，剩下的有几家是集体和外资企业，其余70%多为民营控股企业。国有高创新能力企业比例较高的行业主要有通用设备制造、汽车制造、金属冶炼和食品加工等四个行业，譬如在通用设备制造业，有一半以上的高创新能力上市企业是国有控制。在仪器仪表制造、计算机及其他电子设备制造、专用设备制造、非金属矿物制品、橡胶和塑料制品、化学原料和化学品制造、医药制造、纺织服装等领域，国有创新能力企业比例非常低，如仪器仪表制造业，没

有一家是国有控制企业。国家制定创新政策要尽量考虑行业创新能力在不同类型企业间的分布状态，因情施策，让所有强创新能力企业都能充分享受国家创新支持政策。

附：制造业强创新能力上市公司列表（2012～2014年）

公司名称（证券代码）	研发强度（%）	人均人力资本投入（元/年）
	电气机械和器材制造业	
特发信息（000070）	4.16	84316
许继电气（000400）	5.09	112541
思源电气（002028）	7.22	112669
横店东磁（002056）	4.23	97516
金智科技（002090）	8.48	132909
智光电气（002169）	4.84	101846
海得控制（002184）	3.57	84116
英威腾（002334）	11.37	102354
积成电子（002339）	5.45	126845
北京科锐（002350）	4.84	101333
科远股份（002380）	12.86	112686
新时达（002527）	7.12	126362
天顺风能（002531）	3.77	216624
大连电瓷（002606）	3.66	86367
华声股份（002670）	4.66	90919
良信电器（002706）	5.69	133542
海洋王（002724）	6.59	136738
中元华电（300018）	10.97	99708
龙源技术（300105）	7.84	177637
汇川技术（300124）	9.97	120608
燃控科技（300152）	4.59	97113
科大智能（300222）	8.10	85657

续表

公司名称（证券代码）	研发强度（%）	人均人力资本投入（元/年）
阳光电源（300274）	4.79	137109
光一科技（300356）	5.94	101408
凯发电气（300407）	6.57	109630
特变电工（600089）	4.37	96764
国电南自（600268）	4.59	133560
保变电气（600550）	5.14	99084
四方股份（601126）	10.66	141109
中国西电（601179）	3.92	103249
陕鼓动力（601369）	8.78	219380
广电电气（601616）	3.68	126247
通用设备制造业		
大冷股份（000530）	5.16	124347
烟台冰轮（000811）	4.62	119289
云内动力（000903）	4.23	98189
汉钟精机（002158）	4.62	116788
江苏神通（002438）	5.12	115637
润邦股份（002483）	4.43	101285
机器人　（300024）	3.76	101943
智云股份（300097）	3.96	100125
华中数控（300161）	14.37	136359
海立股份（600619）	3.27	174848
昆明机床（600806）	4.77	123710
上柴股份（600841）	3.99	168678
江南嘉捷（601313）	3.81	106128
专用设备业		
中联重科（000157）	4.22	128838
众合科技（000925）	5.56	160099
大族激光（002008）	6.33	104441
御银股份（002177）	7.19	140604
大连重工（002204）	4.55	107390

续表

公司名称（证券代码）	研发强度（%）	人均人力资本投入（元/年）
神开股份（002278）	8.22	106410
阳普医疗（300030）	7.90	111670
华力创通（300045）	30.77	184365
理邦仪器（300206）	25.39	131357
冠昊生物（300238）	16.72	149347
慈星股份（300307）	4.96	112992
凯利泰　（300326）	9.36	123134
津膜科技（300334）	6.34	129092
三一重工（600031）	5.31	138290
华润万东（600055）	6.73	119850
太原重工（600169）	6.87	110681
金自天正（00560）	4.95	167063
中信重工（601608）	9.13	110651
计算机、通信和其他电子设备制造业		
中兴通讯（000067）	6.84	165851
闽福发 A（000547）	8.81	92563
烽火电子（000561）	11.64	97462
京东方　（000725）	6.39	104084
中科三环（000970）	5.06	92403
浪潮信息（000977）	5.90	119030
航天电器（002025）	9.31	134527
苏州固锝（002079）	5.47	116261
新海宜　（002089）	7.45	90285
恒宝股份（002104）	7.09	112503
莱宝高科（002106）	5.67	112904
三维通信（002115）	10.97	99105
远望谷　（002161）	9.73	96083
大立科技（002214）	10.73	91560
奥维通信（002231）	7.56	91465
大华股份（002236）	9.34	175422

续表

公司名称（证券代码）	研发强度（%）	人均人力资本投入（元/年）
辉煌科技（002296）	8.78	113440
威创股份（002308）	12.60	196084
汉王科技（002362）	16.07	143071
七星电子（002371）	23.88	93615
合众思壮（002383）	16.62	139057
星网锐捷（002396）	14.66	119560
海康威视（002415）	8.04	140620
*ST 元达（002417）	9.45	91270
海格通信（002465）	14.53	125475
英飞拓　（002528）	14.36	209589
海能达　（002583）	12.77	117482
朗科科技（300042）	4.93	108877
海兰信　（300065）	8.04	119164
国民技术（300077）	39.67	213955
数码视讯（300079）	34.33	123379
振芯科技（300101）	22.11	89801
信维通信（300136）	9.19	148971
安居宝　（300155）	7.81	101130
天喻信息（300205）	9.75	102568
佳讯飞鸿（300213）	7.53	181657
北京君正（300223）	54.40	158574
星星科技（300256）	6.21	89868
中威电子（300270）	16.11	98829
中颖电子（300327）	19.77	197543
苏大维格（300331）	9.74	88683
南大光电（300346）	9.27	180764
东土科技（300353）	15.09	137616
东方网力（300367）	11.49	121028
天和防护（300397）	7.69	93658
上海贝岭（600171）	11.59	245902

续表

公司名称（证券代码）	研发强度（%）	人均人力资本投入（元/年）
大唐电信（600198）	10.65	114090
*ST 海润（600401）	5.41	93006
士兰微　（600460）	10.41	103813
信威集团（600485）	12.97	125426
烽火通信（600498）	10.62	118418
仪电电子（600602）	5.91	177286
南京熊猫（600775）	5.16	100021
新疆众和（600888）	6.93	95574
汽车制造业		
潍柴动力（000338）	4.23	117748
江铃汽车（000550）	5.63	94209
威孚高科（000581）	4.04	131375
长安汽车（000625）	4.41	110875
*ST 夏利（000927）	4.07	110384
宁波华翔（002048）	2.52	121051
特尔佳　（002213）	5.06	105723
松芝股份（002454）	4.64	102487
天汽模　（002510）	5.25	101076
登云股份（002715）	4.43	98969
鸿特精密（300176）	3.12	126009
云意电气（300304）	5.81	103768
东风汽车（600006）	3.15	120815
宇通客车（600066）	3.80	106078
长春一东（600148）	3.73	87073
福田汽车（600166）	4.77	108823
江淮汽车（600418）	3.75	98659
中安消　（600654）	6.62	118194
医药制造业		
ST 生化　（000403）	4.33	106327
长春高新（000661）	5.46	87300

续表

公司名称（证券代码）	研发强度（%）	人均人力资本投入（元/年）
富邦股份（300387）	5.64	93071
飞凯材料（300398）	6.41	100857
万华化学（600309）	3.51	131903
上海家化（600315）	2.64	287062
天利高新（600339）	2.12	105211
浙江龙盛（600352）	3.42	98052
天科股份（600378）	3.28	159433
三友化工（600409）	1.74	76805
华鲁恒升（600426）	3.55	84692
新安股份（600596）	2.21	89002
三爱富　（600636）	4.25	199891
钱江生化（600796）	3.92	95157
新奥股份（600803）	1.57	77684
内蒙君正（601216）	3.65	78098
橡胶和塑料制品业		
中鼎股份（000887）	3.11	131557
永新股份（002014）	4.62	91567
通产丽星（002243）	5.00	92668
普利特　（002324）	3.35	85328
康得新　（002450）	3.22	76675
金利科技（002464）	3.53	89171
浙江众成（002522）	3.98	90200
安利股份（300218）	5.12	93225
永利带业（300230）	5.32	90189
裕兴股份（300305）	4.02	86398
德威新材（300325）	4.18	76883
鹏翎股份（300375）	3.24	85635
时代新城（600623）	4.97	121939
黑色金属冶炼业和压延加工业		
宝钢股份（600019）	1.97	254367

续表

公司名称（证券代码）	研发强度（%）	人均人力资本投入（元/年）
有色金属冶炼业和压延加工业		
铜陵有色（000630）	1. 82	89032
西部材料（002149）	5. 68	123882
常铝股份（002160）	3. 17	94297
恒邦股份（002237）	3. 26	99178
亚太科技（002540）	3. 73	82391
金贵银业（002716）	2. 49	213480
钢研高纳（300034）	3. 73	131158
有研新材（600206）	9. 98	136830
江西铜业（600362）	1. 34	115681
宝钛股份（600456）	1. 95	79934
贵研铂业（600459）	1. 98	135355
金属制品业		
方大集团（000055）	5. 15	65745
安泰科技（000969）	4. 41	99078
海鸥卫浴（002084）	4. 37	93905
久立特材（002318）	2. 93	75877
东山精密（002384）	2. 95	71671
金洲管道（002443）	3. 46	67193
常宝股份（002478）	3. 92	80465
宝馨科技（002514）	5. 78	76942
春兴精工（002547）	4. 11	69255
扬子新材（002652）	3. 32	73199
宜安科技（300328）	5. 35	68446
红宇新材（300345）	9. 15	68743
非金属矿物制品业		
南玻集团（000012）	2. 58	76355
天山股份（000877）	4. 57	84968
中材科技（002080）	5. 26	83401
斯米克　（002162）	3. 53	183564

续表

公司名称（证券代码）	研发强度（%）	人均人力资本投入（元/年）
九鼎新材（002201）	3.04	85210
东方雨虹（002271）	4.11	105467
博云新材（002297）	6.61	75187
柘中股份（002346）	6.57	71575
当升科技（300073）	4.92	79001
秀强股份（300160）	3.43	96453
四方达　（300179）	8.62	77608
长海股份（300196）	3.17	186164
正海磁材（300224）	4.00	76457
开尔新材（300234）	4.73	76322
太空板业（300344）	8.39	82778
道氏技术（300409）	6.45	89349
金晶科技（600586）	2.67	72074
棱光实业（600629）	4.56	126266
中技控股（600634）	2.30	112257
福耀玻璃（600660）	3.30	73270
耀皮玻璃（600819）	2.34	169526
食品加工制造业		
古井贡酒（000596）	3.79	151883
五粮液　（000858）	0.95	97754
珠江啤酒（002461）	3.71	79393
伊力特　（600197）	1.57	118670
贵州茅台（600519）	2.17	197549
金枫酒业（600616）	4.95	159581
康达尔　（000048）	1.24	82149
西王食品（000639）	3.25	76265
海欣食品（002702）	3.16	111871
皇氏集团（002329）	1.26	75823
双塔食品（002481）	4.48	121427
贝因美　（002570）	1.40	98373

当前，我国经济正处于“三期叠加”的特定阶段，经济发展步入新常态。面对错综复杂的国际国内环境，我国经济下行压力依然较大，一些企业经营困难、经济增长新动力不足和旧动力减弱的结构性矛盾依然突出。为了解在此背景下企业的现实状况及企业经营者对未来发展的信心，了解他们对企业外部环境的评价、对宏观经济政策的看法以及进一步加快经济转型的意见和建议，为政府决策提供参考依据，2015 年 8 月至 10 月，中国企业家调查系统组织实施了“2015 · 中国企业经营者问卷跟踪调查”。

本次调查是由中国企业家调查系统组织的第 23 次全国性企业经营者年度跟踪调查，得到了国务院发展研究中心公共管理与人力资源研究所、国务院研究室工交贸易研究司、国务院国有资产监督管理委员会企业分配局、国家统计局国民经济综合统计司、中国企业联合会研究部[①]、国家发展和改革委员会国民经济综合司、人力资源和社会保障部人力资源市场司、人力资源和社会保障部法规司、商务部政策研究室、国家税务总局收入规划核算司、中国证券监督管理委员会公司债券监管部、中国物流与采购联合会等有关部门的支持和指导。与前 22 次年度跟踪调查一样，本次调查以企业法人代表为主的企业经营者群体为调查对象，参考我国经济结构，按行业进行分层随机抽样。

调查采用邮寄问卷的方式进行，于 8 月 10 日发放问卷，截至 9 月 28 日共回收问卷 2819 份，其中有效问卷 2526 份。通过部分未填写问卷与填写问卷企业的对比分析，未发现存在系统偏差。为使调查分析更为全面和深入，本报告还采用了中国企业家调查系统以往的调查结果。

本次调查主要涉及制造业、批发和零售业、建筑业、信息传输软件和信息技术服务业、租赁和商务服务业、房地产业、农林牧渔业、交通运输仓储和邮政业、电力热力燃气及水的生产和供应业、采矿业等行业，上述行业的企业所

① 以上 5 家部门为中国企业家调查系统发起成立单位。

表 7.3　　调查对象基本情况（%）

性别	男	92.0	文化程度	初中或以下	3.5
	女	8.0		中专、高中	14.5
年龄	44 岁及以下	21.6		大专	37.6
	45～49 岁	15.7		大学本科	30.8
	50～54 岁	19.6		硕士	12.5
	55 岁及以上	43.1		博士	1.1
	平均年龄（岁）	52.6			
所学专业	文史哲法律	6.3	现任职务	董事长	60.1
	经济	18.1		总经理	45.0
	管理	41.0		厂长	4.0
	理工农医	21.7		党委书记	9.0
	其他	12.9		其他	9.9

注：由于存在职务兼任情况，因此现任职务比例合计大于 100%。

本报告的主要结论：

在我国宏观经济温和换挡的背景下，企业产销增长持续下滑，价格持续下跌，去库存化仍在继续；不过由于原材料成本下跌和创新成效渐显等因素的影响，企业盈利基本平稳。总体来看，今年以来企业景气温和回落，结构分化十分明显，主要表现为以 IT、医药、仪器仪表为代表的高技术企业和现代服务业，在订货、盈利、用工和未来投资意愿等方面明显好于全行业平均水平，更大幅好于煤炭、钢铁、有色、水泥等资源密集型行业。从对未来的预期看，企业经营者预计未来市场需求仍呈弱势，产品价格下跌的压力依然较大，投资计划增长滞缓，不过调查同时发现，企业订货降势趋缓，企业盈利趋于改善，企业经营者对未来企业综合经营状况持谨慎乐观态度。

企业经营者认为，当前企业发展面临的困难和挑战依然十分严峻。一是产能过剩问题更加突出，设备利用率仍在下降，企业面临的市场竞争压力明显加大；二是企业成本持续上升，特别是人工成本和环保支出上升较多，同时企业的税收负担和非税费用有所增加，企业经营负担加重；三是中小企业融资依然十分困难，企业应收账款较高，资金紧张状况没有明显缓解。

在企业面临诸多困难及经济增速换挡的同时，我国的经济结构呈现不断优化态势，增长动力开始发生变化，质量效率有所提高。调查分析发现，一方面，以IT、医药、仪器仪表为代表的新产业正逐步替代煤炭、钢铁、有色、水泥等资源密集型的传统产业，成为经济增长的主要引擎；另一方面，企业创新成效逐渐显现，企业能耗有所下降，新产品销售收入占比持续增加。随着经济结构的优化和增长动力的转换，多数企业经营者已经意识到创新的紧迫性和重要性，企业家的创新动力有所增强，创新投入持续增加，对大学及以上学历毕业生的用工需求持续增长，自主创新意愿有所提升。

调查发现，企业经营者期望：保持宏观经济政策的连续性和稳定性；加快落实和尽快出台与支持和鼓励企业发展有关的一系列法规和政策，积极推进各项改革，大力减轻企业税费负担，进一步完善混合所有制改革的相关政策，引导证券市场健康有序发展，稳步推进包括人民币国际化在内的金融市场开放政策，为企业转型和“大众创业、万众创新”创造良好的外部环境，在转变经济发展方式、优化经济结构、改善生态环境、提高发展质量和效益中实现经济增长。

7.1 对宏观经济形势的判断及企业经营状况的评价

7.1.1 企业景气温和回落，企业家信心有所减弱，结构分化十分明显

关于目前企业的综合经营状况，调查结果显示，认为综合经营状况“良好”的企业经营者占23.6%，认为“一般”的占54.8%，认为“不佳”的占21.6%；认为“良好”的比认为“不佳”的多2个百分点，这一数据略低于2013年和2014年的调查结果，但仍好于2009年一季度和2014年上半年的调查结果。调查表明，目前企业经济温和回落（见表7.4）。

调查发现，不同类型企业的景气状况呈现明显分化态势。从不同地区看，“长三角”和“京津冀”地区企业的经营状况明显好于“珠三角”地区企业；从不同规模看，大型企业经营状况明显好于中小企业（见表7.4）。

续表

	目前经营状况			良好-不佳				
	良好	一般	不佳	2015	2014	2013	2012	2011
通用设备制造业	13.7	46.4	39.9	-26.2	-10.4	-0.9	-12.2	29.7
专用设备制造业	19.7	46.1	34.2	-14.5	2.6	8.6	-2.0	31.8
汽车制造业	14.5	54.9	30.6	-16.1	16.9	12.5	-15.4	—
铁路、船舶、航空航天及其他运输设备制造业	12.5	75.0	12.5	0.0	-10.5	-25.0	-2.8	—
电气机械及器材制造业	31.0	39.2	29.8	1.2	7.8	9.5	1.8	16.1
计算机、通信及其他电子设备制造业	25.0	59.6	15.4	9.6	26.5	19.7	-10.4	11.0
仪器仪表制造业	32.4	52.9	14.7	17.7	25.7	20.9	20.8	33.3

注："—"表示该年度没有涉及此项调查内容，空白处表示答题者未选择此项。以下同。

此外，从各行业目前的形势来看，农林牧渔业、电力热力燃气及水的生产和供应业、信息传输软件和信息技术服务业、住宿和餐饮业、租赁和商务服务业以及制造业中的医药等行业相对较好，认为目前形势"良好"的企业要多于"不佳"的，而采矿业以及制造业中的纺织、服装、化纤、非金属制品、钢铁、有色金属、通用设备和汽车等行业则相对较差，认为目前形势"良好"的比"不佳"的少40个百分点以上（见表7.6）。

表7.6　　企业所在行业目前的形势（%）

	良好	一般	不佳	良好-不佳
总体	16.5	45.6	37.9	-21.4
农林牧渔业	30.0	46.0	24.0	6.0
采矿业	5.0	35.0	60.0	-55.0
制造业	12.1	43.7	44.2	-32.1
电力、热力、燃气及水的生产和供应业	45.5	50.0	4.5	41.0
建筑业	15.9	46.0	38.1	-22.2
交通运输、仓储和邮政业	9.8	58.5	31.7	-21.9
信息传输、软件和信息技术服务业	40.2	45.7	14.1	26.1
批发和零售业	15.8	52.0	32.2	-16.4
住宿和餐饮业	28.2	51.3	20.5	7.7
房地产业	6.8	57.6	35.6	-28.8

续表

	良好	一般	不佳	良好－不佳
租赁和商务服务业	28.6	58.5	12.9	15.7
食品、酒及饮料制造业	17.9	53.8	28.3	－10.4
纺织业	10.6	32.7	56.7	－46.1
纺织服装、服饰业	4.4	40.0	55.6	－51.2
造纸及纸制品业	4.8	71.4	23.8	－19.0
化学原料及化学制品制造业	9.1	46.2	44.7	－35.6
医药制造业	22.2	61.1	16.7	5.5
化学纤维制造业	12.5	25.0	62.5	－50.0
橡胶及塑料制品业	7.3	54.9	37.8	－30.5
非金属矿物制品业	1.9	39.8	58.3	－56.4
黑色金属冶炼及压延加工业		32.1	67.9	－67.9
有色金属冶炼及压延加工业	15.4	26.9	57.7	－42.3
金属制品业	8.3	50.4	41.3	－33.0
通用设备制造业	7.2	34.9	57.9	－50.7
专用设备制造业	19.1	36.2	44.7	－25.6
汽车制造业	6.5	27.4	66.1	－59.6
铁路、船舶、航空航天及其他运输设备制造业	16.7	45.8	37.5	－20.8
电气机械及器材制造业	16.9	45.8	37.3	－20.4
计算机、通信及其他电子设备制造业	15.4	57.7	26.9	－11.5
仪器仪表制造业	21.2	51.5	27.3	－6.1

企业经营者对企业现状的满意程度也从一个侧面反映了目前企业的综合经营状况。调查结果显示，对企业现状“非常满意”或“比较满意”的企业经营者占28.3%，比2014年下降了6.5个百分点，其中“非常满意”占0.9%，“比较满意”占27.4%；“一般”的占38.4%，“不太满意”或“很不满意”的占33.3%。以5分制计算，企业经营者对企业现状满意度的评价值为2.9，低于中值3，为2010年调查以来的较差水平（略好于2012年调查结果）。其中，中西部地区企业、中小企业、外资企业和民营企业的企业经营者对企业现状的满意度评分较低，而东部地区企业、大型企业、国有及国有控股公司的评分则相对较高（见表7.7）。

表 7.7　　对企业现状的总体感受（%）

	年份	非常满意	比较满意	一般	不太满意	很不满意	评价值
总体	2015	0.9	27.4	38.4	27.1	6.2	2.90
	2014	1.4	33.4	34.4	26.3	4.5	3.01
	2013	1.3	30.6	37.4	25.9	4.8	2.98
	2012	1.2	25.2	33.5	32.9	7.2	2.80
	2011	1.6	36.3	34.8	23.1	4.2	3.08
	2010	1.9	43.0	30.7	21.0	3.4	3.19
东部地区企业		0.9	27.5	39.1	26.8	5.7	2.91
中部地区企业		1.0	27.0	37.4	28.2	6.4	2.88
西部地区企业		0.5	27.7	37.8	26.5	7.5	2.87
大型企业		2.1	45.6	30.5	18.1	3.7	3.24
中型企业		1.1	30.4	38.7	24.9	4.9	2.98
小型企业		0.6	23.5	39.5	29.3	7.1	2.81
国有及国有控股公司			38.0	29.4	26.7	5.9	3.00
外商及港澳台投资企业			29.7	35.2	28.8	6.3	2.88
民营企业		1.0	25.0	39.3	28.3	6.4	2.86

注：评价值是由（“非常满意”×5＋“比较满意”×4＋“一般”×3＋“不太满意”×2＋“很不满意”）/100 计算得出的，最高为 5 分，最低为 1 分，分值越高，表示对企业现状越满意，反之则越不满意。

企业景气的回落影响了企业经营者对当前宏观经济形势的判断。调查结果显示，认为目前宏观经济“偏冷”的企业经营者占 51.3%，认为“过冷”的占 9.4%，两者合计比重比 2014 年上升了 9.7 个百分点，为 2005 年以来的最差；认为“偏热”或“过热”的占 3.6%，认为“正常”的占 27.9%，认为“尚难判断”的占 7.8%（见图 7.1、表 7.8）。

表 7.8　　2005～2015 年企业经营者对宏观经济运行的总体判断（%）

年份	过热	偏热	正常	偏冷	过冷	尚难判断
2015	0.6	3.0	27.9	51.3	9.4	7.8
2014	0.4	3.9	39.5	46.9	4.1	5.2
2013	1.7	9.7	34.0	43.1	3.4	8.1
2012	1.4	8.5	23.2	49.5	7.7	9.7
2011	5.1	29.9	28.1	23.6	1.9	11.4

续表

	过热	偏热	正常	偏冷	过冷	尚难判断
2010	2.7	30.5	47.3	10.2	0.3	9.0
2009	1.8	20.7	39.5	24.6	0.6	12.8
2008	3.6	26.1	29.1	27.2	1.6	12.4
2007	8.7	57.0	29.4	1.9	0.0	3.0
2006	3.8	44.9	42.0	4.4	0.1	4.8
2005	2.6	25.9	49.4	14.9	0.6	6.6

注：0.0 表示答题者选择了此项，但选择比重小于 0.05%。以下同。

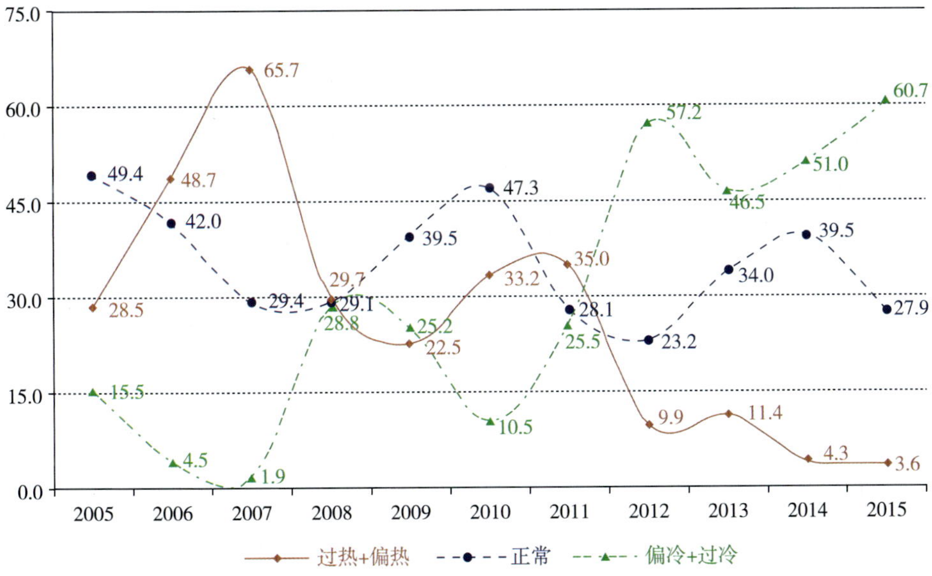

图 7.1　2005～2015 年企业经营者对宏观经济运行的总体判断（%）

调查结果显示，认为当前宏观经济形势“很差”或“较差”的企业经营者占 43.7%，比 2014 年上升了 15.5 个百分点，为 2008 年以来的较差水平，仅略好于 2012 年的调查结果；认为“一般”的占 38.1%；认为“很好”或“较好”的占 17.6%，比 2014 年下降了 6.1 个百分点（见表 7.9）。

调查发现，企业经营者认为当前经济“偏冷”或“过冷”的比重，以及经济形势“较差”或“很差”的比重均明显上升，这在一定程度上表明，企业家的信心有所回落。

表7.9　　企业经营者对当前宏观经济形势的判断（%）

年份	很好	较好	一般	较差	很差
2015	1.6	16.0	38.1	35.1	8.6
2014	1.7	22.0	48.1	24.6	3.6
2013	1.7	18.7	48.7	26.7	4.2
2012	1.3	13.3	38.1	37.4	9.9
2011	2.4	28.9	43.9	21.0	3.8
2010	5.1	51.2	37.1	5.9	0.7
2009	3.1	36.9	46.7	12.4	0.9
2008	2.8	32.6	40.5	21.1	3.0

7.1.2　去库存延续，产销增长持续下滑，盈利基本平稳

在当前产能过剩的背景下，企业间的竞争不断加剧，导致产品销售价格持续下跌。调查结果显示，认为目前企业产品价格比去年同期“下降”的企业经营者占57.1%，“持平”的占36.3%，“上升”的占6.6%；价格“下降”的比“上升”的多50.5个百分点，比2014年多了12个百分点，为近五年来最差（见表7.10）。

从不同行业看，价格下跌较多的行业有：采矿业以及制造业中的化工、化纤、钢铁、金属制品、通用设备、汽车等，其价格“下降”的比“上升”的多70个百分点以上（见表7.10）。

表7.10　　相对于去年，不同行业企业目前的销售价格情况（%）

	年份	上升	持平	下降	上升-下降
总体	2015	6.6	36.3	57.1	-50.5
	2014	9.1	43.3	47.6	-38.5
	2013	13.7	41.1	45.2	-31.5
	2012	13.6	39.8	46.6	-33.0
	2011	34.9	36.6	28.5	6.4
农林牧渔业		14.3	42.9	42.8	-28.5
采矿业			5.0	95.0	-95.0
制造业		4.2	29.7	66.1	-61.9
电力、热力、燃气及水的生产和供应业		13.0	56.6	30.4	-17.4

续表

	上升	持平	下降	上升－下降
建筑业	5.0	52.0	43.0	－38.0
交通运输、仓储和邮政业	2.6	50.0	47.4	－44.8
信息传输、软件和信息技术服务业	22.0	54.9	23.1	－1.1
批发和零售业	10.3	39.9	49.8	－39.5
住宿和餐饮业	10.3	64.1	25.6	－15.3
房地产业	8.2	42.6	49.2	－41.0
租赁和商务服务业	13.6	54.6	31.8	－18.2
食品、酒及饮料制造业	11.1	45.1	43.8	－32.7
纺织业	5.8	34.6	59.6	－53.8
纺织服装、服饰业	4.4	46.7	48.9	－44.5
造纸及纸制品业	4.8	28.6	66.6	－61.8
化学原料及化学制品制造业	1.5	20.8	77.7	－76.2
医药制造业	8.1	56.8	35.1	－27.0
化学纤维制造业		18.8	81.2	－81.2
橡胶及塑料制品业	4.8	33.7	61.5	－56.7
非金属矿物制品业	1.9	28.2	69.9	－68.0
黑色金属冶炼及压延加工业		3.6	96.4	－96.4
有色金属冶炼及压延加工业	7.7	15.4	76.9	－69.2
金属制品业	1.9	19.4	78.7	－76.8
通用设备制造业	0.7	21.2	78.1	－77.4
专用设备制造业	4.6	21.9	73.5	－68.9
汽车制造业		24.2	75.8	－75.8
铁路、船舶、航空航天及其他运输设备制造业	4.3	34.8	60.9	－56.6
电气机械及器材制造业	1.2	33.3	65.5	－64.3
计算机、通信及其他电子设备制造业	5.8	28.8	65.4	－59.6
仪器仪表制造业	6.1	33.3	60.6	－54.5

采矿业、化工、化纤、钢铁等原材料产业产品价格的大幅下跌，也使得企业的物料采购价格明显下降。调查结果显示，认为目前物料采购价格“下降”的企业经营者占40.9%，“持平”的占38.2%，“上升”的占20.9%；认为“下降”的比“上升”的多20个百分点，而往年均是认为“下降”的要少于认为“上升”的。其中，东部地区企业和中型企业物料采购价格下降较多

（见表7.11）。

表7.11　　相对于去年，企业目前的物料采购价格情况（%）

	上升	持平	下降	上升-下降				
				2015	2014	2013	2012	2011
总体	20.9	38.2	40.9	-20.0	7.1	13.4	9.2	81.6
东部地区企业	16.3	38.5	45.2	-28.9	6.2	11.6	3.7	81.0
中部地区企业	27.8	36.4	35.8	-8.0	7.1	14.6	16.7	84.3
西部地区企业	27.3	40.0	32.7	-5.4	12.3	20.3	25.3	80.4
大型企业	20.2	41.6	38.2	-18.0	4.6	16.3	10.8	82.2
中型企业	19.3	38.3	42.4	-23.1	7.3	12.6	7.2	83.8
小型企业	21.6	37.7	40.7	-19.1	7.3	13.0	9.9	80.0

在产品价格大幅下跌的同时，企业的库存略低于前几年，这表明目前企业正处于去库存的过程中。调查结果显示，认为目前企业的产成品库存“正常”或“低于正常”的企业经营者占77.5%，比2014年上升了2.5个百分点，为近四年的最高；认为“高于正常”的占22.5%（见表7.12）。

从不同行业看，库存相对较高的行业有：采矿业、房地产业以及制造业中的化纤、钢铁、通用设备、汽车等，库存“高于正常”的企业超过三成（见表7.12）。

表7.12　　企业目前的产成品库存情况（%）

	年份	高于正常	正常	低于正常	正常+低于正常
总体	2015	22.5	64.3	13.2	77.5
	2014	25.0	63.7	11.3	75.0
	2013	24.8	67.4	7.8	75.2
	2012	25.3	66.4	8.3	74.7
	2011	19.8	69.8	10.4	80.2
东部地区企业		21.5	65.6	12.9	78.5
中部地区企业		21.3	64.4	14.3	78.7
西部地区企业		27.5	59.5	13.0	72.5
大型企业		25.8	65.5	8.7	74.2
中型企业		24.4	63.8	11.8	75.6
小型企业		21.2	64.4	14.4	78.8

续表

	高于正常	正常	低于正常	正常+低于正常
农林牧渔业	16.7	72.9	10.4	83.3
采矿业	42.1	47.4	10.5	57.9
制造业	24.8	61.5	13.7	75.2
电力、热力、燃气及水的生产和供应业	4.8	90.4	4.8	95.2
建筑业	17.9	66.0	16.1	82.1
交通运输、仓储和邮政业	17.6	67.7	14.7	82.4
信息传输、软件和信息技术服务业	13.8	83.7	2.5	86.2
批发和零售业	20.2	65.3	14.5	79.8
住宿和餐饮业	7.9	86.8	5.3	92.1
房地产业	40.0	49.1	10.9	60.0
租赁和商务服务业	10.5	70.2	19.3	89.5
食品、酒及饮料制造业	18.4	65.3	16.3	81.6
纺织业	28.7	61.4	9.9	71.3
纺织服装、服饰业	17.8	71.1	11.1	82.2
造纸及纸制品业		100.0		100.0
化学原料及化学制品制造业	24.4	58.0	17.6	75.6
医药制造业	24.3	73.0	2.7	75.7
化学纤维制造业	37.5	50.0	12.5	62.5
橡胶及塑料制品业	19.5	62.2	18.3	80.5
非金属矿物制品业	29.0	57.0	14.0	71.0
黑色金属冶炼及压延加工业	50.0	42.9	7.1	50.0
有色金属冶炼及压延加工业	26.9	65.4	7.7	73.1
金属制品业	22.9	63.3	13.8	77.1
通用设备制造业	34.5	50.0	15.5	65.5
专用设备制造业	28.5	57.6	13.9	71.5
汽车制造业	33.9	50.0	16.1	66.1
铁路、船舶、航空航天及其他运输设备制造业	21.7	56.6	21.7	78.3
电气机械及器材制造业	18.1	67.4	14.5	81.9
计算机、通信及其他电子设备制造业	21.2	78.8		78.8
仪器仪表制造业	29.4	55.9	14.7	70.6

在去库存行为和价格下跌的相互影响下，企业的产销增长呈现持续下滑的态势。调查结果显示，认为目前企业的生产（服务）量比去年“减少”的企业经营者占43.6%，“持平”的占39.1%，“增加”的占17.3%；认为目前企业的销售量比去年“减少”的占50.8%，“持平”的占31.1%，“增加”的占18.1%。调查发现，认为目前企业产销量“减少”的比“增加”的分别多26.3和32.7个百分点，为2011年以来最差（见表7.13、表7.14）。

表7.13　　相对于去年，不同行业企业目前的生产（服务）量情况（%）

	年份	增加	持平	减少	增加－减少
总体	2015	17.3	39.1	43.6	－26.3
	2014	22.8	42.5	34.7	－11.9
	2013	26.6	38.6	34.8	－8.2
	2012	20.0	37.6	42.4	－22.4
	2011	33.6	40.1	26.3	7.3
农林牧渔业		22.4	51.1	26.5	－4.1
采矿业		10.0	40.0	50.0	－40.0
制造业		16.9	35.2	47.9	－31.0
电力、热力、燃气及水的生产和供应业		31.8	59.1	9.1	22.7
建筑业		10.4	40.8	48.8	－38.4
交通运输、仓储和邮政业		20.5	33.3	46.2	－25.7
信息传输、软件和信息技术服务业		32.2	50.0	17.8	14.4
批发和零售业		11.2	45.7	43.1	－31.9
住宿和餐饮业		13.2	44.7	42.1	－28.9
房地产业		3.4	56.9	39.7	－36.3
租赁和商务服务业		19.7	51.5	28.8	－9.1
食品、酒及饮料制造业		24.6	39.5	35.9	－11.3
纺织业		13.9	36.6	49.5	－35.6
纺织服装、服饰业		4.4	55.6	40.0	－35.6
造纸及纸制品业		10.0	40.0	50.0	－40.0
化学原料及化学制品制造业		19.5	32.8	47.7	－28.2
医药制造业		27.0	46.0	27.0	0.0
化学纤维制造业		6.3	37.5	56.2	－49.9

续表

	增加	持平	减少	增加－减少
橡胶及塑料制品业	15.9	34.1	50.0	－34.1
非金属矿物制品业	15.7	28.4	55.9	－40.2
黑色金属冶炼及压延加工业	7.1	21.4	71.5	－64.4
有色金属冶炼及压延加工业	19.2	38.5	42.3	－23.1
金属制品业	13.0	31.5	55.5	－42.5
通用设备制造业	9.4	29.5	61.1	－51.7
专用设备制造业	15.4	34.9	49.7	－34.3
汽车制造业	14.5	29.0	56.5	－42.0
铁路、船舶、航空航天及其他运输设备制造业	26.1	34.8	39.1	－13.0
电气机械及器材制造业	19.0	28.6	52.4	－33.4
计算机、通信及其他电子设备制造业	17.3	48.1	34.6	－17.3
仪器仪表制造业	21.2	36.4	42.4	－21.2

从不同行业看，生产（服务）量下滑较多的行业有：采矿业以及制造业中的造纸、化纤、非金属制品、钢铁、金属制品、通用设备、汽车等，生产（服务）量“增加”的企业比“减少”的少40个百分点以上；而电力热力燃气及水的生产和供应业、信息传输软件和信息技术服务业以及制造业中的医药、电子设备等行业则相对较好（见表7.13）。

表7.14　　　　相对于去年，不同行业企业目前的销售量情况（%）

	年份	增加	持平	减少	增加－减少
总体	2015	18.1	31.1	50.8	－32.7
	2014	25.0	33.0	42.0	－17.0
	2013	28.0	31.4	40.6	－12.6
	2012	21.0	30.6	48.4	－27.4
	2011	37.1	32.8	30.1	7.0
农林牧渔业		24.5	30.6	44.9	－20.4
采矿业		15.0	30.0	55.0	－40.0
制造业		17.0	28.4	54.6	－37.6
电力、热力、燃气及水的生产和供应业		36.4	40.9	22.7	13.7

续表

	增加	持平	减少	增加 - 减少
建筑业	8.1	35.0	56.9	-48.8
交通运输、仓储和邮政业	17.9	28.2	53.9	-36.0
信息传输、软件和信息技术服务业	35.2	39.8	25.0	10.2
批发和零售业	15.4	34.3	50.3	-34.9
住宿和餐饮业	22.0	34.1	43.9	-21.9
房地产业	8.3	33.3	58.4	-50.1
租赁和商务服务业	16.9	44.6	38.5	-21.6
食品、酒及饮料制造业	23.3	34.2	42.5	-19.2
纺织业	15.5	29.1	55.4	-39.9
纺织服装、服饰业	6.7	46.7	46.6	-39.9
造纸及纸制品业	4.8	38.1	57.1	-52.3
化学原料及化学制品制造业	17.4	27.3	55.3	-37.9
医药制造业	24.3	43.3	32.4	-8.1
化学纤维制造业	6.3	31.3	62.4	-56.1
橡胶及塑料制品业	17.1	24.4	58.5	-41.4
非金属矿物制品业	14.6	19.4	66.0	-51.4
黑色金属冶炼及压延加工业	10.7	14.3	75.0	-64.3
有色金属冶炼及压延加工业	23.1	23.1	53.8	-30.7
金属制品业	13.0	25.0	62.0	-49.0
通用设备制造业	8.7	20.0	71.3	-62.6
专用设备制造业	16.0	26.7	57.3	-41.3
汽车制造业	16.1	27.4	56.5	-40.4
铁路、船舶、航空航天及其他运输设备制造业	26.1	34.8	39.1	-13.0
电气机械及器材制造业	15.5	27.4	57.1	-41.6
计算机、通信及其他电子设备制造业	25.0	40.4	34.6	-9.6
仪器仪表制造业	23.5	35.3	41.2	-17.7

销售量下滑较多的行业有：房地产业以及制造业中的造纸、化纤、非金属制品、钢铁、通用设备等，销售量“增加”的企业比“减少”的少50个百分点以上；而电力热力燃气及水的生产和供应业、信息传输软件和信息技术服务

业则相对较好，销售量“增加”的企业比“减少”的多10个百分点以上（见表7.14）。

在产销量大幅下滑的同时，停产、半停产企业的比重比2014年有所上升。调查结果显示，关于目前企业的生产情况，回答“停产”或“半停产”的企业经营者占29%，比2014年多了5.2个百分点，为近五年来的最差；回答“正常运作”的占69.6%，回答“超负荷生产”的占1.4%，其中，小型企业“停产”、“半停产”的比重相对较高（见表7.15）。

表7.15 企业目前的生产状况（%）

	年份	超负荷生产	正常运作	半停产	停产
总体	2015	1.4	69.6	27.6	1.4
	2014	1.9	74.3	23.0	0.8
	2013	3.3	76.4	19.8	0.5
	2012	2.1	74.8	22.3	0.8
	2011	4.6	77.8	16.8	0.8
大型企业		1.6	83.8	14.2	0.4
中型企业		0.5	75.5	23.7	0.3
小型企业		1.6	65.2	31.2	2.0

从不同行业看，“停产”、“半停产”的比重相对较高的行业有：房地产业以及制造业中的非金属制品、钢铁、通用设备、汽车、电气机械等，“停产”、“半停产”的企业比重超过四成，这一结果从一个侧面反映出当前部分行业产能过剩的问题仍然突出（见表7.16）。

表7.16 不同行业企业目前的生产状况（%）

	年份	超负荷生产	正常运作	半停产	停产
总体	2015	1.4	69.6	27.6	1.4
	2014	1.9	74.3	23.0	0.8
	2013	3.3	76.4	19.8	0.5
	2012	2.1	74.8	22.3	0.8
	2011	4.6	77.8	16.8	0.8
农林牧渔业		6.1	75.5	18.4	
采矿业			61.9	28.6	9.5

续表

	超负荷生产	正常运作	半停产	停产
制造业	1.0	63.3	33.9	1.8
电力、热力、燃气及水的生产和供应业		95.7	4.3	
建筑业	0.8	73.8	25.4	
交通运输、仓储和邮政业	2.5	82.5	15.0	
信息传输、软件和信息技术服务业	6.7	84.4	8.9	
批发和零售业	0.5	82.5	16.5	0.5
住宿和餐饮业		84.6	15.4	
房地产业	1.7	56.6	36.7	5.0
租赁和商务服务业	4.1	89.1	6.8	
食品、酒及饮料制造业	0.7	65.2	32.7	1.4
纺织业		64.4	34.6	1.0
纺织服装、服饰业		82.2	17.8	
造纸及纸制品业		81.0	19.0	
化学原料及化学制品制造业	3.8	60.0	36.2	
医药制造业		81.1	18.9	
化学纤维制造业		62.4	31.3	6.3
橡胶及塑料制品业	3.8	67.1	29.1	
非金属矿物制品业	1.0	45.5	49.5	4.0
黑色金属冶炼及压延加工业		42.8	39.3	17.9
有色金属冶炼及压延加工业		61.6	34.6	3.8
金属制品业		69.7	26.6	3.7
通用设备制造业	0.7	52.0	45.9	1.4
专用设备制造业	1.3	61.2	36.8	0.7
汽车制造业		56.5	40.3	3.2
铁路、船舶、航空航天及其他运输设备制造业		79.2	20.8	
电气机械及器材制造业	1.2	58.3	38.1	2.4
计算机、通信及其他电子设备制造业	2.0	68.5	27.5	2.0
仪器仪表制造业		85.3	14.7	

虽然企业的产销量和产品价格均大幅下降，不过由于原材料成本的下跌，

今年上半年企业盈利并没有出现明显下滑。调查结果显示，上半年盈利（包括“较大盈利”和“略有盈余”，下同）的企业占46.3%，比2014年略低了5.4个百分点；“收支平衡”的占23.5%；亏损（包括“亏损”和“严重亏损”，下同）的占30.2%（见表7.17）。

表7.17　　企业今年上半年盈利情况（%）

年份	较大盈利	略有盈余	收支平衡	亏损	严重亏损
2015	5.2	41.1	23.5	26.2	4.0
2014	5.9	45.8	21.9	23.7	2.7
2013	5.3	43.5	22.8	25.6	2.8
2012	4.5	45.2	22.1	24.5	3.7
2011	8.0	50.7	20.3	19.1	1.9
2010	13.1	54.8	17.3	13.7	1.1
2009	7.0	44.4	20.5	24.8	3.3
2008	11.6	51.3	16.9	18.0	2.2

调查还发现，认为目前盈利“正常”或“好于正常”的企业经营者占40.2%，与2014年大体相当；“低于正常”的占59.8%。其中，不同地区企业盈利情况差异不大；从不同规模看，大型企业的盈利情况好于中小企业（见表7.18）。

表7.18　　不同地区、规模及经济类型企业目前的盈利情况（%）

	年份	好于正常	正常	低于正常	好于正常+正常
总体	2015	3.1	37.1	59.8	40.2
	2014	3.1	37.0	59.9	40.1
	2013	3.2	37.3	59.5	40.5
	2012	1.9	36.5	61.6	38.4
	2011	3.2	42.1	54.7	45.3
东部地区企业		3.0	37.3	59.7	40.3
中部地区企业		3.5	36.0	60.5	39.5
西部地区企业		2.9	37.7	59.4	40.6
大型企业		3.8	45.0	51.2	48.8
中型企业		3.0	37.3	59.7	40.3

续表

	好于正常	正常	低于正常	好于正常+正常
小型企业	3.1	35.6	61.3	38.7
国有及国有控股公司	3.2	42.2	54.6	45.4
外商及港澳台投资企业	2.7	47.7	49.6	50.4
民营企业	2.6	34.2	63.2	36.8

从不同行业看，目前盈利情况相对较好的行业有：农林牧渔业、电力热力燃气及水的生产和供应业、信息传输软件和信息技术服务业、住宿和餐饮业、租赁和商务服务业以及制造业中的医药、铁路船舶航空航天及其他运输设备制造业、电子设备、仪器仪表等行业，盈利“正常”或“好于正常”的企业超过一半，而化纤、非金属制品、钢铁、通用设备等行业则相对较差，超过八成的企业盈利“低于正常”（见表 7.19）。

表 7.19　　不同行业企业目前的盈利情况（%）

	好于正常	正常	低于正常	好于正常+正常				
				2015	2014	2013	2012	2011
总体	3.1	37.1	59.8	40.2	40.1	40.5	38.4	45.3
农林牧渔业	4.2	52.0	43.8	56.2	47.8	54.3	49.5	53.0
采矿业		25.0	75.0	25.0	15.4	21.5	12.2	62.2
制造业	2.2	31.7	66.1	33.9	36.6	33.6	33.1	39.9
电力、热力、燃气及水的生产和供应业	13.6	54.6	31.8	68.2	73.3	62.7	66.0	57.4
建筑业	0.8	40.3	58.9	41.1	43.4	57.2	46.8	55.1
交通运输、仓储和邮政业	2.7	45.9	51.4	48.6	47.7	52.5	51.4	64.7
信息传输、软件和信息技术服务业	5.8	62.8	31.4	68.6	72.9	67.0	68.7	72.1
批发和零售业	1.5	38.8	59.7	40.3	41.1	45.8	45.5	60.9
住宿和餐饮业	5.0	52.5	42.5	57.5	45.3	41.6	54.7	75.0
房地产业		36.7	63.3	36.7	30.8	59.6	49.1	61.2
租赁和商务服务业	8.8	55.9	35.3	64.7	72.7	62.7	56.5	69.1
食品、酒及饮料制造业	2.1	40.6	57.3	42.7	42.1	37.1	43.3	46.3
纺织业	2.9	24.5	72.6	27.4	19.1	15.8	19.1	22.7
纺织服装、服饰业	2.2	26.7	71.1	28.9	27.1	27.6	26.9	36.4

续表

	好于正常	正常	低于正常	好于正常+正常				
				2015	2014	2013	2012	2011
造纸及纸制品业		38.1	61.9	38.1	33.3	36.2	27.1	36.8
化学原料及化学制品制造业	6.9	24.4	68.7	31.3	52.7	37.9	39.0	41.4
医药制造业	5.4	56.8	37.8	62.2	63.6	53.8	57.1	55.3
化学纤维制造业		12.5	87.5	12.5	29.4	21.7	26.9	43.8
橡胶及塑料制品业	3.8	33.8	62.4	37.6	34.3	25.0	30.7	26.5
非金属矿物制品业	1.0	15.0	84.0	16.0	20.0	28.7	28.7	43.7
黑色金属冶炼及压延加工业		18.5	81.5	18.5	26.4	35.0	15.8	31.8
有色金属冶炼及压延加工业		38.5	61.5	38.5	15.6	28.6	21.1	46.3
金属制品业	0.9	31.2	67.9	32.1	34.2	37.8	31.9	35.2
通用设备制造业	0.7	19.3	80.0	20.0	29.0	26.2	30.8	47.6
专用设备制造业	1.3	26.7	72.0	28.0	40.2	40.2	37.7	47.4
汽车制造业	1.6	32.8	65.6	34.4	39.4	35.1	24.3	—
铁路、船舶、航空航天及其他运输设备制造业	4.3	60.9	34.8	65.2	26.3	32.2	25.7	—
电气机械及器材制造业	1.2	33.7	65.1	34.9	44.8	40.1	37.4	43.6
计算机、通信及其他电子设备制造业	3.9	49.0	47.1	52.9	51.0	45.1	34.2	39.1
仪器仪表制造业	2.9	47.1	50.0	50.0	66.7	60.5	50.0	60.4

7.2　未来预期及用工投资意愿

7.2.1　市场需求仍呈弱势，未来预期谨慎乐观

企业订货情况是一个重要的先行指标，在一定程度上预示着未来的需求走向。调查结果显示，认为目前订货“低于正常”的企业经营者占49.1%，为近三年来的最差，与2012年的调查结果大体持平；认为“正常”的占47.4%，认为“高于正常”的占3.5%。其中，“长三角”和“珠三角”地区企业目前订货相对较差（见表7.20）。

从不同行业看，采矿业、房地产业以及制造业中的化纤、非金属制品、钢铁、通用设备、汽车等行业订货情况相对较差，超过六成的企业订货“低于正

常”，而电力热力燃气及水的生产和供应业、信息传输软件和信息技术服务业、住宿和餐饮业、租赁和商务服务业以及制造业中的医药等行业订货情况相对较好，订货“正常”或“高于正常”的企业比重在七成左右（见表 7.20）。

值得注意的是，在订货情况整体下滑的背景下，也有一些行业的订货情况比 2014 年有所上升，包括：住宿和餐饮业以及制造业中的食品、纺织、有色金属、铁路船舶航空航天及其他运输设备制造业等，这在一定程度上说明，这些行业的市场需求正在逐渐好转（见表 7.20）。

表 7.20　　不同行业企业目前的订货情况（%）

	高于正常	正常	低于正常	高于正常 + 正常				
				2015	2014	2013	2012	2011
总体	3.5	47.4	49.1	50.9	56.3	56.4	49.1	66.3
“长三角”地区企业	3.0	46.8	50.2	49.8	61.6	57.4	47.6	64.3
“珠三角”地区企业	0.9	49.1	50.0	50.0	61.2	49.3	48.6	60.9
“京津冀”地区企业	6.9	48.4	44.7	55.3	64.0	61.9	55.8	71.7
农林牧渔业	4.0	56.0	40.0	60.0	64.4	69.0	63.8	74.1
采矿业	5.0	35.0	60.0	40.0	38.5	48.1	24.4	82.6
制造业	2.5	42.3	55.2	44.8	53.8	51.2	46.5	62.7
电力、热力、燃气及水的生产和供应业		85.7	14.3	85.7	88.5	80.4	76.7	86.2
建筑业	4.1	37.4	58.5	41.5	58.8	73.8	60.0	75.2
交通运输、仓储和邮政业	2.6	60.6	36.8	63.2	65.7	64.0	57.1	80.0
信息传输、软件和信息技术服务业	7.9	71.9	20.2	79.8	82.5	71.3	75.3	83.9
批发和零售业	2.5	57.1	40.4	59.6	61.8	64.4	60.4	76.8
住宿和餐饮业	2.7	78.4	18.9	81.1	67.5	50.9	61.7	83.3
房地产业	1.7	35.0	63.3	36.7	31.8	60.6	51.9	59.2
租赁和商务服务业	4.6	64.6	30.8	69.2	73.7	64.7	56.9	84.6
食品、酒及饮料制造业	3.5	58.3	38.2	61.8	55.0	55.6	59.1	69.8
纺织业	1.0	47.6	51.4	48.6	44.7	43.0	46.8	39.6
纺织服装、服饰业		57.8	42.2	57.8	58.6	46.4	52.5	58.5
造纸及纸制品业		42.9	57.1	42.9	40.6	49.0	40.4	71.4
化学原料及化学制品制造业	3.9	43.4	52.7	47.3	64.2	51.3	52.7	67.2
医药制造业	2.7	64.9	32.4	67.6	71.1	69.8	75.0	82.1

续表

	高于正常	正常	低于正常	高于正常＋正常				
				2015	2014	2013	2012	2011
化学纤维制造业		31.3	68.7	31.3	52.9	39.1	36.0	59.4
橡胶及塑料制品业	3.7	40.7	55.6	44.4	50.0	50.0	42.1	56.3
非金属矿物制品业	2.0	31.4	66.6	33.4	42.3	44.5	43.6	63.3
黑色金属冶炼及压延加工业		19.2	80.8	19.2	44.1	37.5	24.6	56.9
有色金属冶炼及压延加工业	3.8	57.7	38.5	61.5	37.5	47.1	35.9	68.5
金属制品业		41.7	58.3	41.7	63.8	54.4	51.3	59.1
通用设备制造业	0.7	24.0	75.3	24.7	42.2	47.0	37.3	66.4
专用设备制造业	6.0	34.9	59.1	40.9	51.3	49.3	48.4	70.3
汽车制造业	6.6	24.6	68.8	31.2	62.5	54.2	30.8	—
铁路、船舶、航空航天及其他运输设备制造业		56.5	43.5	56.5	47.3	42.8	37.1	—
电气机械及器材制造业	2.4	38.1	59.5	40.5	59.5	60.5	47.3	66.3
计算机、通信及其他电子设备制造业		59.6	40.4	59.6	79.2	59.2	41.9	56.1
仪器仪表制造业	3.0	45.5	51.5	48.5	65.7	72.1	48.1	72.3

本次调查还了解了与去年相比，目前企业订货的增减情况。调查结果显示，认为目前订货比去年“减少”的企业经营者占51.4%，“持平”的占34.1%，“增加”的占14.5%；认为“增加”的比“减少”的少36.9个百分点，为近五年来最差。其中，“珠三角”地区企业订货情况相对较差（见表7.21）。

从不同行业看，采矿业以及制造业中的纺织、化纤、非金属制品、钢铁、金属制品、通用设备等行业订货情况相对较差，认为订货“增加”的比“减少”的少50个百分点以上，而电力热力燃气及水的生产和供应业、信息传输软件和信息技术服务业相对较好，认为订货“增加”的企业要多于“减少”的（见表7.21）。

表7.21　　　　相对于去年，不同行业企业目前的订货情况（%）

	增加	持平	减少	增加－减少				
				2015	2014	2013	2012	2011
总体	14.5	34.1	51.4	－36.9	－22.5	－17.4	－34.2	－2.7

续表

	增加	持平	减少	增加－减少				
				2015	2014	2013	2012	2011
"长三角"地区企业	13.7	35.2	51.1	-37.4	-14.3	-14.0	-38.3	-10.2
"珠三角"地区企业	13.0	31.3	55.7	-42.7	-15.9	-24.6	-38.3	-11.7
"京津冀"地区企业	15.6	33.6	50.8	-35.2	-13.2	-6.8	-23.4	11.0
农林牧渔业	16.0	34.0	50.0	-34.0	-9.0	-5.8	-23.7	-5.2
采矿业	5.0	20.0	75.0	-70.0	-60.0	-27.0	-69.0	10.9
制造业	13.8	30.3	55.9	-42.1	-23.2	-20.9	-38.9	-5.2
电力、热力、燃气及水的生产和供应业	23.8	71.4	4.8	19.0	32.2	14.0	16.3	33.4
建筑业	12.1	31.5	56.4	-44.3	-28.0	1.5	-19.8	8.5
交通运输、仓储和邮政业	2.8	52.8	44.4	-41.6	-33.4	-10.8	-29.1	2.3
信息传输、软件和信息技术服务业	31.0	44.0	25.0	6.0	22.2	0.0	11.8	29.5
批发和零售业	12.6	36.4	51.0	-38.4	-25.0	-21.3	-26.5	6.1
住宿和餐饮业	15.8	44.7	39.5	-23.7	-25.6	-47.1	-16.7	20.8
房地产业	5.1	42.4	52.5	-47.4	-72.6	-6.8	-44.4	-35.9
租赁和商务服务业	10.8	56.9	32.3	-21.5	-10.5	-18.0	-35.3	1.8
食品、酒及饮料制造业	20.3	37.8	41.9	-21.6	-22.7	-22.1	-14.8	4.0
纺织业	7.8	31.1	61.1	-53.3	-46.7	-44.4	-45.3	-48.4
纺织服装、服饰业	2.2	53.4	44.4	-42.2	-29.2	-32.9	-42.8	-26.4
造纸及纸制品业	9.5	38.1	52.4	-42.9	-38.7	-13.1	-46.7	-6.1
化学原料及化学制品制造业	11.6	27.9	60.5	-48.9	-13.2	-18.7	-25.8	3.8
医药制造业	19.4	55.6	25.0	-5.6	7.2	11.5	17.4	26.2
化学纤维制造业	6.3	31.3	62.4	-56.1	-18.7	-56.5	-60.0	-9.4
橡胶及塑料制品业	14.5	31.3	54.2	-39.7	-20.8	-23.2	-40.5	-12.4
非金属矿物制品业	12.9	22.8	64.3	-51.4	-36.9	-29.6	-47.0	-10.8
黑色金属冶炼及压延加工业		21.4	78.6	-78.6	-23.6	-45.0	-61.3	-13.6
有色金属冶炼及压延加工业	19.2	34.6	46.2	-27.0	-31.1	-30.7	-44.4	-14.8
金属制品业	9.3	27.1	63.6	-54.3	-13.4	-5.8	-36.0	-5.5
通用设备制造业	9.4	18.8	71.8	-62.4	-37.9	-28.5	-58.8	9.9
专用设备制造业	14.7	25.3	60.0	-45.3	-27.9	-10.7	-32.9	13.4

续表

	增加	持平	减少	增加－减少				
				2015	2014	2013	2012	2011
汽车制造业	16.1	22.6	61.3	-45.2	-2.9	-1.1	-63.0	—
铁路、船舶、航空航天及其他运输设备制造业	34.8	17.4	47.8	-13.0	-31.6	-46.3	-47.0	—
电气机械及器材制造业	16.9	24.1	59.0	-42.1	-8.9	-13.2	-40.0	6.5
计算机、通信及其他电子设备制造业	23.1	38.5	38.4	-15.3	0.0	-7.1	-39.1	-4.9
仪器仪表制造业	17.6	29.4	53.0	-35.4	-6.0	-4.8	-25.1	14.5

调查还发现，四季度企业订货降势趋缓。调查结果显示，预计四季度订货"增加"的企业经营者占24.7%，"持平"的占44.3%，"减少"的占31%；预计"减少"的比"增加"的多6.3个百分点（见表7.22）。调查表明，从目前和未来的订货情况看，市场需求总体仍呈弱势，但降势趋缓。

表7.22　　不同行业企业对今年四季度订货情况的预计（%）

	增加	持平	减少	增加－减少				
				2015	2014	2013	2012	2011
总体	24.7	44.3	31.0	-6.3	4.3	9.2	-3.7	8.2
"长三角"地区企业	20.6	46.8	32.6	-12.0	4.5	5.0	-9.4	-1.7
"珠三角"地区企业	25.0	47.4	27.6	-2.6	9.0	18.8	-5.7	2.6
"京津冀"地区企业	32.5	45.9	21.6	10.9	16.6	16.2	1.3	17.4
农林牧渔业	30.0	40.0	30.0	0.0	31.2	25.7	9.3	23.4
采矿业	35.0	30.0	35.0	0.0	-8.0	0.0	-9.7	2.2
制造业	23.0	44.1	32.9	-9.9	3.2	6.9	-6.6	5.7
电力、热力、燃气及水的生产和供应业	28.6	61.9	9.5	19.1	42.9	15.3	-4.6	21.9
建筑业	22.8	43.9	33.3	-10.5	-9.9	24.4	3.5	11.8
交通运输、仓储和邮政业	13.5	59.5	27.0	-13.5	-5.5	13.5	-6.4	30.3
信息传输、软件和信息技术服务业	43.4	42.2	14.4	29.0	44.8	30.7	25.3	46.0
批发和零售业	28.6	39.8	31.6	-3.0	1.2	6.9	5.1	18.0
住宿和餐饮业	21.1	44.7	34.2	-13.1	0.0	-8.8	8.7	26.1
房地产业	25.4	44.1	30.5	-5.1	-8.5	21.6	-10.0	-8.4

续表

	增加	持平	减少	增加－减少				
				2015	2014	2013	2012	2011
租赁和商务服务业	18.8	56.2	25.0	-6.2	-5.2	-3.8	-21.2	13.3
食品、酒及饮料制造业	35.9	40.9	23.2	12.7	18.2	17.6	33.3	31.1
纺织业	14.7	51.0	34.3	-19.6	-7.2	2.4	-9.9	-9.3
纺织服装、服饰业	20.0	48.9	31.1	-11.1	6.9	2.1	-22.7	-17.4
造纸及纸制品业	23.8	47.6	28.6	-4.8	-12.5	17.5	6.4	6.1
化学原料及化学制品制造业	22.1	50.4	27.5	-5.4	12.1	10.4	3.4	13.2
医药制造业	34.3	45.7	20.0	14.3	27.3	28.3	35.7	37.6
化学纤维制造业	12.5	43.8	43.7	-31.2	17.7	-4.4	-36.0	-37.4
橡胶及塑料制品业	19.3	48.2	32.5	-13.2	-0.9	5.6	-3.6	10.4
非金属矿物制品业	21.4	45.6	33.0	-11.6	-5.8	2.8	-9.5	8.0
黑色金属冶炼及压延加工业	17.9	32.1	50.0	-32.1	-14.7	-5.0	-33.3	-9.2
有色金属冶炼及压延加工业	23.1	53.8	23.1	0.0	15.6	-3.9	-7.4	11.3
金属制品业	10.2	49.1	40.7	-30.5	-0.8	0.0	-22.8	4.4
通用设备制造业	12.8	40.9	46.3	-33.5	-14.5	-14.2	-18.0	-10.3
专用设备制造业	26.2	35.2	38.6	-12.4	2.7	4.3	-13.6	4.2
汽车制造业	22.6	38.7	38.7	-16.1	26.3	22.9	-13.2	—
铁路、船舶、航空航天及其他运输设备制造业	26.1	39.1	34.8	-8.7	-10.5	35.7	-17.2	—
电气机械及器材制造业	20.2	46.5	33.3	-13.1	0.0	20.9	-9.6	8.6
计算机、通信及其他电子设备制造业	50.0	32.7	17.3	32.7	10.2	19.4	5.2	12.2
仪器仪表制造业	26.5	47.0	26.5	0.0	22.8	14.0	-9.5	24.9

从不同地区看，“京津冀”地区企业未来订货情况最好，“珠三角”地区企业居中，“长三角”地区企业相对较差。从不同行业看，预计四季度订货增加较多的行业有：电力热力燃气及水的生产和供应业、信息传输软件和信息技术服务业以及制造业中的食品、医药、电子设备等，其订货“增加”的比“减少”的多10个百分点以上；而化纤、钢铁、金属制品、通用设备则相对较差，订货“减少”的比“增加”的多30个百分点以上（见表7.22）。

房地产价格的走势也在一定程度上反映了市场需求状况。本次调查了解了企业经营者对当前房地产价格总体水平的判断。调查结果显示，认为目前企业所在地区房价“较高”或“过高”的企业经营者占58.2%，认为“正常”的占35.2%，认为“较低”或“过低”的占6.6%，总体评价值为3.64，要低于前几年的调查结果，这表明企业经营者认为目前房价仍然偏高，不过比前几年有所降低。值得注意的是，不同城市的房价分化现象较为明显，一线城市的企业经营者对房价的总体评价值为4.11，而二线城市和其他城市的总体评价值分别为3.65和3.54，要显著低于一线城市（见表7.23）。

表7.23　　对企业所在地区房价总体水平的判断（%）

	年份	过高	较高	正常	较低	过低	评价值
总体	2015	12.6	45.6	35.2	6.1	0.5	3.64
	2014	18.7	49.4	27.9	3.7	0.3	3.83
	2013	25.4	48.9	23.7	1.9	0.1	3.98
	2012	20.7	51.3	25.8	2.2	0.0	3.91
	2011	31.3	49.0	18.9	0.8	0.0	4.11
	2010	27.8	47.5	22.1	2.4	0.2	4.00
一线城市	2015	33.1	45.4	20.9	0.6		4.11
	2014	39.5	46.1	13.5	0.9		4.24
	2013	53.6	36.6	9.6	0.2		4.44
	2012	39.6	40.7	19.3	0.4		4.20
二线城市	2015	8.4	52.0	36.2	3.4		3.65
	2014	14.8	48.3	32.5	4.0	0.4	3.73
	2013	21.0	51.0	26.2	1.8		3.91
	2012	17.7	53.4	26.9	2.0		3.87
其他城市（地区）	2015	10.0	43.3	37.8	8.1	0.8	3.54
	2014	15.5	50.3	29.5	4.3	0.4	3.76
	2013	20.6	50.9	26.0	2.3	0.2	3.89
	2012	18.2	52.6	26.6	2.5	0.0	3.86

注：①一线城市包括：北京、上海、广州、深圳、杭州。②二线城市包括：天津、重庆、各省会城市（除广州、杭州外）及大连、苏州、宁波、青岛。以下同。③评价值的计算方法为：（过高×5+较高×4+正常×3+较低×2+很低）/100。分值越高，说明企业经营者认为当地房价越高，反之则认为当地房价越低。

关于对今年房价走势的预计，调查结果显示，预计持平的企业经营者占42.1%，为近5年来的最高；预计下降的占33.9%，其中“下降10%以内”

的占20.1%，“下降10%以上”的占13.8%；预计上涨的占24%，其中预计“上涨10%以上”的占8.3%，“上涨10%以内”的占15.7%。调查发现，不同城市的房价走势也呈现明显的分化趋势，其中，一线城市预计上涨的占54.3%；二线城市预计持平的占40.3%，同时预计上涨的与下降的大体相当；其他城市预计下降的占40.7%，预计持平的占44.3%。调查表明，在当前房地产投资增速放缓的背景下，不同城市的房价及走势呈现明显的分化趋势，一线城市房价仍然较高，与前几年相比没有明显下降，预计未来仍将保持一定幅度的上涨；二线城市房价比前几年有所下降，预计未来将保持相对平稳；其他城市房价比前几年下降相对较多，预计未来将稳中有降（见表7.24）。

表7.24　　相比去年底，对今年底本地区房地产价格的预计（%）

	年份	上涨10%以上	上涨10%以内	持平	下降10%以内	下降10%以上
总体	2015	8.3	15.7	42.1	20.1	13.8
	2014	3.3	15.2	39.0	33.6	8.9
	2013	18.8	52.8	23.4	4.2	0.8
	2012	9.7	35.4	38.1	13.8	3.0
	2011	15.5	36.7	29.7	13.8	4.3
一线城市		23.4	30.9	34.7	6.3	4.7
二线城市		9.6	22.2	40.3	17.6	10.3
其他城市（地区）		4.8	10.2	44.3	23.8	16.9

由于市场需求仍呈弱势，企业经营者预计未来产品价格下跌的压力依然较大。调查结果显示，预计明年企业产品销售价格“下降”的企业经营者占32.2%，比“上升”的多15.8个百分点，这一数据比2014年高了3.9个百分点；预计价格“持平”的占51.4%（见表7.25）。

从不同行业看，预计明年价格下跌较多的行业有：采矿业以及制造业中的服装、钢铁、金属制品、通用设备、专用设备、汽车、电气机械、电子设备和仪器仪表等，预计价格“下降”的比“上升”的多30个百分点以上，而农林牧渔业、信息传输软件和信息技术服务业、批发和零售业、住宿和餐饮业、租赁和商务服务业以及制造业中的食品等行业则相对乐观，预计价格“上升”

的企业要多于“下降”的企业（见表 7.25）。

表 7.25　　　相对于今年，不同行业企业对明年销售价格的预计（%）

	上升	持平	下降	上升 - 下降				
				2015	2014	2013	2012	2011
总体	16.4	51.4	32.2	−15.8	−11.9	−1.7	−5.6	12.4
农林牧渔业	30.0	46.0	24.0	6.0	13.3	27.1	27.1	37.1
采矿业	5.0	50.0	45.0	−40.0	−30.8	−18.5	−4.7	2.2
制造业	11.7	50.2	38.1	−26.4	−16.8	−9.3	−12.9	7.5
电力、热力、燃气及水的生产和供应业		82.6	17.4	−17.4	−3.3	12.7	20.4	22.6
建筑业	18.5	52.9	28.6	−10.1	−7.2	12.7	12.2	29.1
交通运输、仓储和邮政业	8.1	73.0	18.9	−10.8	−5.3	14.9	2.9	32.6
信息传输、软件和信息技术服务业	27.8	58.9	13.3	14.5	18.6	5.0	7.8	−3.2
批发和零售业	27.6	46.8	25.6	2.0	−6.4	9.6	8.9	38.7
住宿和餐饮业	30.0	60.0	10.0	20.0	24.3	21.0	28.3	50.1
房地产业	20.3	57.7	22.0	−1.7	7.8	39.3	22.4	21.2
租赁和商务服务业	29.2	44.6	26.2	3.0	18.2	5.4	5.8	27.3
食品、酒及饮料制造业	25.5	55.9	18.6	6.9	21.7	24.9	34.9	45.2
纺织业	15.4	45.2	39.4	−24.0	−17.7	−5.4	3.3	1.5
纺织服装、服饰业	6.7	53.3	40.0	−33.3	−15.6	5.3	−8.4	19.0
造纸及纸制品业	4.8	66.6	28.6	−23.8	−34.4	−2.2	−15.3	4.1
化学原料及化学制品制造业	16.0	55.0	29.0	−13.0	−12.7	−10.9	−4.2	10.8
医药制造业	22.2	44.5	33.3	−11.1	−24.4	−15.7	−7.1	1.2
化学纤维制造业	18.8	43.7	37.5	−18.7	−5.9	−13.0	7.7	−12.5
橡胶及塑料制品业	6.1	61.0	32.9	−26.8	−17.2	−9.5	−16.5	2.5
非金属矿物制品业	10.8	51.9	37.3	−26.5	−12.4	−15.3	−16.1	8.1
黑色金属冶炼及压延加工业	10.7	39.3	50.0	−39.3	0.0	2.5	−35.1	16.7
有色金属冶炼及压延加工业	15.4	50.0	34.6	−19.2	−6.2	−6.0	0.0	14.5
金属制品业	4.6	51.4	44.0	−39.4	−14.0	−16.2	−23.9	4.9
通用设备制造业	3.3	54.0	42.7	−39.4	−28.4	−21.9	−25.3	−1.1
专用设备制造业	11.2	46.0	42.8	−31.6	−20.5	−19.7	−30.0	−1.0

续表

	上升	持平	下降	上升-下降				
				2015	2014	2013	2012	2011
汽车制造业	3.2	33.9	62.9	-59.7	-45.8	-29.5	-34.2	—
铁路、船舶、航空航天及其他运输设备制造业	21.7	39.2	39.1	-17.4	-10.5	-3.6	-20.0	—
电气机械及器材制造业	10.7	36.9	52.4	-41.7	-31.0	-12.2	-15.2	-1.6
计算机、通信及其他电子设备制造业	11.5	46.2	42.3	-30.8	-44.9	-26.8	-40.7	-12.2
仪器仪表制造业	2.9	50.0	47.1	-44.2	-11.4	-14.0	-16.9	12.5

在订货降势趋缓的背景下，企业经营者对未来保持谨慎乐观的态度。调查结果显示，预计四季度企业经营状况将“好转”的企业经营者占27.6%，预计“不变”的占58.3%，预计“恶化”的占14.1%；预计“好转”的比“恶化”的多13.5个百分点（见表7.26）。

从不同地区看，中部地区企业预计“好转”的比“恶化”的多18.7个百分点，高于东部和西部地区；“京津冀”地区企业对四季度预计最为乐观，“珠三角”地区企业居中，“长三角”地区企业则相对较差（见表7.26）。

从不同规模看，大型企业更为乐观；从不同经济类型看，民营企业预计“好转”的比“恶化”的多13.4个百分点，高于国有及国有控股公司和外资企业（见表7.26）。

表7.26 不同地区、规模及经济类型企业对今年四季度综合经营状况的预计（%）

	四季度经营状况预计			好转—恶化				
	好转	不变	恶化	2015	2014	2013	2012	2011
总体	27.6	58.3	14.1	13.5	17.3	20.9	13.2	17.2
东部地区企业	24.9	61.6	13.5	11.4	15.9	20.1	11.5	14.1
中部地区企业	33.3	52.1	14.6	18.7	19.0	25.0	16.9	27.1
西部地区企业	29.0	55.7	15.3	13.7	22.2	18.7	16.5	18.2
“长三角”地区企业	19.9	65.0	15.1	4.8	13.7	15.8	7.4	9.4
“珠三角”地区企业	33.3	51.3	15.4	17.9	18.2	28.0	13.1	6.8
“京津冀”地区企业	33.0	58.5	8.5	24.5	24.9	25.4	17.3	25.9
大型企业	29.8	55.5	14.7	15.1	18.2	21.5	16.9	17.0

续表

	四季度经营状况预计			好转—恶化				
	好转	不变	恶化	2015	2014	2013	2012	2011
中型企业	27.4	59.3	13.3	14.1	18.1	22.6	16.8	20.4
小型企业	27.3	58.4	14.3	13.0	16.6	19.9	10.2	15.0
国有及国有控股公司	26.5	56.0	17.5	9.0	24.0	20.8	13.0	20.1
外商及港澳台投资企业	20.7	69.4	9.9	10.8	18.2	16.8	9.1	3.5
民营企业	27.7	58.0	14.3	13.4	15.6	20.1	12.2	16.8

从不同行业看，对四季度预计较为乐观的行业有：农林牧渔业、信息传输软件和信息技术服务业、批发和零售业、住宿和餐饮业、房地产业、租赁和商务服务业以及制造业中的食品、医药、电子设备、铁路船舶航空航天及其他运输设备制造业等，预计“好转”的比“恶化”的多20个百分点以上，而化纤、钢铁、金属制品、通用设备和汽车等行业则相对较差，预计四季度将“恶化”的企业要多于“好转”的企业（见表7.27）。

表7.27　　　　不同行业企业对今年四季度综合经营状况的预计（%）

	四季度经营状况预计			好转—恶化				
	好转	不变	恶化	2015	2014	2013	2012	2011
总体	27.6	58.3	14.1	13.5	17.3	20.9	13.2	17.2
农林牧渔业	40.0	54.0	6.0	34.0	41.4	36.1	38.2	33.6
采矿业	20.0	65.0	15.0	5.0	0.0	7.1	4.9	19.6
制造业	23.9	58.7	17.4	6.5	15.2	17.1	9.6	13.3
电力、热力、燃气及水的生产和供应业	26.1	65.2	8.7	17.4	37.5	29.0	19.6	18.1
建筑业	33.9	51.1	15.0	18.9	21.1	37.7	18.1	31.6
交通运输、仓储和邮政业	22.5	70.0	7.5	15.0	16.7	15.7	21.3	24.6
信息传输、软件和信息技术服务业	43.0	53.5	3.5	39.5	50.0	45.5	46.9	50.1
批发和零售业	29.8	60.4	9.8	20.0	13.2	22.9	16.1	24.8
住宿和餐饮业	36.6	61.0	2.4	34.2	34.9	30.6	26.3	33.4
房地产业	29.0	67.8	3.2	25.8	16.9	27.8	26.1	20.8

续表

	四季度经营状况预计			好转—恶化				
	好转	不变	恶化	2015	2014	2013	2012	2011
租赁和商务服务业	31.5	67.1	1.4	30.1	4.1	24.1	0.0	25.9
食品、酒及饮料制造业	33.3	55.6	11.1	22.2	32.5	32.4	34.1	33.8
纺织业	25.5	59.8	14.7	10.8	6.2	9.0	7.1	-1.4
纺织服装、服饰业	15.6	71.1	13.3	2.3	19.7	14.9	5.9	-1.9
造纸及纸制品业	23.8	52.4	23.8	0.0	6.3	19.2	14.5	16.4
化学原料及化学制品制造业	23.5	64.4	12.1	11.4	24.2	13.1	16.1	15.0
医药制造业	38.9	50.0	11.1	27.8	28.9	35.9	34.3	36.5
化学纤维制造业	12.5	56.2	31.3	-18.8	31.3	-13.1	0.0	0.0
橡胶及塑料制品业	24.1	63.9	12.0	12.1	8.6	21.7	10.2	13.3
非金属矿物制品业	21.8	57.4	20.8	1.0	6.7	5.6	12.2	18.4
黑色金属冶炼及压延加工业	14.3	50.0	35.7	-21.4	-2.9	0.0	-12.5	1.5
有色金属冶炼及压延加工业	20.0	60.0	20.0	0.0	6.2	1.9	-1.9	9.1
金属制品业	12.0	63.9	24.1	-12.1	0.9	13.8	-0.6	8.8
通用设备制造业	14.8	55.7	29.5	-14.7	8.1	7.7	0.0	10.3
专用设备制造业	28.8	52.0	19.2	9.6	16.6	18.2	2.3	14.2
汽车制造业	22.6	51.6	25.8	-3.2	23.6	18.8	2.8	—
铁路、船舶、航空航天及其他运输设备制造业	37.5	50.0	12.5	25.0	5.2	39.3	14.3	—
电气机械及器材制造业	20.7	62.2	17.1	3.6	15.4	21.7	10.8	17.1
计算机、通信及其他电子设备制造业	38.5	46.1	15.4	23.1	28.6	26.7	15.6	8.6
仪器仪表制造业	26.5	64.7	8.8	17.7	37.1	28.6	-7.6	10.4

调查发现，企业经营者对明年的预计比对四季度的预计乐观。调查结果显示，预计明年经营状况“好转”的企业经营者占37.4%，预计“不变”的占47.2%，预计“恶化”的占15.4%；预计“好转”的比“恶化”的多22个百

分点，这一数据比对四季度的预计上升了 8.5 个百分点（见表 7.26、表 7.28）。

表 7.28　不同地区、规模及经济类型企业对明年综合经营状况的预计（%）

	四季度经营状况预计			好转—恶化				
	好转	不变	恶化	2015	2014	2013	2012	2011
总体	37.4	47.2	15.4	22.0	25.2	29.1	24.6	25.0
东部地区企业	32.6	52.2	15.2	17.4	24.5	28.6	21.9	20.6
中部地区企业	46.8	37.2	16.0	30.8	26.5	31.2	29.9	35.8
西部地区企业	41.1	43.5	15.4	25.7	26.3	28.1	29.8	31.3
“长三角”地区企业	27.0	56.0	17.0	10.0	20.6	23.3	16.2	14.7
“珠三角”地区企业	34.8	46.9	18.3	16.5	24.1	28.6	21.7	16.6
“京津冀”地区企业	45.4	45.7	8.9	36.5	38.8	35.7	29.9	34.6
大型企业	33.1	48.9	18.0	15.1	21.1	21.0	23.9	25.8
中型企业	36.2	49.0	14.8	21.4	23.5	33.1	26.8	27.4
小型企业	38.4	46.2	15.4	23.0	26.5	28.4	23.1	23.3
国有及国有控股公司	27.4	51.6	21.0	6.4	24.5	28.0	21.7	24.4
外商及港澳台投资企业	20.9	63.6	15.5	5.4	25.6	31.5	18.5	12.2
民营企业	38.1	46.3	15.6	22.5	24.0	28.9	25.0	24.9

从不同地区看，中部地区企业预计“好转”的比“恶化”的多 30.8 个百分点，高于东部和西部地区企业；“京津冀”地区企业最为乐观，“珠三角”地区企业居中，“长三角”地区企业则相对较差；从不同规模看，中小企业对明年更为乐观；从不同经济类型看，民营企业预计“好转”的比“恶化”的多 22.5 个百分点，相对乐观（见表 7.28）。

从不同行业看，对明年预计较为乐观的行业有：信息传输软件和信息技术服务业、住宿和餐饮业以及制造业中的食品等，预计“好转”的比“恶化”的多 40 个百分点以上，而服装、化纤、橡胶塑料、钢铁、金属制品、通用设备和汽车等行业则相对较差（见表 7.29）。

表 7.29　　不同行业企业对明年综合经营状况的预计（%）

	四季度经营状况预计			好转—恶化				
	好转	不变	恶化	2015	2014	2013	2012	2011
总体	37.4	47.2	15.4	22.0	25.2	29.1	24.6	25.0
农林牧渔业	46.0	36.0	18.0	28.0	41.0	53.6	41.6	38.7
采矿业	30.0	50.0	20.0	10.0	−7.7	−7.4	35.7	17.4
制造业	33.8	49.2	17.0	16.8	25.4	25.9	20.8	21.6
电力、热力、燃气及水的生产和供应业	22.7	72.8	4.5	18.2	21.8	34.0	41.1	35.6
建筑业	40.9	39.4	19.7	21.2	24.0	41.2	27.9	32.8
交通运输、仓储和邮政业	32.5	55.0	12.5	20.0	16.7	21.6	24.0	24.6
信息传输、软件和信息技术服务业	54.0	43.7	2.3	51.7	54.9	50.5	55.6	56.5
批发和零售业	37.9	47.3	14.8	23.1	13.4	29.7	24.8	25.6
住宿和餐饮业	52.5	37.5	10.0	42.5	32.6	24.6	28.1	39.9
房地产业	46.8	37.1	16.1	30.7	36.4	50.4	55.6	42.4
租赁和商务服务业	37.0	50.7	12.3	24.7	4.2	23.8	23.5	44.8
食品、酒及饮料制造业	50.7	39.4	9.9	40.8	38.4	40.7	40.5	40.7
纺织业	29.7	55.4	14.9	14.8	17.4	18.2	21.0	14.1
纺织服装、服饰业	14.0	72.0	14.0	0.0	15.8	8.6	6.8	−4.9
造纸及纸制品业	28.6	57.1	14.3	14.3	18.8	19.5	10.6	16.6
化学原料及化学制品制造业	38.3	49.2	12.5	25.8	39.6	29.3	29.0	30.4
医药制造业	40.5	48.7	10.8	29.7	38.7	35.9	30.0	37.4
化学纤维制造业	25.0	56.2	18.8	6.2	0.0	−4.4	−11.5	0.0
橡胶及塑料制品业	28.0	53.7	18.3	9.7	31.1	28.0	23.7	19.9
非金属矿物制品业	33.3	46.5	20.2	13.1	18.6	17.3	20.0	24.1
黑色金属冶炼及压延加工业	28.6	32.1	39.3	−10.7	21.8	15.0	5.4	16.9
有色金属冶炼及压延加工业	30.8	50.0	19.2	11.6	6.4	6.0	24.5	32.8
金属制品业	19.6	58.9	21.5	−1.9	13.9	18.3	10.1	15.7

续表

	四季度经营状况预计			好转—恶化				
	好转	不变	恶化	2015	2014	2013	2012	2011
通用设备制造业	26.8	53.1	20.1	6.7	18.7	24.3	14.4	18.9
专用设备制造业	41.1	40.4	18.5	22.6	23.5	30.8	14.6	24.0
汽车制造业	25.8	46.8	27.4	-1.6	31.4	37.9	20.0	—
铁路、船舶、航空航天及其他运输设备制造业	47.9	30.4	21.7	26.2	15.7	46.5	17.1	—
电气机械及器材制造业	29.8	53.5	16.7	13.1	26.5	31.3	26.0	23.2
计算机、通信及其他电子设备制造业	44.2	38.5	17.3	26.9	32.7	36.3	22.1	33.0
仪器仪表制造业	35.3	44.1	20.6	14.7	45.7	38.1	23.6	29.2

本次调查还了解了“十三五”期间企业经营者最看好哪些行业的发展前景。调查结果显示，企业经营者最看好的六个行业依次是：“养老”（50.3%）、“旅游休闲”（43.1%）、“互联网及IT服务”（37.2%）、“医药”（33.7%）、“新能源”（33.1%）和“环保”（32.8%）（见表7.30）。

表7.30　“十三五”期间企业经营者最看好哪些行业的发展前景（%）

养老	50.3	教育培训	18.9
旅游休闲	43.1	农业	16.2
互联网及IT服务	37.2	金融	15.9
医药	33.7	新能源汽车	15.5
新能源	33.1	文化创意	12.0
环保	32.8	理财服务	8.2
现代物流	29.9	能源	7.1
高端装备	28.0	电子设备	4.1
新材料	26.2	汽车	1.7
生物技术	20.3	仪器仪表	1.0
军工	20.2		

从盈利情况看，企业经营者预计下半年盈利将有所改善。调查结果显示，预计2015年下半年盈利的企业经营者占49.8%，比上半年实际盈利的企业提

高了 3.5 个百分点，不过仍低于 2014 年的调查结果，其中“较大盈利”占 6%，“略有盈余”占 43.8%；预计“收支平衡”的占 26.3%；预计亏损的占 23.9%（见表 7.31）。

表 7.31　　对 2015 年下半年盈利状况的预计（%）

年份	较大盈利	略有盈余	收支平衡	亏损	严重亏损
2015	6.0	43.8	26.3	20.1	3.8
2014	6.9	49.8	23.4	17.0	2.9
2013	8.0	46.2	25.4	18.5	1.9
2012	5.4	46.0	25.1	19.9	3.6
2011	8.3	51.1	23.2	15.2	2.2
2010	15.1	58.2	18.2	7.8	0.7
2009	9.8	51.7	22.3	14.5	1.7
2008	11.0	52.9	19.9	13.7	2.5

7.2.2　用工需求呈现分化，投资计划增长滞缓

企业经营者对未来的预期也影响了企业的用工和投资计划。调查结果显示，认为目前企业用工人数比去年“减少”的企业经营者占 37.1%，“持平”的占 48%，“增加”的占 14.9%；用工人数“减少”的比“增加”的多 22.2 个百分点，这一数据比 2014 年上升了 9.6 个百分点。其中，东部地区企业、小型企业、外资企业和民营企业用工人数减少更加明显（见表 7.32）。

从不同行业看，目前用工人数减少相对较多的行业有：采矿业以及制造业中的纺织、化纤、钢铁、金属制品、通用设备、汽车等，用工人数“减少”的比“增加”的多 40 个百分点以上；而电力热力燃气及水的生产和供应业、信息传输软件和信息技术服务业、租赁和商务服务业以及制造业中的医药等相对较好，用工人数“增加”的企业要多于“减少”的企业（见表 7.32）。

表 7.32　　相对于去年，企业目前的用工人数情况（%）

	增加	持平	减少	增加 - 减少				
				2015	2014	2013	2012	2011
总体	14.9	48.0	37.1	-22.2	-12.6	-6.3	-13.3	4.5

续表

	增加	持平	减少	增加－减少				
				2015	2014	2013	2012	2011
东部地区企业	12.8	50.1	37.1	-24.3	-12.3	-6.0	-17.4	2.9
中部地区企业	18.6	44.5	36.9	-18.3	-16.4	-8.1	-7.2	9.0
西部地区企业	17.3	44.7	38.0	-20.7	-7.8	-4.6	-1.4	6.5
大型企业	18.0	46.9	35.1	-17.1	4.6	9.6	4.5	27.6
中型企业	17.2	47.7	35.1	-17.9	-11.2	-2.2	-8.9	9.8
小型企业	13.6	48.0	38.4	-24.8	-16.5	-11.7	-19.1	-2.1
国有及国有控股公司	18.0	54.0	28.0	-10.0	2.6	4.6	-1.9	10.1
外商及港澳台投资企业	15.5	45.4	39.1	-23.6	-4.9	-11.2	-21.2	-1.0
民营企业	13.7	47.5	38.8	-25.1	-16.5	-7.6	-15.3	3.8
农林牧渔业	18.4	57.1	24.5	-6.1	0.0	10.0	-1.0	14.9
采矿业		40.0	60.0	-60.0	-38.5	11.1	-4.8	25.0
制造业	10.3	46.7	43.0	-32.7	-18.0	-13.2	-20.5	-0.4
电力、热力、燃气及水的生产和供应业	26.1	73.9		26.1	46.7	20.4	13.8	22.2
建筑业	16.9	38.7	44.4	-27.5	-4.7	7.0	-4.1	21.7
交通运输、仓储和邮政业	15.0	50.0	35.0	-20.0	-4.4	7.5	9.4	9.5
信息传输、软件和信息技术服务业	47.2	40.4	12.4	34.8	27.2	9.9	30.9	37.7
批发和零售业	16.3	60.4	23.3	-7.0	-1.7	5.0	0.7	19.9
住宿和餐饮业	10.0	52.5	37.5	-27.5	-23.9	-31.7	-7.4	7.1
房地产业	13.3	60.0	26.7	-13.4	-10.9	10.1	-2.7	10.5
租赁和商务服务业	36.8	45.6	17.6	19.2	25.0	19.0	-5.7	3.6
食品、酒及饮料制造业	17.5	49.6	32.9	-15.4	-4.2	-7.6	11.2	7.4
纺织业	6.9	44.6	48.5	-41.6	-47.0	-38.7	-39.8	-32.8
纺织服装、服饰业	8.9	46.7	44.4	-35.5	-42.3	-40.1	-39.2	-39.2
造纸及纸制品业	4.8	52.3	42.9	-38.1	-42.3	-19.1	-12.7	0.0
化学原料及化学制品制造业	9.1	58.3	32.6	-23.5	-3.8	0.0	-5.3	14.6
医药制造业	21.6	59.5	18.9	2.7	15.6	18.9	27.6	16.9
化学纤维制造业	6.3	43.8	49.9	-43.6	-29.4	-21.8	-11.5	0.0
橡胶及塑料制品业	10.8	44.6	44.6	-33.8	-14.3	-8.7	-27.4	-16.0

续表

	增加	持平	减少	增加－减少				
				2015	2014	2013	2012	2011
非金属矿物制品业	7.8	54.3	37.9	-30.1	-12.5	-11.8	-25.3	-10.0
黑色金属冶炼及压延加工业	7.1	32.1	60.8	-53.7	-20.6	-25.0	-47.3	-1.1
有色金属冶炼及压延加工业	15.4	46.1	38.5	-23.1	-18.7	-15.7	-5.5	-11.9
金属制品业	9.2	40.4	50.4	-41.2	-22.5	-10.9	-32.5	11.1
通用设备制造业	5.9	36.2	57.9	-52.0	-35.5	-25.3	-26.1	8.9
专用设备制造业	9.8	46.4	43.8	-34.0	-15.1	-2.4	-16.3	12.3
汽车制造业	4.8	35.5	59.7	-54.9	-12.7	-14.0	-45.9	17.9
铁路、船舶、航空航天及其他运输设备制造业	12.5	54.2	33.3	-20.8	0.1	-21.4	-22.9	-0.7
电气机械及器材制造业	10.8	41.0	48.2	-37.4	-10.3	-2.7	-11.0	3.2
计算机、通信及其他电子设备制造业	19.2	46.2	34.6	-15.4	10.2	8.3	-20.8	6.1
仪器仪表制造业	14.7	50.0	35.3	-20.6	8.3	-9.3	-20.8	10.4

调查还发现，企业经营者预计明年用工人数仍将减少，不过要好于目前情况。调查结果显示，预计明年用工人数“减少”的企业经营者占27.8%，“持平”的占50.6%，“增加”的占21.6%；用工“减少”的比“增加”的多6.2个百分点，要明显好于目前的用工人数情况。其中，中部地区企业明年计划用工人数呈现增长态势（见表7.33）。

表7.33　对明年企业用工人数的预计（%）

	增加	持平	减少	增加－减少				
				2015	2014	2013	2012	2011
总体	21.6	50.6	27.8	-6.2	12.7	19.2	12.0	33.0
东部地区企业	19.1	52.8	28.1	-9.0	13.6	20.4	9.5	29.7
中部地区企业	28.4	45.8	25.8	2.6	9.1	18.4	18.5	42.0
西部地区企业	21.2	49.0	29.8	-8.6	13.6	14.4	14.6	36.2
大型企业	22.0	45.7	32.3	-10.3	12.9	22.0	23.8	51.3
中型企业	19.8	53.2	27.0	-7.2	10.9	20.8	15.3	34.6
小型企业	22.1	50.4	27.5	-5.4	13.5	17.8	8.1	29.6

续表

	增加	持平	减少	增加－减少				
				2015	2014	2013	2012	2011
国有及国有控股公司	21.6	49.2	29.2	－7.6	17.1	12.6	14.7	32.9
外商及港澳台投资企业	15.7	51.0	33.3	－17.6	19.3	19.5	10.6	29.4
民营企业	22.0	49.5	28.5	－6.5	9.8	20.2	11.0	32.3

从不同行业看，明年计划用工增长相对较多的行业有：电力热力燃气及水的生产和供应业、信息传输软件和信息技术服务业、住宿和餐饮业、租赁和商务服务业以及制造业中的医药、电子设备等，预计明年用工“增加”的企业比“减少”的多10个百分点以上，尤其是信息传输软件和信息技术服务业、租赁和商务服务业用工增长较多，预计用工“增加”比“减少”的多30个百分点以上；而采矿业以及制造业中的化纤、钢铁、金属制品、通用设备、汽车、电气机械等行业则相对较差，明年用工“减少”的企业比“增加”的多20个百分点以上（见表7.34）。

表7.34　　不同行业企业对明年企业用工人数的预计（%）

	增加	持平	减少	增加－减少				
				2015	2014	2013	2012	2011
总体	21.6	50.6	27.8	－6.2	12.7	19.2	12.0	33.0
农林牧渔业	29.8	46.8	23.4	6.4	22.2	25.0	13.2	37.0
采矿业	5.6	44.4	50.0	－44.4	－12.0	－7.4	20.0	34.1
制造业	18.9	49.6	31.5	－12.6	12.8	17.0	9.2	31.8
电力、热力、燃气及水的生产和供应业	27.8	72.2		27.8	32.2	19.6	34.1	36.3
建筑业	16.5	48.7	34.8	－18.3	8.6	25.0	16.6	33.0
交通运输、仓储和邮政业	18.4	44.8	36.8	－18.4	11.9	22.1	19.1	30.2
信息传输、软件和信息技术服务业	39.0	56.1	4.9	34.1	40.6	39.1	46.0	68.9
批发和零售业	22.1	56.8	21.1	1.0	11.0	18.5	12.7	35.0
住宿和餐饮业	26.3	57.9	15.8	10.5	10.8	10.5	16.3	25.0

续表

	增加	持平	减少	增加－减少				
				2015	2014	2013	2012	2011
房地产业	10.7	58.9	30.4	－19.7	－14.1	33.1	20.8	31.1
租赁和商务服务业	41.3	47.6	11.1	30.2	20.8	30.4	3.1	38.2
食品、酒及饮料制造业	35.6	37.7	26.7	8.9	23.7	20.1	35.0	42.3
纺织业	18.0	49.0	33.0	－15.0	1.0	－1.8	5.5	14.8
纺织服装、服饰业	12.5	65.0	22.5	－10.0	18.7	15.1	－10.6	11.9
造纸及纸制品业	9.5	66.7	23.8	－14.3	－6.2	20.0	22.2	30.0
化学原料及化学制品制造业	19.4	57.2	23.4	－4.0	19.3	16.4	12.9	40.3
医药制造业	35.1	48.7	16.2	18.9	53.6	37.2	36.4	51.3
化学纤维制造业	12.5	25.0	62.5	－50.0	0.0	13.1	－3.8	28.1
橡胶及塑料制品业	20.5	49.4	30.1	－9.6	21.6	20.8	4.8	42.0
非金属矿物制品业	14.0	54.8	31.2	－17.2	0.0	9.9	4.5	35.3
黑色金属冶炼及压延加工业	10.7	46.4	42.9	－32.2	8.8	7.7	－12.7	33.2
有色金属冶炼及压延加工业	24.0	40.0	36.0	－12.0	－9.4	12.0	7.5	28.2
金属制品业	9.7	45.6	44.7	－35.0	9.9	14.9	－4.4	40.1
通用设备制造业	9.5	55.8	34.7	－25.2	2.3	6.1	9.4	20.6
专用设备制造业	21.1	48.3	30.6	－9.5	13.2	24.1	12.0	35.8
汽车制造业	11.5	37.7	50.8	－39.3	25.4	20.9	3.8	38.0
铁路、船舶、航空航天及其他运输设备制造业	21.7	43.5	34.8	－13.1	31.6	56.0	0.0	27.5
电气机械及器材制造业	14.3	50.6	35.1	－20.8	14.9	21.1	14.1	35.9
计算机、通信及其他电子设备制造业	34.6	48.1	17.3	17.3	26.1	30.5	19.4	51.2
仪器仪表制造业	14.7	55.9	29.4	－14.7	28.6	20.0	5.7	42.6

调查表明，用工计划的变化一定程度上体现了结构调整与产业结构升级的方向，服务业尤其是现代服务业、高端装备制造业用工趋于增长，而传统制造业的用工需求趋于减弱。

保障充分就业是经济发展的重要目标，而目前我国的就业存在明显的结构问题。本次调查了解了企业明年招收农民工和大学毕业生的情况。调查发现，明年企业对大学生的需求要明显高于农民工。调查结果显示，明年计划招收农民工数量“减少”的企业占36%，“持平”的占49.8%，“增加”的占14.2%，“减少”的比“增加”的多21.8个百分点，这一数据比2014年高了19.2个百分点。其中，西部地区企业、大型企业、国有及国有控股公司明年计划招收农民工数量减少相对较多（见表7.35）。

表7.35　　企业明年计划招收农业工数量的增减情况（%）

	增加	持平	减少	增加－减少				
				2015	2014	2013	2012	2011
总体	14.2	49.8	36.0	-21.8	-2.6	7.1	3.5	22.3
东部地区企业	12.5	51.9	35.6	-23.1	-1.8	7.7	1.4	20.0
中部地区企业	19.2	46.4	34.4	-15.2	-5.3	8.2	7.9	28.6
西部地区企业	14.0	46.5	39.5	-25.5	-3.1	2.3	7.8	24.8
大型企业	12.1	44.0	43.9	-31.8	-10.4	2.5	4.3	32.8
中型企业	13.4	51.1	35.5	-22.1	-3.7	9.0	8.9	25.3
小型企业	14.8	50.2	35.0	-20.2	-0.7	7.1	0.1	19.0
国有及国有控股公司	9.8	49.6	40.6	-30.8	-16.9	-3.6	-7.6	11.0
外商及港澳台投资企业	12.9	50.5	36.6	-23.7	10.9	14.3	3.1	23.2
民营企业	15.1	48.2	36.7	-21.6	-2.3	8.9	4.9	24.5

从不同行业看，计划招收农民工数量减少较多的行业有：采矿业、交通运输仓储和邮政业以及制造业中的汽车、铁路船舶航空航天及其他运输设备制造业等，农民工招工计划“减少”的比“增加”的多40个百分点以上，而农林牧渔业、电力热力燃气及水的生产和供应业以及制造业中的服装、电子设备等行业则相对较好，农民工招工计划“增加”企业要多于“减少”的企业（见表7.36）。

表7.36　　不同行业企业明年计划招收农民工数量的增减情况（%）

	增加	持平	减少	增加－减少				
				2015	2014	2013	2012	2011
总体	14.2	49.8	36.0	-21.8	-2.6	7.1	3.5	22.3
农林牧渔业	29.5	47.8	22.7	6.8	-2.4	29.8	14.3	43.0

续表

	增加	持平	减少	增加-减少				
				2015	2014	2013	2012	2011
采矿业		52.9	47.1	-47.1	-30.4	3.7	16.6	33.4
制造业	14.7	48.2	37.1	-22.4	2.3	8.1	3.9	23.4
电力、热力、燃气及水的生产和供应业	26.7	60.0	13.3	13.4	-22.2	-4.6	0.0	12.2
建筑业	14.3	49.1	36.6	-22.3	-4.0	22.0	7.3	30.7
交通运输、仓储和邮政业	6.5	45.2	48.3	-41.8	-29.4	-9.6	0.0	-5.2
信息传输、软件和信息技术服务业	14.5	58.0	27.5	-13.0	-16.7	-12.2	-11.5	10.0
批发和零售业	10.5	54.3	35.2	-24.7	-17.8	-4.4	4.0	11.1
住宿和餐饮业	8.6	74.3	17.1	-8.5	-5.2	14.6	16.7	40.0
房地产业	22.6	34.0	43.4	-20.8	-25.9	18.0	14.4	26.5
租赁和商务服务业	4.2	62.5	33.3	-29.1	-20.0	-5.1	-29.2	5.0
食品、酒及饮料制造业	23.9	47.7	28.4	-4.5	15.6	15.4	28.9	39.1
纺织业	22.6	51.6	25.8	-3.2	13.8	3.9	18.5	25.1
纺织服装、服饰业	26.3	47.4	26.3	0.0	23.2	17.4	-2.7	20.9
造纸及纸制品业	10.0	75.0	15.0	-5.0	-21.9	9.7	24.4	37.5
化学原料及化学制品制造业	12.6	52.1	35.3	-22.7	0.0	-3.0	2.5	28.2
医药制造业	16.1	54.9	29.0	-12.9	20.0	8.2	17.0	14.9
化学纤维制造业	20.0	26.7	53.3	-33.3	5.8	0.0	-9.1	24.1
橡胶及塑料制品业	20.5	47.4	32.1	-11.6	16.6	19.8	8.5	34.7
非金属矿物制品业	16.1	53.8	30.1	-14.0	0.0	3.8	9.6	27.5
黑色金属冶炼及压延加工业	7.7	50.0	42.3	-34.6	-13.3	2.7	-19.1	16.6
有色金属冶炼及压延加工业	12.5	41.7	45.8	-33.3	-24.0	-2.2	-4.8	37.5
金属制品业	7.8	47.5	44.7	-36.9	9.2	3.2	-5.3	14.1
通用设备制造业	6.3	54.0	39.7	-33.4	-18.7	1.0	-3.4	24.3
专用设备制造业	11.2	46.3	42.5	-31.3	-10.0	0.5	-8.9	13.7
汽车制造业	11.3	32.1	56.6	-45.3	11.1	19.0	-2.1	—

续表

	增加	持平	减少	增加-减少				
				2015	2014	2013	2012	2011
铁路、船舶、航空航天及其他运输设备制造业	8.7	39.1	52.2	-43.5	22.2	13.0	-17.9	—
电气机械及器材制造业	4.1	52.7	43.2	-39.1	2.9	13.6	9.2	22.6
计算机、通信及其他电子设备制造业	34.0	40.5	25.5	8.5	13.3	26.9	11.0	20.0
仪器仪表制造业	8.0	56.0	36.0	-28.0	-10.4	-3.1	-18.0	-21.6

调查结果显示，明年计划招收大学毕业生数量“增加”的企业占38.4%，“持平”的占41.5%，“减少”的占20.1%，“增加”的比“减少”的多18.3个百分点，这一数据明显高于农民工的招工计划。其中，中部地区企业、大型企业、国有及国有控股公司以及电力热力燃气及水的生产和供应业、信息传输软件和信息技术服务业、租赁和商务服务业、医药、电子设备、铁路船舶航空航天及其他运输设备制造业等行业企业明年计划招收大学毕业生的数量增长相对较多（见表7.37）。

表7.37　　企业明年计划招收大学毕业生数量的增减情况（%）

	增加	持平	减少	增加-减少				
				2015	2014	2013	2012	2011
总体	38.4	41.5	20.1	18.3	28.3	31.5	30.7	41.6
东部地区企业	37.6	42.2	20.2	17.4	28.7	32.0	29.0	39.1
中部地区企业	42.2	39.2	18.6	23.6	28.9	32.3	36.6	50.2
西部地区企业	36.2	41.8	22.0	14.2	24.8	27.9	30.9	41.3
大型企业	47.3	37.2	15.5	31.8	32.6	40.7	45.0	60.5
中型企业	39.8	42.8	17.4	22.4	33.6	38.5	39.0	47.2
小型企业	36.3	41.6	22.1	14.2	24.7	25.9	22.9	35.0
国有及国有控股公司	39.9	46.4	13.7	26.2	32.7	30.5	30.1	44.0
外商及港澳台投资企业	33.3	41.4	25.3	8.0	28.2	27.6	19.2	24.9
民营企业	37.7	40.8	21.5	16.2	27.7	31.6	30.7	42.3
农林牧渔业	36.4	50.0	13.6	22.8	50.0	41.4	28.9	38.9

续表

	高40%以上	高30%～40%	高20%～30%	高10%～20%	高10%以内	低
国有及国有控股公司	14.0	10.7	34.8	18.0	16.9	5.6
外商及港澳台投资企业	12.0	12.0	37.1	21.3	12.0	5.6
民营企业	9.1	8.5	31.7	22.7	19.2	8.8

关于企业明年计划投资额的增减情况，调查结果显示，明年计划投资额“增长”的企业占34%，“不变”的占40.5%，“减少”的占25.5%，“增长”的比“减少”的多8.5个百分点，这一结果比2014年下降了5.7个百分点。其中，中部地区企业、“京津冀”地区企业、大中型企业和国有及国有控股公司明年计划投资额增长相对较多（见表7.39）。

从不同行业看，明年计划投资额增长较多的行业有：电力热力燃气及水的生产和供应业、信息传输软件和信息技术服务业、住宿和餐饮业以及制造业中的电子设备、铁路船舶航空航天及其他运输设备制造业等，其计划投资额“增长”的比“减少”的多30个百分点以上，其中电力热力燃气及水的生产和供应业、信息传输软件和信息技术服务业以及制造业中的铁路船舶航空航天及其他运输设备制造业等行业更为突出，计划投资额“增长”的比“减少”的多50个百分点左右；而采矿业以及制造业中的服装、造纸、化纤、非金属制品、钢铁、金属制品、汽车等行业则相对较差，计划投资额“减少”的比“增长”的多10个百分点以上（见表7.40）。

表7.39　不同地区、规模及经济类型企业对明年计划投资额增减的预计（%）

	增长	不变	减少	增长－减少				
				2015	2014	2013	2012	2011
总体	34.0	40.5	25.5	8.5	14.2	25.0	20.9	29.6
东部地区企业	32.5	42.5	25.0	7.5	13.1	24.6	18.2	25.9
中部地区企业	37.5	36.5	26.0	11.5	20.0	28.0	25.2	39.9
西部地区企业	34.1	39.1	26.8	7.3	11.2	22.2	27.2	33.6
“长三角”地区企业	30.4	42.5	27.1	3.3	10.5	17.4	11.1	20.1
“珠三角”地区企业	35.7	43.4	20.9	14.8	18.5	28.8	24.2	15.8
“京津冀”地区企业	39.9	41.1	19.0	20.9	25.7	32.1	27.3	43.4

续表

	增长	不变	减少	增长－减少				
				2015	2014	2013	2012	2011
大型企业	40.1	33.5	26.4	13.7	9.1	26.1	26.1	45.3
中型企业	37.6	38.1	24.3	13.3	12.9	31.0	24.8	33.4
小型企业	31.7	42.4	25.9	5.8	15.7	21.5	17.5	24.8
国有及国有控股公司	46.2	34.6	19.2	27.0	16.8	28.0	27.4	38.9
外商及港澳台投资企业	27.3	50.0	22.7	4.6	17.8	21.0	10.4	15.1
民营企业	32.5	40.1	27.4	5.1	13.0	23.3	19.7	27.4

表 7.40　　不同行业企业对明年计划投资额增减的预计（%）

	增长	不变	减少	增长－减少				
				2015	2014	2013	2012	2011
总体	34.0	40.5	25.5	8.5	14.2	25.0	20.9	29.6
农林牧渔业	42.9	42.8	14.3	28.6	24.4	50.0	39.7	47.3
采矿业	30.0	30.0	40.0	－10.0	－53.9	－17.9	15.0	52.5
制造业	31.7	39.3	29.0	2.7	14.3	21.1	17.3	25.5
电力、热力、燃气及水的生产和供应业	59.1	36.4	4.5	54.6	34.6	38.8	47.9	54.3
建筑业	29.3	42.2	28.5	0.8	8.7	31.2	24.0	33.0
交通运输、仓储和邮政业	27.5	57.5	15.0	12.5	19.0	25.9	25.4	50.0
信息传输、软件和信息技术服务业	54.5	39.8	5.7	48.8	46.7	53.1	36.2	69.0
批发和零售业	33.0	43.6	23.4	9.6	4.8	27.2	24.6	36.6
住宿和餐饮业	40.0	52.5	7.5	32.5	2.5	16.5	24.4	37.0
房地产业	37.3	30.5	32.2	5.1	12.8	44.6	37.2	41.8
租赁和商务服务业	34.8	53.1	12.1	22.7	31.8	29.3	21.5	26.9
食品、酒及饮料制造业	41.1	38.4	20.5	20.6	25.6	20.1	42.2	42.7
纺织业	28.0	42.0	30.0	－2.0	－10.8	0.6	16.0	2.6
纺织服装、服饰业	15.9	47.7	36.4	－20.5	15.8	4.3	－8.7	－6.3
造纸及纸制品业	14.3	57.1	28.6	－14.3	3.0	28.3	23.8	19.6
化学原料及化学制品制造业	32.3	42.3	25.4	6.9	21.6	25.4	19.8	41.2
医药制造业	27.8	50.0	22.2	5.6	34.8	35.8	52.3	63.4
化学纤维制造业	12.5	56.2	31.3	－18.8	－17.6	9.1	3.8	31.1

续表

	增长	不变	减少	增长－减少				
				2015	2014	2013	2012	2011
橡胶及塑料制品业	28.0	39.1	32.9	-4.9	13.3	24.0	21.1	21.6
非金属矿物制品业	20.6	43.1	36.3	-15.7	6.7	14.7	23.3	39.7
黑色金属冶炼及压延加工业	14.8	40.7	44.5	-29.7	-15.1	7.5	-10.9	14.2
有色金属冶炼及压延加工业	38.5	38.4	23.1	15.4	-12.5	-7.9	-11.3	20.3
金属制品业	27.5	32.1	40.4	-12.9	10.8	21.1	4.9	20.8
通用设备制造业	26.4	41.2	32.4	-6.0	5.9	15.5	19.3	28.1
专用设备制造业	38.8	34.2	27.0	11.8	23.5	27.6	24.3	33.5
汽车制造业	29.0	25.8	45.2	-16.2	39.7	44.1	5.6	—
铁路、船舶、航空航天及其他运输设备制造业	69.6	17.4	13.0	56.6	33.3	42.9	-12.1	—
电气机械及器材制造业	37.8	32.9	29.3	8.5	19.5	23.0	25.2	31.8
计算机、通信及其他电子设备制造业	49.1	43.1	7.8	41.3	24.4	43.5	16.0	28.7
仪器仪表制造业	36.4	48.4	15.2	21.2	31.4	34.9	30.2	41.3

7.3 当前企业发展面临的困难

7.3.1 产能过剩问题更加突出

本次调查了解了目前不同行业企业产能过剩的具体情况。调查结果显示，认为本行业产能过剩“非常严重”的企业经营者占16.1%，“比较严重”的占58.6%，两者合计比重比2014年上升了0.7个百分点，为近四年来的最高值；认为“基本不存在”的占25.3%（见表7.41）。

表7.41　对本企业所在行业产能过剩情况的判断（%）

	年份	非常严重	比较严重	基本不存在
总体	2015	16.1	58.6	25.3
	2014	15.5	58.5	26.0
	2013	12.8	58.3	28.9
	2012	12.8	54.3	32.9

续表

	非常严重	比较严重	基本不存在
农林牧渔业	10.0	52.0	38.0
采矿业	33.3	52.4	14.3
制造业	19.8	60.3	19.9
电力、热力、燃气及水的生产和供应业	9.1	27.3	63.6
建筑业	13.4	62.2	24.4
交通运输、仓储和邮政业	10.3	58.9	30.8
信息传输、软件和信息技术服务业	2.4	45.9	51.7
批发和零售业	14.6	58.8	26.6
住宿和餐饮业	2.5	65.0	32.5
房地产业	9.8	68.9	21.3
租赁和商务服务业	1.4	47.9	50.7
食品、酒及饮料制造业	16.0	53.4	30.6
纺织业	18.1	69.5	12.4
纺织服装、服饰业	20.5	61.3	18.2
造纸及纸制品业	19.0	66.7	14.3
化学原料及化学制品制造业	18.8	62.4	18.8
医药制造业	5.4	62.2	32.4
化学纤维制造业	25.0	62.5	12.5
橡胶及塑料制品业	17.1	62.2	20.7
非金属矿物制品业	31.1	63.1	5.8
黑色金属冶炼及压延加工业	28.6	64.3	7.1
有色金属冶炼及压延加工业	30.8	50.0	19.2
金属制品业	18.3	63.4	18.3
通用设备制造业	22.4	65.1	12.5
专用设备制造业	22.7	54.6	22.7
汽车制造业	23.0	68.8	8.2
铁路、船舶、航空航天及其他运输设备制造业	25.0	41.7	33.3
电气机械及器材制造业	18.8	61.2	20.0
计算机、通信及其他电子设备制造业	21.6	58.8	19.6
仪器仪表制造业	8.8	44.1	47.1

从不同行业看，采矿业以及制造业中的纺织、服装、造纸、化工、化纤、非金属制品、钢铁、有色金属、金属制品、通用设备、汽车、电气机械、电子设备等行业产能过剩问题突出，产能过剩“比较严重”或“非常严重”的企业超过八成；而电力热力燃气及水的生产和供应业、信息传输软件和信息技术服务业、租赁和商务服务业以及制造业中的仪器仪表等行业则相对较好，半数左右的企业经营者认为“基本不存在”产能过剩（见表7.41）。

调查表明，产能过剩存在明显的行业差异。在部分行业产能过剩问题突出的同时，也有一些行业特别是高端制造业和生产性服务业存在良好的发展空间，这为推进产业结构升级和经济转型创造了良好的条件。

设备利用率也能反映产能过剩的严重程度。调查结果显示，认为2015年设备利用率在“75%及以下”的企业经营者占58.6%，“75~90%”的占29.9%，“90%以上”的占11.5%，企业总体平均设备利用率为67.8%，其中制造业企业的平均设备利用率为66.6%，比2014年的设备利用率下降了4.4个百分点。从不同行业看，食品、非金属制品、钢铁、通用设备、汽车等行业平均设备利用率低于65%，相对较低；而纺织、服装、医药、电子设备和仪器仪表等行业平均设备利用率相对较高（见表7.42）。

表7.42　　不同制造业企业今年的设备利用率情况（%）

	年份	75%及以下	75~90%	90%以上	平均设备利用率
总体	2015	58.6	29.9	11.5	67.8
	2014	50.9	32.8	16.3	72.2
	2013	51.2	32.9	15.9	72.0
	2012	49.2	34.1	16.7	72.7
制造业总体	2015	62.5	28.2	9.3	66.6
	2014	53.9	32.4	13.7	71.0
	2013	54.8	32.7	12.5	70.8
	2012	52.0	33.8	14.2	71.8
食品、酒及饮料制造业		69.0	21.6	9.4	61.3
纺织业		51.0	32.0	17.0	72.4
纺织服装、服饰业		44.1	41.9	14.0	72.6
造纸及纸制品业		66.6	28.6	4.8	65.5
化学原料及化学制品制造业		66.4	20.6	13.0	65.7

续表

	75%及以下	75~90%	90%以上	平均设备利用率
医药制造业	52.8	27.8	19.4	73.7
化学纤维制造业	56.2	31.3	12.5	66.1
橡胶及塑料制品业	61.0	33.8	5.2	68.3
非金属矿物制品业	72.8	23.2	4.0	63.0
黑色金属冶炼及压延加工业	60.7	39.3		59.4
有色金属冶炼及压延加工业	57.7	34.6	7.7	69.0
金属制品业	61.0	35.2	3.8	66.6
通用设备制造业	66.8	29.1	4.1	62.8
专用设备制造业	59.3	24.8	15.9	69.3
汽车制造业	72.6	22.6	4.8	63.4
铁路、船舶、航空航天及其他运输设备制造业	69.6	30.4		66.5
电气机械及器材制造业	65.5	25.0	9.5	66.1
计算机、通信及其他电子设备制造业	54.0	30.0	16.0	70.8
仪器仪表制造业	54.5	39.4	6.1	71.7

从对2016年企业设备利用率的预计来看，调查结果显示，预计2016年设备利用率在“75%及以下”的企业经营者占54.3%，“75~90%”的占31.2%，“90%以上”的占14.5%，预计明年企业总体平均设备利用率为70.2%，其中制造业企业预计为69%，比2014年的调查结果下降了5.5个百分点。从不同行业看，造纸、非金属制品、钢铁、通用设备和汽车等行业预计2016年平均设备利用率在65%左右，相对较低；而纺织、医药和仪器仪表等行业预计2016年平均设备利用率相对较高（见表7.43）。

表7.43　不同制造业企业对明年设备利用率的预计（%）

	年份	75%及以下	75~90%	90%以上	平均设备利用率
总体	2015	54.3	31.2	14.5	70.2
	2014	43.8	36.9	19.3	75.3
	2013	44.3	35.9	19.8	75.2
	2012	43.5	44.6	11.9	75.7

续表

	年份	75%及以下	75～90%	90%以上	平均设备利用率
制造业总体	2015	57.9	31.0	11.1	69.0
	2014	45.7	38.2	16.1	74.5
	2013	47.0	36.5	16.5	74.1
	2012	45.5	44.9	9.6	75.0
食品、酒及饮料制造业		61.0	27.2	11.8	67.0
纺织业		48.0	30.0	22.0	73.4
纺织服装、服饰业		53.5	37.2	9.3	70.0
造纸及纸制品业		71.4	23.8	4.8	65.9
化学原料及化学制品制造业		58.8	27.5	13.7	68.6
医药制造业		54.3	25.7	20.0	75.1
化学纤维制造业		56.2	18.8	25.0	67.5
橡胶及塑料制品业		61.0	32.5	6.5	69.4
非金属矿物制品业		65.3	30.6	4.1	65.6
黑色金属冶炼及压延加工业		59.3	40.7		66.3
有色金属冶炼及压延加工业		53.9	42.3	3.8	71.3
金属制品业		55.2	36.2	8.6	68.6
通用设备制造业		66.5	30.1	3.4	64.9
专用设备制造业		53.4	28.1	18.5	71.7
汽车制造业		68.9	26.2	4.9	65.0
铁路、船舶、航空航天及其他运输设备制造业		56.6	39.1	4.3	70.8
电气机械及器材制造业		59.7	29.3	11.0	67.5
计算机、通信及其他电子设备制造业		46.0	38.0	16.0	72.5
仪器仪表制造业		48.4	36.4	15.2	74.7

关于“当前企业经营发展中遇到的最主要困难”的调查也表明，产能过剩的问题更加突出。调查结果显示，企业经营者选择比重最高的八项依次是：“人工成本上升”（71.9%）、“社保、税费负担过重”（54.7%）、“整个行业产能过剩”（41.2%）、“企业利润率太低”（40.8%）、“资金紧张”（37.9%）、“缺乏人才”（32.8%）、“国内需求不足”（29.4%）和“未来影

响企业发展的不确定因素太多”（22.7%）。其中，选择“整个行业产能过剩”的与2014年大致相当，明显高于前几年的调查结果。调查发现，近年来成本上升（包括“人工成本上升”和“社保、税费负担过重”）一直是企业发展面临的最主要困难，这在一定程度上是由于“整个行业产能过剩”带来了企业竞争加剧、价格下跌、并进而导致“企业利润率太低”。因此，综合来看，产能过剩问题是近年来影响我国企业发展的重要因素，并且呈现逐渐严重的趋势（见表7.44）。

值得注意的是，不同地区企业面临的主要困难存在一定差异，其中，“珠三角”地区企业选择“人工成本上升”、“社保、税费负担过重”、“企业招工困难”和“地方政府干预较多”的比重高于其他地区企业，“长三角”地区企业选择“整个行业产能过剩”、“企业利润率太低”、“企业招工困难”、“国内需求不足”和“出口需求不足”的比重高于其他地区企业，“京津冀”地区企业选择“资金紧张”、“缺乏人才”和“资源、环境约束较大”的比重高于其他地区企业（见表7.44）。

表7.44 当前企业经营发展中遇到的最主要困难（%）

	调查年份					地区		
	2015	2014	2013	2012	2011	“长三角”	“珠三角”	京津冀
人工成本上升	71.9	76.0	79.2	75.3	79.0	78.7	85.5	62.0
社保、税费负担过重	54.7	54.5	51.3	51.8	43.3	60.3	74.4	43.1
整个行业产能过剩	41.2	41.4	36.9	30.9	22.9	48.7	40.2	26.6
企业利润率太低	40.8	40.8	41.1	44.8	39.1	40.7	31.6	31.4
资金紧张	37.9	35.6	36.6	35.0	38.8	24.6	24.8	36.9
缺乏人才	32.8	30.4	28.4	29.7	32.8	30.0	29.1	36.9
国内需求不足	29.4	23.7	28.9	25.5	7.7	33.9	26.5	28.5
未来影响企业发展的不确定因素太多	22.7	18.5	27.6	27.4	19.9	23.1	20.5	26.3
缺乏创新能力	14.8	13.8	11.4	13.8	11.2	14.2	16.2	16.1
能源、原材料成本上升	13.7	19.9	25.3	31.3	57.7	10.1	12.0	11.3
企业招工困难	13.2	20.1	19.4	22.3	28.9	13.8	24.8	11.7

续表

	调查年份					地区		
	2015	2014	2013	2012	2011	“长三角”	“珠三角”	京津冀
资源、环境约束较大	10.5	9.4	9.8	8.4	8.2	11.6	6.8	16.8
出口需求不足	9.9	8.0	9.5	11.6	5.2	16.6	14.5	5.5
遭受侵权等不正当竞争	9.7	8.3	7.4	6.0	7.6	9.3	6.8	10.6
企业领导人发展动力不足	7.7	8.3	7.0	7.8	7.1	7.9	6.8	9.5
地方政府干预较多	7.2	8.8	11.0	6.4	6.1	5.3	11.1	7.7
人民币升值过快	5.5	8.9	13.4	7.9	18.7	8.7	6.8	2.9
缺乏投资机会	3.5	3.3	3.6	3.2	2.9	3.2	2.6	4.4
电力供应不足	0.5	0.6	1.4	1.1	9.3	0.4	0.9	0.7

受到产能过剩的影响，企业面临的市场竞争压力也明显加大。调查结果显示，与去年同期相比，认为今年以来市场竞争压力“明显增加”的企业经营者占38.3%，比2014年高了4.9个百分点；“有所增加”的占43.6%，“基本未变”的占15.7%，“明显减少”或“有所减少”的占2.4%。以5分制计算，企业在“市场竞争压力”方面的总体得分为4.17，明显高于中值3，也高于2014年的调查结果，这表明，与去年相比，今年以来企业面临的市场竞争压力进一步加大。从不同行业看，采矿业、交通运输仓储和邮政业以及制造业中的化纤、通用设备、专用设备、汽车等行业企业的竞争压力增加较多，评价值在4.3~4.44之间（见表7.45）。

表7.45　与去年同期相比，今年以来不同行业企业在“市场竞争压力”方面的变化情况（%）

		明显减少	有所减少	基本未变	有所增加	明显增加	评价值
总体	2015年	0.5	1.9	15.7	43.6	38.3	4.17
	2014年	0.5	1.5	16.4	48.2	33.4	4.13
农林牧渔业				32.0	30.0	38.0	4.06
采矿业				20.0	30.0	50.0	4.30
制造业		0.4	1.6	15.0	42.2	40.8	4.21
电力、热力、燃气及水的生产和供应业				36.4	40.9	22.7	3.86

续表

	明显减少	有所减少	基本未变	有所增加	明显增加	评价值
建筑业		3.9	9.4	43.0	43.7	4.27
交通运输、仓储和邮政业			12.8	43.6	43.6	4.31
信息传输、软件和信息技术服务业		9.1	21.6	42.0	27.3	3.88
批发和零售业	0.5	2.0	13.2	47.0	37.3	4.19
住宿和餐饮业	2.5	2.5	25.0	47.5	22.5	3.85
房地产业	1.7		11.9	50.8	35.6	4.19
租赁和商务服务业	1.4		16.7	54.1	27.8	4.07
食品、酒及饮料制造业	0.7	0.7	17.8	41.8	39.0	4.18
纺织业		1.9	20.2	31.7	46.2	4.22
纺织服装、服饰业			20.5	43.1	36.4	4.16
造纸及纸制品业			33.4	33.3	33.3	4.00
化学原料及化学制品制造业		3.1	16.2	42.2	38.5	4.16
医药制造业			18.9	37.8	43.3	4.24
化学纤维制造业			6.3	43.8	49.9	4.44
橡胶及塑料制品业		3.8	15.0	42.4	38.8	4.16
非金属矿物制品业	1.0	1.0	10.7	44.6	42.7	4.27
黑色金属冶炼及压延加工业		7.1	10.7	39.3	42.9	4.18
有色金属冶炼及压延加工业			19.2	46.2	34.6	4.15
金属制品业	0.9	2.8	14.8	48.2	33.3	4.10
通用设备制造业	0.7	0.7	8.6	41.7	48.3	4.36
专用设备制造业	1.3	1.3	11.3	35.8	50.3	4.33
汽车制造业		4.9	9.8	32.8	52.5	4.33
铁路、船舶、航空航天及其他运输设备制造业			17.4	60.9	21.7	4.04
电气机械及器材制造业		1.2	8.4	54.3	36.1	4.25
计算机、通信及其他电子设备制造业		1.9	15.4	42.3	40.4	4.21
仪器仪表制造业			32.4	41.1	26.5	3.94

注：评价值是由（“明显减少” +“有所减少” ×2 +“基本未变” ×3 +“有所增加” ×4 +“明显增加” ×5）/100 计算得出的，分值范围为 1 ~5，中值为 3，表示企业的市场竞争压力与去年相比没有变化。评价值高于 3 时，分值越高，表示企业的市场竞争压力比去年增加越多；评价值低于 3 时，分值越低，表示企业的市场竞争压力比去年减少越多。

7.3.2 企业成本持续上升，经营负担加重

近年来，成本上升一直是企业面临的主要困难之一。关于“当前企业经营发展中遇到的最主要困难”的调查显示，企业经营者选择比重最高的两项分别是“人工成本上升”（71.9%）和“社保、税费负担过重”（54.7%），其中“人工成本上升”近年来一直排在所有十九个选项的第一位，选择比重均超过七成，而近年来选择“社保、税费负担过重”的比重也呈现上升趋势（见表7.44）。

本次调查了解了企业各项成本的变化情况。调查结果显示，认为目前企业人工成本比去年同期“增加”的企业经营者占82.3%，其中“明显增加”的占24.5%，“有所增加”的占57.8%；“基本未变”的占14.5%；“减少”的占3.2%；认为“增加”的比“减少”的多79.1个百分点。其中，东部地区企业和中小企业人工成本上升幅度相对较大（见表7.46）。

表7.46 与去年同期相比，今年以来企业在“人工成本”方面的变化情况（%）

		明显减少	有所减少	基本未变	有所增加	明显增加	增加－减少
总体	2015年	0.5	2.7	14.5	57.8	24.5	79.1
	2014年	0.4	1.4	8.2	61.1	28.9	88.2
	2013年	1.1		8.7	90.2		89.1
东部地区企业		0.3	2.2	13.7	57.8	26.0	81.3
中部地区企业		0.7	3.8	15.7	57.4	22.4	75.3
西部地区企业		1.0	3.1	15.9	57.4	22.6	75.9
大型企业		0.4	4.5	12.6	58.1	24.4	77.6
中型企业		0.3	3.6	12.8	57.5	25.8	79.4
小型企业		0.6	2.1	15.3	57.7	24.3	79.3

注：“增加”包括“有所增加”和“明显增加”；“减少”包括“明显减少”和“有所减少”。

本次调查还了解了企业今年的环保支出情况。调查结果显示，认为今年企业环保支出比去年同期“明显增加”或“有所增加”的企业经营者占60.8%，“基本未变”的占37.4%，“明显减少”或“有所减少”的仅占1.8%。以5分制计算，企业在“环保支出”方面的总体得分为3.77，明显高于中值3，这表明今年以来企业的环保支出增加较多。其中，东部地区企业、大型企业、外资企业环保支出增加相对较多（见表7.47）。

表 7.47　与去年同期相比，今年以来企业在"环保支出"方面的变化情况（%）

		明显减少	有所减少	基本未变	有所增加	明显增加	评价值
总体	2015 年	0.5	1.3	37.4	42.8	18.0	3.77
	2014 年	0.4	0.7	37.9	44.7	16.3	3.76
东部地区企业		0.3	1.0	36.4	43.2	19.1	3.80
中部地区企业		1.1	1.4	38.6	43.0	15.9	3.71
西部地区企业		0.5	2.2	39.6	41.3	16.4	3.71
大型企业		0.4	1.7	24.5	47.3	26.1	3.97
中型企业		0.5	1.3	31.3	46.5	20.4	3.85
小型企业		0.5	1.2	41.9	40.6	15.8	3.70
国有及国有控股公司		0.5	2.2	37.5	45.7	14.1	3.71
外商及港澳台投资企业				36.6	43.8	19.6	3.83
民营企业		0.5	1.2	36.9	42.6	18.8	3.78

从不同行业看，采矿业以及制造业中的造纸、化工、医药、化纤、钢铁、有色金属、汽车、铁路船舶航空航天及其他运输设备制造业等行业企业环保支出增加相对较多，评价值在 4 ~4.25 之间（见表 7.48）。

表 7.48　与去年同期相比，今年以来不同行业企业在"环保支出"方面的变化情况（%）

		明显减少	有所减少	基本未变	有所增加	明显增加	评价值
总体	2015 年	0.5	1.3	37.4	42.8	18.0	3.77
	2014 年	0.4	0.7	37.9	44.7	16.3	3.76
农林牧渔业				41.7	37.5	20.8	3.79
采矿业			5.0	15.0	35.0	45.0	4.20
制造业		0.4	1.2	30.4	46.0	22.0	3.88
电力、热力、燃气及水的生产和供应业				27.3	54.5	18.2	3.91
建筑业		0.8	1.6	48.0	44.7	4.9	3.51
交通运输、仓储和邮政业			2.6	43.6	35.9	17.9	3.69
信息传输、软件和信息技术服务业				75.3	23.5	1.2	3.26

续表

	明显减少	有所减少	基本未变	有所增加	明显增加	评价值
批发和零售业	0.5	1.1	48.4	36.8	13.2	3.61
住宿和餐饮业	5.1	2.6	38.5	43.5	10.3	3.51
房地产业	1.7		43.1	43.1	12.1	3.64
租赁和商务服务业		3.0	60.7	31.8	4.5	3.38
食品、酒及饮料制造业	0.7	2.1	20.3	54.5	22.4	3.96
纺织业		2.0	30.0	40.0	28.0	3.94
纺织服装、服饰业			51.2	39.5	9.3	3.58
造纸及纸制品业			28.6	33.3	38.1	4.10
化学原料及化学制品制造业		0.8	16.7	50.7	31.8	4.14
医药制造业			19.4	41.7	38.9	4.20
化学纤维制造业			6.3	62.4	31.3	4.25
橡胶及塑料制品业			32.1	46.9	21.0	3.89
非金属矿物制品业	1.0	1.9	28.2	41.7	27.2	3.92
黑色金属冶炼及压延加工业			21.4	32.1	46.5	4.25
有色金属冶炼及压延加工业			19.2	57.7	23.1	4.04
金属制品业	0.9	1.9	24.3	50.5	22.4	3.92
通用设备制造业	2.0		33.6	51.6	12.8	3.73
专用设备制造业		2.0	39.1	41.7	17.2	3.74
汽车制造业			22.6	54.8	22.6	4.00
铁路、船舶、航空航天及其他运输设备制造业			29.2	41.6	29.2	4.00
电气机械及器材制造业		3.8	44.3	40.5	11.4	3.60
计算机、通信及其他电子设备制造业		2.0	35.2	35.3	27.5	3.88
仪器仪表制造业			45.5	42.4	12.1	3.79

注：评价值是由（“明显减少”＋“有所减少”×2＋“基本未变”×3＋“有所增加”×4＋“明显增加”×5）/100 计算得出的，分值范围为1~5，中值为3，表示企业的环保支出与去年相比没有变化。评价值高于3时，分值越高，表示企业的环保支出比去年增加越多；评价值低于3时，分值越低，表示企业的环保支出比去年减少越多。以下同。

在成本持续上升的同时，企业的经营负担也有所加重。本次调查了解了今年以来企业的税收负担和非税费用的变化情况，调查结果显示，与去年相比，认为税收负担“基本未变”的企业经营者占59.3%，“有所增加”或“明显增加”的占26.2%，“有所减少”或“明显减少”的占14.5%。以5分制计算，企业在“税收负担”方面的总体得分为3.16，高于中值3，这表明今年以来企业的税收负担有所增加。其中，大中型企业今年以来税收负担增加相对较多（见表7.49）。

表7.49　与去年同期相比，今年以来不同类型企业在“税收负担”方面的变化情况（%）

		明显减少	有所减少	基本未变	有所增加	明显增加	评价值
总体	2015年	2.3	12.2	59.3	20.0	6.2	3.16
	2014年	1.3	8.7	60.1	25.0	4.9	3.23
东部地区企业		1.2	11.1	62.6	20.2	4.9	3.17
中部地区企业		3.1	14.4	54.1	20.8	7.6	3.15
西部地区企业		5	12.9	54.6	18.4	9.1	3.14
大型企业		1.2	9.8	58.8	23.7	6.5	3.25
中型企业		1.3	8.5	58.4	23.9	7.9	3.29
小型企业		2.8	13.9	59.8	17.9	5.6	3.10
国有及国有控股公司			11.3	60.2	19.4	9.1	3.26
外商及港澳台投资企业			14.4	64.9	15.3	5.4	3.12
民营企业		2.5	12.5	58.4	20.1	6.5	3.16

注：评价值是由（“明显减少”+“有所减少”×2+“基本未变”×3+“有所增加”×4+“明显增加”×5）/100计算得出的，分值范围为1~5，中值为3，表示企业的税收负担与去年相比没有变化。评价值高于3时，分值越高，表示企业的税收负担比去年增加越多；评价值低于3时，分值越低，表示企业的税收负担比去年减少越多。以下同。

从不同行业看，采矿业、电力热力燃气及水的生产和供应业、房地产业以及制造业中的化纤、有色金属、汽车、电子设备等行业企业今年以来税收负担增加相对较多，评价值在3.3~3.39之间（见表7.50）。

表7.50　与去年同期相比，今年以来不同行业企业在“税收负担”方面的变化情况（%）

		明显减少	有所减少	基本未变	有所增加	明显增加	评价值
总体	2015年	2.3	12.2	59.3	20.0	6.2	3.16
	2014年	1.3	8.7	60.1	25.0	4.9	3.23
农林牧渔业		8.0	22.0	44.0	22.0	4.0	2.92

续表

	明显减少	有所减少	基本未变	有所增加	明显增加	评价值
采矿业		15.0	50.0	25.0	10.0	3.30
制造业	2.1	10.9	60.1	20.5	6.4	3.18
电力、热力、燃气及水的生产和供应业			65.3	30.4	4.3	3.39
建筑业	3.1	11.0	56.0	20.5	9.4	3.22
交通运输、仓储和邮政业		12.8	56.4	23.1	7.7	3.26
信息传输、软件和信息技术服务业	3.4	14.8	61.4	15.9	4.5	3.03
批发和零售业	1.5	16.7	57.7	17.2	6.9	3.11
住宿和餐饮业	5.0	15.0	67.5	10.0	2.5	2.90
房地产业	3.3	6.6	57.3	21.3	11.5	3.31
租赁和商务服务业	1.3	24.0	54.7	18.7	1.3	2.95
食品、酒及饮料制造业	2.8	15.4	53.8	23.1	4.9	3.12
纺织业	2.9	15.5	59.3	15.5	6.8	3.08
纺织服装、服饰业	2.2	13.3	57.9	22.2	4.4	3.13
造纸及纸制品业		9.5	71.5	19.0		3.10
化学原料及化学制品制造业	1.5	9.1	59.1	22.0	8.3	3.27
医药制造业	2.7	5.4	67.6	18.9	5.4	3.19
化学纤维制造业		6.3	62.4	25.0	6.3	3.31
橡胶及塑料制品业	1.2	7.2	68.7	16.9	6.0	3.19
非金属矿物制品业	3.0	8.9	53.5	25.7	8.9	3.29
黑色金属冶炼及压延加工业	3.6	7.1	60.7	17.9	10.7	3.25
有色金属冶炼及压延加工业		7.7	61.5	23.1	7.7	3.31
金属制品业	0.9	15.0	64.5	15.9	3.7	3.07
通用设备制造业	2.6	9.3	61.7	18.5	7.9	3.20
专用设备制造业	1.3	12.4	61.5	16.3	8.5	3.18
汽车制造业	3.3	3.3	55.1	28.3	10.0	3.38
铁路、船舶、航空航天及其他运输设备制造业		16.7	54.1	16.7	12.5	3.25
电气机械及器材制造业		7.5	67.4	21.3	3.8	3.21
计算机、通信及其他电子设备制造业	1.9	5.8	59.6	25.0	7.7	3.31
仪器仪表制造业		8.8	58.9	29.4	2.9	3.26

关于企业非税费用的变化情况，调查结果显示，与去年相比，认为今年以来非税费用“基本未变”的企业经营者占51.2%，“有所增加”或“明显增加”的占31.9%，“有所减少”或“明显减少”的占16.9%。以5分制计算，企业在“非税费用”方面的总体得分为3.19，高于中值3，这表明今年以来企业的非税费用有所增加。其中，东部地区企业、中型企业、外资企业今年以来非税费用增加相对较多（见表7.51）。

从不同行业看，电力热力燃气及水的生产和供应业以及制造业中的电子设备等行业企业今年以来非税费用增加相对较多，评价值在3.31～3.41之间（见表7.51）。

表7.51　与去年同期相比，今年以来企业在“非税费用”方面的变化情况（%）

		明显减少	有所减少	基本未变	有所增加	明显增加	评价值
总体	2015年	2.2	14.7	51.2	26.2	5.7	3.19
	2014年	1.3	11.9	52.5	29.1	5.2	3.25
东部地区企业		1.4	12.1	54.5	26.7	5.3	3.22
中部地区企业		3.2	20.4	45.5	25.2	5.7	3.10
西部地区企业		3.6	16.1	47.5	25.5	7.3	3.17
大型企业		2.1	14.5	52.7	24.5	6.2	3.18
中型企业		2.5	12.9	51.7	25.6	7.3	3.22
小型企业		2.2	15.3	50.7	26.7	5.1	3.17
国有及国有控股公司		1.6	14.8	56.7	23.1	3.8	3.13
外商及港澳台投资企业			16.4	51.8	22.7	9.1	3.25
民营企业		2.3	15.4	50.1	26.3	5.9	3.18
农林牧渔业		8.0	12.0	54.0	22.0	4.0	3.02
采矿业			25.0	45.0	20.0	10.0	3.15
制造业		2.1	15.1	51.9	24.9	6.0	3.18
电力、热力、燃气及水的生产和供应业				63.7	31.8	4.5	3.41
建筑业		3.2	14.3	46.0	31.7	4.8	3.21
交通运输、仓储和邮政业			15.4	58.9	15.4	10.3	3.21
信息传输、软件和信息技术服务业		2.4	13.1	49.9	28.6	6.0	3.23
批发和零售业		1.5	15.3	47.3	30.0	5.9	3.24

续表

	明显减少	有所减少	基本未变	有所增加	明显增加	评价值
住宿和餐饮业	5.1	17.9	43.7	33.3		3.05
房地产业	5.0	10.0	55.0	23.3	6.7	3.17
租赁和商务服务业	1.4	13.7	52.0	27.4	5.5	3.22
食品、酒及饮料制造业	4.3	19.3	45.0	25.7	5.7	3.09
纺织业	2.0	16.2	53.5	25.3	3.0	3.11
纺织服装、服饰业		15.6	51.1	31.1	2.2	3.20
造纸及纸制品业		14.3	57.1	28.6		3.14
化学原料及化学制品制造业	2.3	16.2	50.8	23.8	6.9	3.17
医药制造业	2.9	14.3	48.5	25.7	8.6	3.23
化学纤维制造业	6.3	12.5	49.9	31.3		3.06
橡胶及塑料制品业	1.2	18.1	48.2	21.7	10.8	3.23
非金属矿物制品业	2.0	9.0	57.0	27.0	5.0	3.24
黑色金属冶炼及压延加工业	3.6	28.6	39.3	21.4	7.1	3.00
有色金属冶炼及压延加工业		15.4	65.4	19.2		3.04
金属制品业	0.9	14.0	58.0	17.8	9.3	3.21
通用设备制造业	2.0	11.4	58.4	19.5	8.7	3.22
专用设备制造业	1.3	16.8	44.3	32.2	5.4	3.24
汽车制造业	3.3	14.8	50.7	27.9	3.3	3.13
铁路、船舶、航空航天及其他运输设备制造业		16.7	50.0	20.8	12.5	3.29
电气机械及器材制造业	1.3	10.3	61.4	24.4	2.6	3.17
计算机、通信及其他电子设备制造业	2.0	7.8	54.9	27.5	7.8	3.31
仪器仪表制造业		15.2	54.5	24.2	6.1	3.21

注：评价值是由（“明显减少” +“有所减少” ×2+“基本未变” ×3+“有所增加” ×4+“明显增加” ×5）/100 计算得出的，分值范围为1～5，中值为3，表示企业的非税费用与去年相比没有变化。评价值高于3时，分值越高，表示企业的非税费用比去年增加越多；评价值低于3时，分值越低，表示企业的非税费用比去年减少越多。以下同。

7.3.3 中小企业融资依然十分困难

调查发现，目前我国企业尤其是中小企业融资依然十分困难。关于“当前企业经营发展中遇到的最主要困难”的调查显示，选择“资金紧张”的企业经营者占37.9%，排在所有十九个选项的第五位，为近四年来的最高（见表44)。本次调查还了解了企业目前的流动资金情况。调查结果显示，认为目前资金“紧张”的企业经营者占43.9%，“正常”的占48.5%，“宽裕”的占7.6%。其中，中部地区企业、小型企业和民营企业资金“紧张”的比重相对较高（见表7.52)。

应收账款也反映了目前企业的资金情况。调查结果显示，认为应收账款“高于正常”的企业经营者占28.5%，与2014年基本持平；“正常”的占51.3%，“低于正常”的占20.2%。其中，西部地区企业、大中型企业、国有及国有控股公司应收账款“高于正常”的比重相对较高（见表7.53)。

表7.52　　企业目前的流动资金情况（%）

	宽裕	正常	紧张	宽裕-紧张				
				2015	2014	2013	2012	2011
总体	7.6	48.5	43.9	-36.3	-36.6	-36.5	-36.2	42.2
东部地区企业	9.2	52.7	38.1	-28.9	-31.8	-31.5	-32.0	39.7
中部地区企业	4.8	39.6	55.6	-50.8	-48.6	-49.1	-44.6	49.6
西部地区企业	5.5	45.8	48.7	-43.2	-44.1	-41.2	-44.9	43.1
大型企业	14.8	51.6	33.6	-18.8	-29.7	-22.6	-16.7	26.7
中型企业	10.1	48.1	41.8	-31.7	-31.6	-32.0	-32.1	39.1
小型企业	5.6	48.2	46.2	-40.6	-40.4	-41.8	-42.1	46.3
国有及国有控股公司	8.5	50.8	40.7	-32.2	-32.8	-24.9	-29.6	37.4
外商及港澳台投资企业	18.9	56.8	24.3	-5.4	-6.6	-18.5	-22.2	31.0
民营企业	6.3	46.9	46.8	-40.5	-40.6	-40.6	-39.1	45.1

表7.53　　企业目前的应收账款情况（%）

	年份	高于正常	正常	低于正常	高于正常-低于正常
总体	2015	28.5	51.3	20.2	8.3
	2014	29.7	54.5	15.8	13.9
	2013	28.5	55.3	16.2	12.3
	2012	28.6	54.7	16.7	11.9
	2011	25.8	60.7	13.5	12.3

续表

	高于正常	正常	低于正常	高于正常－低于正常
东部地区企业	27.8	53.4	18.8	9.0
中部地区企业	27.5	48.9	23.6	3.9
西部地区企业	32.6	46.8	20.6	12.0
大型企业	29.6	61.3	9.1	20.5
中型企业	29.5	51.6	18.9	10.6
小型企业	27.9	49.8	22.3	5.6
国有及国有控股公司	34.9	51.7	13.4	21.5
外商及港澳台投资企业	13.0	75.0	12.0	1.0
民营企业	29.1	49.4	21.5	7.6

7.4 结构变化及增长动力转换

7.4.1 企业能耗有所下降

尽管当前企业发展面临诸多困难和挑战，但调查也发现，目前我国经济结构呈现出优化趋势。其中，企业能耗的变化情况反映出了产业结构调整的成效。调查结果显示，与去年同期相比，认为今年以来企业的能源消耗“明显减少”或“有所减少”的企业经营者占34.5%，“基本未变”的占50.6%，“明显增加”或“有所增加”的占14.9%。能耗减少的比增加的多近20个百分点，要好于2014年的调查结果，这表明今年以来企业能耗有所下降。其中，“珠三角”地区企业能耗下降相对较多。从不同行业看，纺织、化工、化纤、橡胶塑料、非金属制品、钢铁、有色金属、金属制品、通用设备、电气机械等行业的能耗下降较为明显（见表7.54）。

表7.54 与去年同期相比，今年以来企业在“能源消耗”方面的变化情况（%）

		明显减少	有所减少	基本未变	有所增加	明显增加
总体	2015年	4.5	30.0	50.6	12.8	2.1
	2014年	2.3	20.2	56.0	18.5	3.0
“长三角”地区企业		5.0	32.0	50.2	11.0	1.8

续表

	明显减少	有所减少	基本未变	有所增加	明显增加
“珠三角”地区企业	1.8	39.8	50.4	6.2	1.8
“京津冀”地区企业	5.0	27.6	55.6	10.7	1.1
农林牧渔业	8.5	27.7	44.7	19.1	
采矿业	5.0	40.0	40.0		15.0
制造业	4.8	35.0	47.3	10.8	2.1
电力、热力、燃气及水的生产和供应业		13.0	74.0	8.7	4.3
建筑业	5.6	24.8	49.6	16.8	3.2
交通运输、仓储和邮政业	2.5	30.0	47.5	17.5	2.5
信息传输、软件和信息技术服务业	1.1	23.0	55.2	18.4	2.3
批发和零售业	2.7	20.7	60.3	15.2	1.1
住宿和餐饮业	12.8	20.5	43.6	23.1	
房地产业	3.6	18.2	65.5	12.7	
租赁和商务服务业	4.5	14.9	70.1	9.0	1.5
食品、酒及饮料制造业	2.1	35.5	44.0	15.6	2.8
纺织业	6.1	41.4	40.4	10.1	2.0
纺织服装、服饰业	4.8	26.2	57.1	9.5	2.4
造纸及纸制品业		28.6	52.4	9.5	9.5
化学原料及化学制品制造业	5.3	38.9	44.4	9.9	1.5
医药制造业		20.0	45.7	25.7	8.6
化学纤维制造业	6.3	37.5	49.9	6.3	
橡胶及塑料制品业	6.3	30.0	57.4	5.0	1.3
非金属矿物制品业	4.0	38.0	47.0	11.0	
黑色金属冶炼及压延加工业	3.6	57.1	28.6	3.6	7.1
有色金属冶炼及压延加工业		50.0	34.6	15.4	
金属制品业	9.3	42.1	39.3	8.4	0.9
通用设备制造业	6.0	35.6	48.3	7.4	2.7
专用设备制造业	3.9	32.2	50.1	10.5	3.3
汽车制造业	5.0	40.0	38.3	11.7	5.0
铁路、船舶、航空航天及其他运输设备制造业	8.7	30.4	43.5	17.4	

续表

	明显减少	有所减少	基本未变	有所增加	明显增加
电气机械及器材制造业	6.0	34.9	53.1	6.0	
计算机、通信及其他电子设备制造业	2.0	31.4	56.8	9.8	
仪器仪表制造业		24.2	60.7	12.1	3.0

7.4.2 企业创新成效逐渐显现

调查发现，目前产业结构呈现明显的优化趋势，主要表现为以电力热力燃气及水的生产和供应业、信息传输软件和信息技术服务业、住宿和餐饮业、租赁和商务服务业以及制造业中的医药、电子设备、仪器仪表等行业为代表的高技术企业和现代服务业，在订货、盈利、用工和未来投资额等指标上均明显好于全行业平均水平，更大幅好于采矿业、房地产业以及制造业中的造纸、化纤、非金属制品、钢铁、有色金属、通用设备等资源密集型行业，而这种产业结构的优化是在创新的推动下逐步实现的。

本次调查了解了企业的创新成效。调查结果显示，认为今年新产品销售比重“增加”的企业经营者占28.8%，“持平”的占48.4%，“减少”的占22.8%；“增加”的比“减少”的多6个百分点。其中，东部地区企业、“长三角”和“京津冀”地区企业、大型企业、外资企业的新产品销售比重增长相对较多（见表7.55）。

表 7.55　　相对于去年，企业今年的新产品销售比重情况（%）

	增加	持平	减少	增加－减少				
				2015	2014	2013	2012	2011
总体	28.8	48.4	22.8	6.0	14.2	20.8	14.5	23.8
东部地区企业	29.7	50.4	19.9	9.8	16.8	22.3	14.6	24.5
中部地区企业	28.8	45.8	25.4	3.4	11.3	19.8	14.3	25.3
西部地区企业	25.5	44.7	29.8	-4.3	3.6	15.2	14.2	18.0
“长三角”地区企业	31.0	51.0	18.0	13.0	21.8	24.9	14.9	25.1
“珠三角”地区企业	25.4	55.3	19.3	6.1	17.3	19.5	19.0	14.5
“京津冀”地区企业	30.4	52.2	17.4	13.0	12.4	22.7	14.6	30.1

续表

	增加	持平	减少	增加－减少				
				2015	2014	2013	2012	2011
大型企业	36.9	48.1	15.0	21.9	22.3	35.2	30.0	38.0
中型企业	32.3	47.3	20.4	11.9	17.7	28.2	22.0	31.6
小型企业	26.3	48.6	25.1	1.2	11.0	14.0	7.4	16.6
国有及国有控股公司	31.8	46.4	21.8	10.0	14.9	19.6	12.4	21.0
外商及港澳台投资企业	32.1	55.1	12.8	19.3	23.1	29.9	23.5	16.6
民营企业	27.9	48.1	24.0	3.9	13.2	19.6	12.4	24.0

从新产品销售收入占企业年销售额的比重来看，调查结果显示，2014 年企业新产品销售收入占年销售额的比重平均为24.1%，与2013 年持平。其中，东部和中部地区企业、“长三角”和“京津冀”地区企业、小型企业和民营企业 2014 年新产品销售收入占比相对较高（见表 7.56）。

表 7.56　　不同类型企业上一年度的新产品销售占比情况（均值，%）

		新产品销售收入占年销售额的比重
总体	2015 年调查	24.1
	2014 年调查	24.1
东部地区企业		24.4
中部地区企业		24.5
西部地区企业		22.5
“长三角”地区企业		25.1
“珠三角”地区企业		22.9
“京津冀”地区企业		24.7
大型企业		23.0
中型企业		23.5
小型企业		24.4
国有及国有控股公司		22.0
外商及港澳台投资企业		22.4
民营企业		23.8

本次调查还了解了 2014 年以来，创新对于企业各方面的作用。调查结果

显示，企业经营者认为创新对于企业八个方面的作用都较为显著，这也说明我国企业的创新成效逐渐显现。其中，企业经营者认为创新对于企业“提高了产品或服务质量”和“提高了对健康和安全的影响”方面的作用最为显著，评价值在3.5左右（5分制），其次是“降低了对环境的负面影响”、“提高了生产或服务在业务流程上的灵活性”和“扩大了产品或服务的类别”，评价值在3.3左右，其他依次是“进入了新市场或提高了市场份额”、“降低了单位产出的材料和能源的消耗”和“降低了单位产出的劳动力成本”，评价值也均高于中值3（见表7.57）。

表7.57　　2014年以来，创新在企业以下各方面表现起到的作用（%）

	没有作用	作用较小	中等	作用较大	作用很大	评价值
提高了产品或服务质量	2.1	9.3	35.0	44.0	9.6	3.50
提高了对健康和安全的影响	3.6	9.7	33.3	40.6	12.8	3.49
降低了对环境的负面影响	4.4	13.1	36.4	36.6	9.5	3.34
提高了生产或服务在业务流程上的灵活性	2.7	11.7	42.3	36.2	7.1	3.33
扩大了产品或服务的类别	3.2	16.4	36.4	35.3	8.7	3.30
进入了新市场或提高了市场份额	4.6	17.6	35.8	34.0	8.0	3.23
降低了单位产出的材料和能源的消耗	4.7	19.9	41.4	28.6	5.4	3.10
降低了单位产出的劳动力成本	5.8	21.5	41.8	25.6	5.3	3.03

注：评价值是由（“作用很大”×5＋“作用较大”×4＋“中等”×3＋“作用较小”×2＋“没有作用”）/100计算得出的，最高为5分，最低为1分，分值越高，表示该项作用越大，反之则越小。

7.4.3　企业创新和转型意愿增强

关于“为了企业更好地发展，企业未来一年应着重采取的措施”，调查结果显示，企业经营者选择比重最高的五项分别是：“加强管理降低成本”（64.5%）、“增加创新投入”（58.4%）、“引进人才”（50%）、“开拓国内市场”（35.7%）和“更新设备”（33.1%），其中“增加创新投入”、“引进人才”和“更新设备”都反映了企业的创新意愿，这表明，面对当前企业发展中的困难和挑战，企业将通过加强创新来积极应对（见表7.58）。

值得注意的是，不同地区企业采取的措施存在一定差异。其中，“珠三角”地区企业选择“更新设备”、“减少用工”和“寻求上市”的比重高于其他地区企业，“长三角”地区企业选择“加强管理降低成本”和“开拓国际市场”的比重高于其他地区企业，“京津冀”地区企业选择“引进人才”和“改变经营模式”的比重高于其他地区企业（见表7.58）。

表7.58　为了企业更好地发展，企业未来一年将采取的措施（%）

	调查年份					地区		
	2015	2014	2013	2012	2011	“长三角”	“珠三角”	京津冀
加强管理降低成本	64.5	73.8	73.9	72.8	74.4	66.1	61.4	52.4
增加创新投入	58.4	58.8	61.5	60.8	59.5	58.8	58.8	59.0
引进人才	50.0	47.2	52.2	46.9	53.0	44.8	43.9	57.9
开拓国内市场	35.7	44.6	46.0	45.9	44.0	37.9	36.8	33.0
更新设备	33.1	39.0	35.4	34.9	41.8	40.8	45.6	22.7
开拓国际市场	28.7	29.1	27.3	27.0	26.6	39.1	28.9	26.4
加强企业文化建设	28.2	30.7	34.3	34.4	34.7	23.8	19.3	26.4
改变经营模式	27.2	27.4	30.9	26.4	22.8	20.9	23.7	30.0
减少用工	26.9	22.1	24.1	21.9	18.1	33.2	36.0	20.9
股权投资或并购	15.0	8.5	8.1	7.0	8.1	13.5	16.7	17.9
寻求上市	11.9	6.0	6.4	7.7	8.1	11.3	14.0	11.4
投资其他行业	11.4	12.2	16.5	15.3	17.0	10.3	9.6	7.7
投资其他地区	3.6	4.0	5.4	5.5	5.8	2.7	5.3	2.9

本次调查还了解了企业经营者的创新意愿以及他们对创新紧迫性的看法。调查结果显示，与两年前相比，认为创新意愿“明显增强”的企业经营者占39.4%，“有所增强”的占41.7%，“不变”的占13.4%，“有所减弱”或“明显减弱”的仅占5.5%。此外，调查还显示，在当前形势下，认为创新紧迫性“非常紧迫”的企业经营者占30.9%，“比较紧迫”的占51.1%，“一般”的占14.8%，“不太紧迫”或“不必着急”的仅占3.2%。其中，“珠三角”地区企业经营者的创新意愿和创新紧迫性相对更强。调查表明，企业经营者普遍已经意识到当前创新的紧迫性，同时他们的创新动力也明显增强（见表7.59）。

表 7.59　　企业经营者对创新的态度（%）

		明显增强	有所增强	不变	有所减弱	明显减弱
与两年前相比，我的创新意愿	总体	39.4	41.7	13.4	4.6	0.9
	“长三角”地区企业	32.4	43.6	17.6	5.7	0.7
	“珠三角”地区企业	35.8	47.7	12.8	2.8	0.9
	“京津冀”地区企业	42.7	38.3	16.8	1.8	0.4
		非常紧迫	比较紧迫	一般	不太紧迫	不必着急
当前形势下，我的创新紧迫性	总体	30.9	51.1	14.8	2.4	0.8
	“长三角”地区企业	26.9	53.1	16.9	2.4	0.7
	“珠三角”地区企业	33.0	56.0	10.1	0.9	
	“京津冀”地区企业	32.4	46.7	15.4	5.1	0.4

调查还发现，目前多数企业有提高自动化水平的意愿，这也在一定程度上反映出企业创新意愿的增强。关于“企业是否有提高自动化水平（即机器代替人）的意愿”这一问题，调查结果显示，近2/3（65.9%）的企业经营者选择了“有此意愿”。其中，东部地区企业、“长三角”和“珠三角”地区企业、大型企业、国有及国有控股公司和外资企业提高自动化水平的意愿更高（见表7.60）。

从不同行业看，医药、化纤、橡胶塑料、钢铁、有色金属、金属制品、通用设备、专用设备、汽车、电气机械、电子设备等行业提高自动化水平的意愿更高，超过八成的企业经营者选择“有此意愿”（见表7.61）。

从企业提高自动化水平的主要原因看，调查结果显示，企业经营者选择比重最高的三个原因分别是：“提高生产效率”（63.7%）、“降低用工成本”（56.4%）和“提高产品质量”（45.7%）（见表7.60）。

表 7.60　　企业是否有提高自动化水平的意愿（%）

	有此意愿						无此意愿
	%	主要的考虑					
		降低用工成本	缓解用工冲突	提高生产效率	提高产品质量	紧跟行业趋势	
总体	65.9	56.4	11.0	63.7	45.7	11.0	34.1
东部地区企业	68.6	56.8	12.2	62.5	47.0	9.9	31.4

续表

	有此意愿						无此意愿
	%	主要的考虑					
		降低用工成本	缓解用工冲突	提高生产效率	提高产品质量	紧跟行业趋势	
中部地区企业	62.8	54.4	9.9	61.1	45.3	13.7	37.2
西部地区企业	60.6	57.1	7.1	72.7	41.2	11.8	39.4
“长三角”地区企业	75.1	60.8	11.2	61.1	48.8	9.7	24.9
“珠三角”地区企业	74.1	61.0	23.2	62.2	37.8	8.5	25.9
“京津冀”地区企业	54.4	42.9	10.2	63.9	46.3	11.6	45.6
大型企业	73.7	55.3	8.8	68.8	40.0	11.2	26.3
中型企业	69.7	57.9	12.2	63.3	45.0	10.3	30.3
小型企业	63.2	56.0	10.7	62.9	47.3	11.3	36.8
国有及国有控股公司	68.4	55.5	5.5	75.0	37.5	11.7	31.6
外商及港澳台投资企业	69.1	68.5	9.6	61.6	41.1	6.8	30.9
民营企业	64.7	57.0	12.3	62.7	46.3	11.2	35.3

表 7.61　　不同行业企业是否有提高自动化水平的意愿（%）

	有此意愿						无此意愿
	%	主要的考虑					
		降低用工成本	缓解用工冲突	提高生产效率	提高产品质量	紧跟行业趋势	
总体	65.9	56.4	11.0	63.7	45.7	11.0	34.1
农林牧渔业	68.8	77.4	6.5	64.5	25.8	9.7	31.3
采矿业	60.0	100.0		66.7	16.7		40.0
制造业	78.6	57.9	11.5	63.1	50.3	8.6	21.4
电力、热力、燃气及水的生产和供应业	60.9	57.1	7.1	71.4	14.3	21.4	39.1
建筑业	50.4	48.4	9.4	67.2	39.1	14.1	49.6
交通运输、仓储和邮政业	43.9	70.6		76.5	17.6	29.4	56.1
信息传输、软件和信息技术服务业	38.9	31.4	2.9	60.0	37.1	25.7	61.1

续表

	有此意愿						无此意愿
	%	主要的考虑					
		降低用工成本	缓解用工冲突	提高生产效率	提高产品质量	紧跟行业趋势	
批发和零售业	34.0	63.2	11.8	69.1	23.5	17.6	66.0
住宿和餐饮业	56.4	76.2	28.6	52.4	19.0	9.5	43.6
房地产业	33.9	38.9	5.6	66.7	38.9	33.3	66.1
租赁和商务服务业	27.8	40.0	15.0	45.0	45.0	30.0	72.2
食品、酒及饮料制造业	77.2	65.1	13.8	57.8	45.9	7.3	22.8
纺织业	78.4	59.7	19.5	53.2	49.4	10.4	21.6
纺织服装、服饰业	75.0	61.3	25.8	58.1	38.7	6.5	25.0
造纸及纸制品业	70.0	63.6	36.4	54.5	27.3	18.2	30.0
化学原料及化学制品制造业	71.0	60.0	5.6	73.3	41.1	11.1	29.0
医药制造业	85.7	62.1	10.3	72.4	48.3	3.4	14.3
化学纤维制造业	81.3	53.8	15.4	61.5	53.8		18.8
橡胶及塑料制品业	84.8	64.1	10.9	57.8	48.4	6.3	15.2
非金属矿物制品业	68.6	58.8	16.2	63.2	41.2	11.8	31.4
黑色金属冶炼及压延加工业	82.1	66.7	9.5	52.4	57.1		17.9
有色金属冶炼及压延加工业	92.3	58.3	20.8	62.5	37.5	4.2	7.7
金属制品业	84.0	58.1	14.0	64.0	52.3	8.1	16.0
通用设备制造业	83.8	48.4	13.1	59.0	64.8	7.4	16.2
专用设备制造业	80.0	54.3	6.9	62.9	57.8	12.9	20.0
汽车制造业	89.7	54.5	6.8	63.6	52.3	6.8	10.3
铁路、船舶、航空航天及其他运输设备制造业	70.8	50.0	12.5	62.5	56.3		29.2
电气机械及器材制造业	84.3	52.9	5.9	69.1	51.5	14.7	15.7
计算机、通信及其他电子设备制造业	84.6	50.0	14.3	64.3	54.8	7.1	15.4
仪器仪表制造业	73.5	42.9	4.8	90.5	61.9		26.5

企业经营者创新动力的增强还体现在他们对于企业创新工作的重视上。调

查了解了企业中负责创新工作的人员或部门情况。调查结果显示，96.8%的企业有专人或部门负责创新工作，其中，由“董事长或CEO”直接负责的占54.6%，由“高管”负责的占51.5%，由“专职部门”和“专职人员”负责的分别占40%和33.3%。其中，“珠三角”地区企业和民营企业选择“董事长或CEO”的比重相对较高（见表7.62）。

表7.62　企业中负责创新工作的人员或部门情况（%）

	董事长或CEO	高管	专职部门	专职人员	没有
总体	54.6	51.5	40.0	33.3	3.2
东部地区企业	56.2	51.4	41.4	31.9	2.7
中部地区企业	52.3	50.4	38.1	37.7	2.5
西部地区企业	52.0	53.2	38.0	32.6	5.9
“长三角”地区企业	56.1	50.3	41.6	31.9	3.1
“珠三角”地区企业	64.3	52.2	38.3	30.4	1.7
“京津冀”地区企业	54.9	51.9	39.0	29.5	1.5
大型企业	55.0	62.8	51.7	33.1	0.8
中型企业	55.6	60.2	44.4	33.3	1.8
小型企业	54.3	46.0	36.5	33.5	4.2
国有及国有控股公司	45.2	65.6	48.9	38.2	3.8
外商及港澳台投资企业	42.2	58.7	43.1	22.9	3.7
民营企业	57.5	49.5	39.9	34.1	2.8

“互联网+”是把互联网的创新成果与经济社会各领域深度融合，推动技术进步、效率提升和组织变革，提升实体经济创新力和生产力，形成更广泛的以互联网为基础设施和创新要素的经济社会发展新形态。企业经营者对实施“互联网+”战略的关注也反映了他们创新动力的增强。调查结果显示，超过半数（57.4%）的企业经营者表示对实施“互联网+”战略“兴趣很大”或“兴趣较大”，其中西部地区企业、“京津冀”地区企业、大型企业和国有及国有控股公司对实施“互联网+”战略更感兴趣（见表7.63）。

表 7.63　企业对实施"互联网 +"战略的兴趣（%）

	兴趣很大	兴趣较大	兴趣较小	没兴趣
总体	12.0	45.4	35.8	6.8
东部地区企业	10.5	43.5	37.9	8.1
中部地区企业	14.4	46.9	32.9	5.8
西部地区企业	13.6	49.5	32.9	4.0
"长三角"地区企业	7.1	40.8	42.4	9.7
"珠三角"地区企业	12.1	46.5	37.1	4.3
"京津冀"地区企业	17.1	53.7	24.9	4.3
大型企业	16.1	54.9	26.2	2.8
中型企业	12.7	45.9	35.3	6.1
小型企业	11.1	43.5	37.6	7.8
国有及国有控股公司	12.6	49.2	33.5	4.7
外商及港澳台投资企业	8.8	38.1	40.7	12.4
民营企业	11.8	44.0	37.1	7.1

从不同行业看，交通运输仓储和邮政业、信息传输软件和信息技术服务业、批发和零售业以及制造业中的食品、电子设备、仪器仪表、铁路船舶航空航天及其他运输设备制造业等行业实施"互联网 +"战略的兴趣相对较大。调查表明，随着互联网技术的不断发展，信息化在促进传统行业的改造方面越来越多地得到了企业家的认可（见表 7.64）。

表 7.64　不同行业企业对实施"互联网 +"战略的兴趣（%）

	兴趣很大	兴趣较大	兴趣较小	没兴趣
总体	12.0	45.4	35.8	6.8
农林牧渔业	20.0	44.0	22.0	14.0
采矿业	20.0	30.0	45.0	5.0
制造业	8.4	42.8	40.8	8.0
电力、热力、燃气及水的生产和供应业	22.7	40.9	27.3	9.1
建筑业	7.0	44.6	41.4	7.0
交通运输、仓储和邮政业	22.0	51.2	24.4	2.4
信息传输、软件和信息技术服务业	37.6	49.5	12.9	

续表

	兴趣很大	兴趣较大	兴趣较小	没兴趣
批发和零售业	15.6	55.7	26.3	2.4
住宿和餐饮业	12.5	52.5	32.5	2.5
房地产业	4.8	45.2	33.9	16.1
租赁和商务服务业	17.3	50.7	29.3	2.7
食品、酒及饮料制造业	14.3	45.6	37.4	2.7
纺织业	3.8	34.6	47.2	14.4
纺织服装、服饰业	8.9	42.2	33.3	15.6
造纸及纸制品业	5.0	40.0	40.0	15.0
化学原料及化学制品制造业	9.1	43.2	37.9	9.8
医药制造业	11.1	41.7	41.6	5.6
化学纤维制造业	6.3	31.3	49.9	12.5
橡胶及塑料制品业	11.3	42.4	38.8	7.5
非金属矿物制品业	4.9	29.1	48.5	17.5
黑色金属冶炼及压延加工业	3.6	32.1	50.0	14.3
有色金属冶炼及压延加工业	7.7	42.3	46.2	3.8
金属制品业	1.8	47.7	42.2	8.3
通用设备制造业	6.5	42.5	43.8	7.2
专用设备制造业	9.1	45.4	40.3	5.2
汽车制造业	9.7	45.1	38.7	6.5
铁路、船舶、航空航天及其他运输设备制造业	4.2	54.1	37.5	4.2
电气机械及器材制造业	11.8	40.0	43.5	4.7
计算机、通信及其他电子设备制造业	7.7	50.0	34.6	7.7
仪器仪表制造业	11.8	47.0	35.3	5.9

关于企业转型的意愿，调查结果显示，当问及“如果目前条件成熟，您最希望投资哪个行业”时，选择“其他行业”的企业经营者占30.4%；选择继续投资“本行业”的占69.6%。从不同行业看，采矿业、交通运输仓储和邮政业、房地产业以及制造业中的服装、钢铁等行业转型意愿更加强烈，超过四成的企业经营者希望投资其他行业（见表7.65）。

表 7.65 企业最希望投资的行业（%）

	年份	本行业	其他行业
总体	2015	69.6	30.4
	2014	67.1	32.9
	2013	61.7	38.3
	2012	66.5	33.5
	2011	71.3	28.7
农林牧渔业		80.0	20.0
采矿业		47.4	52.6
制造业		68.2	31.8
电力、热力、燃气及水的生产和供应业		86.4	13.6
建筑业		73.8	26.2
交通运输、仓储和邮政业		59.0	41.0
信息传输、软件和信息技术服务业		82.8	17.2
批发和零售业		69.5	30.5
住宿和餐饮业		70.0	30.0
房地产业		56.9	43.1
租赁和商务服务业		73.5	26.5
食品、酒及饮料制造业		73.3	26.7
纺织业		69.6	30.4
纺织服装、服饰业		53.7	46.3
造纸及纸制品业		78.9	21.1
化学原料及化学制品制造业		70.9	29.1
医药制造业		70.6	29.4
化学纤维制造业		75.0	25.0
橡胶及塑料制品业		68.4	31.6
非金属矿物制品业		60.8	39.2
黑色金属冶炼及压延加工业		48.1	51.9
有色金属冶炼及压延加工业		80.0	20.0
金属制品业		64.4	35.6
通用设备制造业		71.7	28.3
专用设备制造业		67.4	32.6

续表

	本行业	其他行业
汽车制造业	66.7	33.3
铁路、船舶、航空航天及其他运输设备制造业	70.8	29.2
电气机械及器材制造业	73.3	26.7
计算机、通信及其他电子设备制造业	63.5	36.5
仪器仪表制造业	78.8	21.2

从企业经营者对企业遇到困难时选择什么样的出路，也能看出企业转型意愿的增强。调查结果显示，当问及“假如企业的停产、半停产情况持续下去，您将如何打算”这一问题时，打算“产业升级”的企业经营者占51.8%，与2012～2014年的调查结果大体持平，明显高于2011年；打算“进入新行业”的占21.3%，为近五年来的最高值；打算“去其他地区发展”的占3.2%。而选择“退出不干了”的企业经营者占23.7%，与2014年的调查结果大体持平（见表7.66）。

表7.66　对企业若存在持续“停产、半停产”情况的打算（%）

	年份	去其他地区发展	产业升级	进入新行业	退出不干了
总体	2015	3.2	51.8	21.3	23.7
	2014	5.2	50.9	20.6	23.3
	2013	3.6	52.2	19.6	24.6
	2012	6.8	52.2	18.7	22.3
	2011	9.4	40.3	18.6	31.7
东部地区企业		4.8	51.1	20.2	23.9
中部地区企业		0.6	52.2	24.8	22.4
西部地区企业		1.6	53.4	20.2	24.8
“长三角”地区企业		4.1	51.7	16.8	27.4
“珠三角”地区企业		3.1	40.6	21.9	34.4
“京津冀”地区企业		1.5	56.0	27.3	15.2
大型企业		8.3	44.5	19.4	27.8
中型企业		6.8	52.7	20.9	19.6
小型企业		1.8	51.8	21.5	24.9

续表

	去其他地区发展	产业升级	进入新行业	退出不干了
国有及国有控股公司		51. 3	15. 4	33. 3
外商及港澳台投资企业	11. 1	59. 3	11. 1	18. 5
民营企业	3. 3	50. 5	22. 2	24. 0

分组来看，中西部地区企业、“京津冀”地区企业、中小企业、外资企业和民营企业的企业经营者选择“产业升级”和“进入新行业”的比重相对较高，而“珠三角”地区企业、大型企业、国有及国有控股公司选择“退出不干了”的比重相对较高（见表7. 66）。

7. 4. 4　企业创新投入持续增长

在创新动力增强的同时，企业的创新投入也持续增长。调查结果显示，与去年同期相比，认为今年以来企业在研发投入方面“明显增加”的企业经营者占12%，“有所增加”的占43. 2%，两者合计比重与2014年的调查结果大体持平；认为“基本未变”的占38. 6%，“有所减少”或“明显减少”的仅占6. 2%；认为“增加”的比“减少”的多49个百分点，略低于2014年的调查结果，但要明显高于2013年。其中，东部和中部地区企业、“珠三角”地区企业、大中型企业和外资企业研发投入增长较多（见表7. 67）。

表7. 67　与去年同期相比，今年以来企业在“研发投入”方面的变化情况（%）

	年份	明显减少	有所减少	基本未变	有所增加	明显增加	增加－减少
总体	2015	1. 5	4. 7	38. 6	43. 2	12. 0	49. 0
	2014	1. 1	3. 9	37. 8	46. 3	10. 9	52. 2
	2013	15. 1		42. 4	42. 5		27. 4
东部地区企业		1. 7	3. 9	38. 2	43. 1	13. 1	50. 6
中部地区企业		0. 4	5. 8	37. 6	45. 4	10. 8	50. 0
西部地区企业		2. 5	6. 0	41. 9	39. 8	9. 8	41. 1
“长三角”地区企业		1. 3	4. 2	39. 2	43. 1	12. 2	49. 8
“珠三角”地区企业		0. 9	2. 7	29. 7	46. 0	20. 7	63. 1
“京津冀”地区企业		2. 7	4. 6	37. 0	41. 2	14. 5	48. 4
大型企业		1. 3	3. 4	30. 3	49. 5	15. 5	60. 3

续表

	明显减少	有所减少	基本未变	有所增加	明显增加	增加 - 减少
中型企业	1.3	4.5	35.6	46.2	12.4	52.8
小型企业	1.6	5.0	41.3	40.8	11.3	45.5
国有及国有控股公司	1.1	5.6	39.0	44.7	9.6	47.6
外商及港澳台投资企业	0.9	5.5	36.4	41.7	15.5	50.8
民营企业	1.6	4.8	39.3	42.0	12.3	47.9

注："增加"包括"有所增加"和"明显增加"；"减少"包括"明显减少"和"有所减少"。

从不同行业看，今年以来研发投入增长较多的行业包括：农林牧渔业以及制造业中的化工、医药、有色金属、专用设备、汽车、电子设备、铁路船舶航空航天及其他运输设备制造业等，研发投入"增加"的企业比"减少"的多60个百分点以上（见表7.68）。

表7.68　与去年同期相比，今年以来不同行业企业在"研发投入"方面的变化情况（%）

	年份	明显减少	有所减少	基本未变	有所增加	明显增加	增加 - 减少
总体	2015	1.5	4.7	38.6	43.2	12.0	49.0
	2014	1.1	3.9	37.8	46.3	10.9	52.2
	2013	15.1		42.4	42.5		27.4
农林牧渔业		2.0		32.7	63.3	2.0	63.3
采矿业		5.6		66.6	22.2	5.6	22.2
制造业		1.5	4.4	33.2	46.7	14.2	55.0
电力、热力、燃气及水的生产和供应业				63.7	31.8	4.5	36.3
建筑业		0.8	10.1	50.4	32.8	5.9	27.8
交通运输、仓储和邮政业		2.6	5.1	48.7	38.5	5.1	35.9
信息传输、软件和信息技术服务业			5.6	30.3	40.5	23.6	58.5
批发和零售业		2.1	3.7	59.4	27.8	7.0	29.0
住宿和餐饮业			11.1	47.2	36.1	5.6	30.6
房地产业		3.4	8.6	60.4	25.9	1.7	15.6
租赁和商务服务业		1.5	4.5	62.6	29.9	1.5	25.4

续表

	明显减少	有所减少	基本未变	有所增加	明显增加	增加 - 减少
食品、酒及饮料制造业		3.5	34.0	51.2	11.3	59.0
纺织业	2.1	7.2	41.2	37.1	12.4	40.2
纺织服装、服饰业		6.8	50.1	38.6	4.5	36.3
造纸及纸制品业			52.6	42.1	5.3	47.4
化学原料及化学制品制造业	2.3	1.6	24.8	50.4	20.9	67.4
医药制造业		2.8	33.3	36.1	27.8	61.1
化学纤维制造业		6.3	31.3	43.6	18.8	56.1
橡胶及塑料制品业	3.7	1.2	34.6	51.9	8.6	55.6
非金属矿物制品业	1.0	3.1	41.8	45.9	8.2	50.0
黑色金属冶炼及压延加工业		3.6	42.9	46.4	7.1	49.9
有色金属冶炼及压延加工业		3.8	19.2	65.5	11.5	73.2
金属制品业	3.8	2.8	34.9	47.2	11.3	51.9
通用设备制造业	1.4	3.4	35.8	45.9	13.5	54.6
专用设备制造业		7.1	23.4	50.0	19.5	62.4
汽车制造业	3.3	6.7	15.0	56.7	18.3	65.0
铁路、船舶、航空航天及其他运输设备制造业			21.7	52.2	26.1	78.3
电气机械及器材制造业	1.2	1.2	42.8	42.9	11.9	52.4
计算机、通信及其他电子设备制造业	1.9	3.8	15.4	48.1	30.8	73.2
仪器仪表制造业		12.5	25.0	40.6	21.9	50.0

注："增加"包括"有所增加"和"明显增加"；"减少"包括"明显减少"和"有所减少"。

从未来创新投入的计划来看，调查结果显示，计划明年在总体创新投入方面"大幅增加"的企业经营者占26.7%，"小幅增加"的占28.4%，"不变"的占39.8%，"小幅削减"或"大幅削减"的仅占5.1%。其中，东部地区企业、"珠三角"和"京津冀"地区企业、大型企业和国有及国有控股公司计划明年总体创新投入大幅增加的比重相对较高（见表7.69）。

表 7.69　　企业计划未来一年在“总体创新投入”方面的增减情况（%）

	大幅削减	小幅削减	不变	小幅增加	大幅增加
总体	2.2	2.9	39.8	28.4	26.7
东部地区企业	1.8	2.5	41.1	25.6	29.0
中部地区企业	2.4	2.4	39.2	31.6	24.4
西部地区企业	3.2	5.0	36.0	33.9	21.9
“长三角”地区企业	1.7	2.5	45.8	22.8	27.2
“珠三角”地区企业	0.9	1.8	33.9	31.3	32.1
“京津冀”地区企业	1.5	2.7	33.7	26.1	36.0
大型企业		2.5	31.8	32.6	33.1
中型企业	1.2	1.9	37.0	31.9	28.0
小型企业	2.9	3.3	42.2	26.4	25.2
国有及国有控股公司		2.8	37.3	31.1	28.8
外商及港澳台投资企业		2.9	45.7	27.6	23.8
民营企业	2.4	2.5	40.7	28.9	25.5

具体来看，关于研发投入占销售收入比重的增减情况，调查结果显示，“大幅增加”的企业经营者占21.9%，“小幅增加”的占28.6%，两者合计比重与2014年的调查结果大体持平；“不变”的占43.6%，“小幅削减”或“大幅削减”的仅占5.9%。其中，中西部地区企业、“珠三角”和“京津冀”地区企业、大中型企业、国有及国有控股公司和民营企业计划明年研发投入占销售收入比重增加较多（见表7.70）。

表 7.70　　企业计划未来一年在“研发投入占销售收入的比重”方面的增减情况（%）

		大幅削减	小幅削减	不变	小幅增加	大幅增加
总体	2015 年	2.2	3.7	43.6	28.6	21.9
	2014 年	2.0	4.1	41.2	31.6	21.1
东部地区企业		1.7	3.3	45.4	26.9	22.7
中部地区企业		2.4	3.1	42.1	28.9	23.5
西部地区企业		3.6	5.9	39.0	34.4	17.1
“长三角”地区企业		1.6	2.9	48.5	26.0	21.0

续表

	大幅削减	小幅削减	不变	小幅增加	大幅增加
“珠三角”地区企业	0.9	3.6	42.7	27.3	25.5
“京津冀”地区企业	1.6	2.3	42.0	27.6	26.5
大型企业	0.4	2.1	43.5	30.0	24.0
中型企业	1.7	3.1	40.6	31.3	23.3
小型企业	2.7	4.1	44.8	27.3	21.1
国有及国有控股公司	0.6	3.5	45.0	29.5	21.4
外商及港澳台投资企业	1.0	5.8	50.9	18.3	24.0
民营企业	2.4	3.3	43.6	29.2	21.5

关于人员培训投入占销售收入比重的增减情况，调查结果显示，“大幅增加”的企业经营者占23.6%，“小幅增加”的占29.9%，“不变”的占40.4%，“小幅削减”或“大幅削减”的仅占6.1%。其中，中西部地区企业、“珠三角”地区企业、大型企业和国有及国有控股公司计划明年人员培训投入占销售收入比重增加较多（见表7.71）。

表7.71　企业计划未来一年在“人员培训投入占销售收入的比重”方面的增减情况（%）

	大幅削减	小幅削减	不变	小幅增加	大幅增加
总体	1.9	4.2	40.4	29.9	23.6
东部地区企业	1.4	4.6	42.1	29.4	22.5
中部地区企业	2.0	2.7	39.0	30.6	25.7
西部地区企业	3.5	4.8	35.9	30.9	24.9
“长三角”地区企业	1.6	3.7	47.1	26.5	21.1
“珠三角”地区企业	0.9	5.5	32.7	41.8	19.1
“京津冀”地区企业	0.8	6.5	34.6	31.9	26.2
大型企业	0.4	3.0	33.1	33.4	30.1
中型企业	1.0	2.7	38.6	31.3	26.4
小型企业	2.5	4.9	42.2	28.8	21.6
国有及国有控股公司		5.1	35.9	29.5	29.5
外商及港澳台投资企业	1.0	10.5	39.9	25.7	22.9
民营企业	2.1	3.6	41.1	29.4	23.8

企业招收大学毕业生的情况在一定程度上反映了企业创新的实际行动。关于企业招工计划的调查发现，近年来企业招收大学毕业生数量的增长一直显著

高于农民工（见表36、表37）。本次调查还了解了企业中大学以上学历的员工占比情况以及对未来的预计，调查结果显示，目前企业中大学以上学历的员工占比平均为28%，比2014年上升了3个百分点；预计明年这一比重将“提高”的企业经营者占47.5%，“不变”的占48.1%，“降低”的仅占4.4%。其中，西部地区企业、“京津冀”地区企业、大型企业、国有及国有控股公司预计将“提高”的比重相对较高（见表7.72）。

表7.72 企业大学以上学历占全部员工的比重情况（%）

	年份	10%以下	10%~30%	30%以上	均值	对明年的预计		
						提高	不变	降低
总体	2015	19.5	52.6	27.9	28.0	47.5	48.1	4.4
	2014	22.3	53.7	24.0	25.0	47.2	47.7	5.1
	2013	26.7	49.7	23.6	24.2	57.6	39.8	2.6
东部地区企业		21.7	53.8	24.5	26.3	44.1	51.4	4.5
中部地区企业		16.2	52.2	31.6	29.8	51.4	45.2	3.4
西部地区企业		16.3	49.1	34.6	31.5	54.4	39.8	5.8
“长三角”地区企业		23.1	59.9	17.0	22.2	41.9	54.3	3.8
“珠三角”地区企业		29.0	50.0	21.0	23.4	43.8	49.9	6.3
“京津冀”地区企业		12.2	41.1	46.7	41.2	51.6	44.6	3.8
大型企业		11.9	52.8	35.3	30.6	64.4	32.2	3.4
中型企业		18.9	55.0	26.1	26.4	53.5	43.3	3.2
小型企业		21.1	51.7	27.2	28.1	42.6	52.3	5.1
国有及国有控股公司		8.8	52.0	39.2	34.3	57.2	40.0	2.8
外商及港澳台投资企业		25.6	55.8	18.6	22.7	42.1	54.2	3.7
民营企业		20.7	53.2	26.1	27.0	46.5	49.1	4.4

在创新投入持续增长的同时，我国企业更加注重以企业内部研发为主的自主创新。调查结果显示，近一年内认为本企业内部研发“非常多”或“比较多”的企业经营者占47.3%，总体评价值为3.11，排在所有8种研发方式的第一位，其次是“购买先进仪器或设备”（2.9）、“与客户合作研发”（2.45）、“与高校院所合作研发”（2.2）和“与供应商合作研发”（2.18）（见表7.73）。

表7.73　　近一年内，企业是否有新产品/服务、新流程等活动（%）

	没有	非常少	比较少	比较多	非常多	评价值
本企业内部研发	16.4	11.5	24.8	39.8	7.5	3.11
购买先进仪器或设备	19.5	11.8	31.0	34.9	2.8	2.90
与客户合作研发	34.9	14.2	24.2	24.9	1.8	2.45
与高校院所合作研发	45.0	12.4	22.2	18.9	1.5	2.20
与供应商合作研发	42.7	15.5	24.5	15.8	1.5	2.18
与同行业企业合作研发	52.9	15.2	21.2	10.1	0.6	1.90
购买其他企业或机构研究成果	57.3	13.1	21.4	7.8	0.4	1.81
购买专利或非专利发明	71.5	11.4	13.2	3.5	0.4	1.50

注：评价值是由（“非常多”×5＋“比较多”×4＋“比较少”×3＋“非常少”×2＋“没有”）/100计算得出的，最高为5分，最低为1分，分值越高，表示该项活动越多，反之则越少。

从未来一年企业新产品开发方式的计划来看，企业内部研发仍是企业的首选。调查结果显示，计划未来一年在新产品开发方面全部靠内部研发的企业经营者占25.3%，内部研发和外部购买同时进行的占69.5%，其中内部研发比例超过50%的企业占42.3%。分组来看，东部地区企业、“京津冀”地区企业、大型企业和外资企业更加重视内部研发（见表7.74）。

表7.74　　企业计划未来一年在新产品开发方面的情况（%）

	全部靠内部研发	全部靠外部购买	内部研发和外部购买同时进行					
			%	其中：内部研发的比例				
				10%以下	11%～49%	50%～74%	75%～90%	90%以上
总体	25.3	5.2	69.5	7.3	19.9	23.8	15.4	3.1
东部地区企业	26.6	4.7	68.7	6.3	18.6	23.8	16.6	3.4
中部地区企业	22.6	6.2	71.2	9.0	22.0	23.7	14.1	2.4
西部地区企业	24.3	5.4	70.3	8.9	21.9	23.9	12.8	2.8
“长三角”地区企业	27.6	3.5	68.9	6.2	20.0	23.5	15.8	3.4
“珠三角”地区企业	26.6	3.7	69.7	4.7	19.8	27.2	15.1	2.9
“京津冀”地区企业	22.2	5.8	72.0	3.4	16.0	25.3	23.5	3.8

续表

	全部靠内部研发	全部靠外部购买	内部研发和外部购买同时进行					
			%	其中：内部研发的比例				
				10%以下	11%～49%	50%～74%	75%～90%	90%以上
大型企业	20.1	3.1	76.8	5.5	20.4	23.3	22.6	5.0
中型企业	24.4	5.2	70.4	7.2	18.4	24.8	17.4	2.6
小型企业	26.5	5.5	68.0	7.7	20.4	23.5	13.5	2.9
国有及国有控股公司	28.0	6.0	66.0	8.3	21.4	20.2	13.7	2.4
外商及港澳台投资企业	25.5	4.7	69.8	3.9	12.8	28.5	20.7	3.9
民营企业	25.1	5.2	69.7	7.5	20.9	23.8	14.4	3.1

7.5　政策评价及相关建议

7.5.1　保持宏观政策的稳定性和连续性

调查发现，企业经营者预计未来我国经济增长的下行压力较大。关于对今明两年我国GDP增速的预计，调查结果显示，企业经营者预计2015年我国GDP增速的中位数为6.8%，其中预计GDP增速在“6.5%以下”的占27%，“6.5%～7%”的占62.2%，“7%～7.5%”的占7.6%，“7.5%以上”的占3.2%；预计2016年我国GDP增速的中位数为6.5%，比对2015年的预计下降了0.3个百分点，其中预计GDP增速在“6.5%以下”的占37.2%，“6.5%～7%”的占46.1%，“7%～7.5%”的占9.8%，“7.5%以上”的占6.9%（见表7.75）。

表7.75　　对2015年、2016年我国GDP增长的预计（%）

		6.5%以下	6.5%～7%	7%～7.5%	7.5%以上	中位数
2015年	总体	27.0	62.2	7.6	3.2	6.8
	东部地区企业	26.5	63.8	6.8	2.9	6.8
	中部地区企业	29.9	57.4	8.4	4.3	6.8
	西部地区企业	24.8	62.8	9.6	2.8	7.0

续表

		6.5%以下	6.5%~7%	7%~7.5%	7.5%以上	中位数
2016年	总体	37.2	46.1	9.8	6.9	6.5
	东部地区企业	38.7	45.5	9.1	6.7	6.5
	中部地区企业	38.1	45.6	10.2	6.1	6.5
	西部地区企业	31.0	48.4	11.7	8.9	6.8

注：中位数是一组数据按从小到大（或从大到小）的顺序依次排列时，处在中间位置的一个数。不受分布数列的极大或极小值影响。

本次调查还了解了企业经营者对“十三五”期间全国 GDP 年均增速预定目标的看法。调查结果显示，企业经营者认为“十三五”期间全国 GDP 年均增速预定目标平均应设为6.7%，其中认为 GDP 年均增速预定目标在“6%以下”的占11.8%，“6%~6.5%”的占36.6%，“6.5%~7%”的占28.3%，“7%~7.5%”的占10.5%，“7.5%以上”的占12.8%。调查结果表明，企业经营者预计“十三五”期间我国经济增速下行的压力依然存在（见表7.76）。

表7.76　企业经营者认为“十三五”期间全国 GDP 年均增速的预定目标（%）

	6%以下	6%~6.5%	6.5%~7%	7%~7.5%	7.5%以上	均值
总体	11.8	36.6	28.3	10.5	12.8	6.7
东部地区企业	12.4	38.0	29.3	9.5	10.8	6.6
中部地区企业	11.0	38.1	24.1	10.6	16.2	6.8
西部地区企业	11.0	30.3	29.8	13.7	15.2	6.7
大型企业	9.3	41.9	24.8	9.8	14.2	6.7
中型企业	10.7	41.4	27.4	10.0	10.5	6.6
小型企业	12.6	34.0	29.0	10.8	13.6	6.7
国有及国有控股公司	10.4	35.7	32.6	10.4	10.9	6.7
外商及港澳台投资企业	13.7	46.2	29.4	7.8	2.9	6.4
民营企业	11.9	36.6	27.7	10.7	13.1	6.7

在预计未来经济下行压力较大的同时，企业经营者期待宏观调控政策保持连续性和稳定性。调查结果显示，当问及“未来2年内，经济增速在什么情况下政府需要加大政策刺激力度”这一问题时，32.7%的企业经营者选择了“6%以下”，26.1%选择了“6.5%以下”，两者合计比重接近六成，要高于2013年和2014年的调查结果。鉴于大多数企业经营者预计2016年我国 GDP

增速在6.5%以上，这表明企业经营者认为明年经济增长仍处于正常区间，政府不需要加大政策的刺激力度，应当保持政策的连续性和稳定性（见表7.77）。

表7.77 未来2年内，经济增速在什么情况下政府需要加大政策刺激力度（%）

	年份	6%以下	6.5%以下	7%以下	7.5%以下	8%以下
总体	2015	32.7	26.1	30.9	6.7	3.6
	2014	27.6	20.7	35.0	12.4	4.3
	2013	34.4	16.6	30.4	11.8	6.8
东部地区企业		34.5	25.3	30.1	6.5	3.6
中部地区企业		29.3	27.4	33.8	6.7	2.8
西部地区企业		31.6	27.1	29.4	7.3	4.6
大型企业		34.1	27.1	32.4	3.6	2.8
中型企业		33.8	29.1	28.5	6.3	2.3
小型企业		32.5	24.7	31.3	7.3	4.2
国有及国有控股公司		38.2	29.8	23.6	6.3	2.1
外商及港澳台投资企业		38.2	25.5	34.5	1.8	
民营企业		32.2	26.5	31.0	6.6	3.7

关于对近年来政府采取的宏观调控政策松紧程度的判断，调查结果显示，认为“合适”的企业经营者占48.1%，略低于2014年，认为“过紧”的占3.2%，“偏紧”的占36.6%；认为“偏松”或“过松”的占12.1%（见表7.78）。

表7.78 对近年来政府采取的宏观调控政策松紧程度的判断（%）

年份	过紧	偏紧	合适	偏松	过松
2015	3.2	36.6	48.1	11.8	0.3
2014	3.0	37.3	51.8	7.3	0.6
2013	3.3	38.5	46.5	11.2	0.5
2012	4.5	43.4	38.9	12.7	0.5
2011	8.4	46.5	28.4	15.7	1.0

关于对未来6个月政府宏观经济政策的建议，调查结果显示，建议财政政

策“适度扩张”的企业经营者占56%，比2014年上升了11.3个百分点，为近五年来的最高值；建议“基本不变”的占34.7%，“适度收紧”的占9.3%。建议货币政策“适度放松”的占63.4%，比2014年上升了12个百分点，“基本不变”的占26.8%，“适度收紧”的占9.8%。调查表明，企业经营者期望政府适度放松财政政策和货币政策（见表7.79）。

表7.79　　对未来6个月政府宏观经济政策的建议（%）

	年份	适度收紧	基本不变	适度扩张
财政政策	2015	9.3	34.7	56.0
	2014	12.0	43.3	44.7
	2013	23.1	38.5	38.4
	2012	10.6	35.1	54.3
	2011	26.4	31.5	42.1
货币政策	2015	9.8	26.8	63.4
	2014	13.2	35.4	51.4
	2013	21.0	33.1	45.9

7.5.2　进一步落实企业发展有关政策

为了更好地推动企业转型发展，近年来政府相继推出了一系列相关政策和措施。调查发现，企业经营者认为这些政策和措施还有待进一步落实。

关于企业参与PPP项目投资的兴趣，调查结果显示，表示“希望参与”的企业经营者占26.9%，“看看再说”的占38.3%，“不想参与”的占23.9%，“不清楚”的占10.9%。其中，东部地区企业、中小企业和外资企业表示“不想参与”的比重相对较高（见表7.80）。

表7.80　　企业对参与PPP项目投资的兴趣（%）

	希望参与	看看再说	不想参与	不清楚
总体	26.9	38.3	23.9	10.9
东部地区企业	23.4	39.7	25.5	11.4
中部地区企业	34.0	36.1	20.0	9.9
西部地区企业	29.2	37.0	23.3	10.5

续表

	希望参与	看看再说	不想参与	不清楚
大型企业	31.7	37.8	19.5	11.0
中型企业	25.6	40.2	24.5	9.7
小型企业	26.7	37.6	24.3	11.4
国有及国有控股公司	38.5	31.0	18.7	11.8
外商及港澳台投资企业	12.5	34.8	36.6	16.1
民营企业	27.0	38.1	23.9	11.0

关于对地方政府的产业园区开发的实际成效，调查结果显示，认为成效"不太好"的企业经营者占49.2%，"很不好"的占19.7%，成效"很好"或"较好"的占22.8%，"不清楚"的占8.3%。其中，西部地区企业认为成效"很不好"的比重相对较高（见表7.81）。

表7.81　　对近年来地方政府的产业园区开发的实际成效的评价（%）

	很好	较好	不太好	很不好	不清楚
总体	1.1	21.7	49.2	19.7	8.3
东部地区企业	1.0	20.9	49.7	18.6	9.8
中部地区企业	1.0	23.1	48.9	19.2	7.8
西部地区企业	1.6	22.7	47.3	24.4	4.0

关于对今年以来企业所在地政府的招商引资力度的评价，调查结果显示，认为力度"没什么变化"的企业经营者占31.4%，"力度减弱"的占27%，"有所加大"或"明显加大"的占22.8%，"不清楚"的占18.8%。其中，东部地区企业认为"力度减弱"的比重相对较高（见表7.82）。

表7.82　　对今年以来企业所在地政府的招商引资力度的判断（%）

	明显加大	有所加大	没什么变化	力度减弱	不清楚
总体	6.6	16.2	31.4	27.0	18.8
东部地区企业	5.6	13.6	30.8	29.6	20.4
中部地区企业	7.0	16.4	33.5	24.7	18.4
西部地区企业	9.5	25.1	30.2	21.5	13.7

关于企业所在地知识产权保护法规的完善情况，调查结果显示，认为“不够完善”的企业经营者占46.9%，“很不完善”的占4.5%，“比较完善”的占47.2%，“十分完善”的占1.4%。其中，中西部地区企业认为“不够完善”的比重相对较高，东部地区企业认为“比较完善”的比重相对较高（见表7.83）。

表7.83　对企业所在地知识产权保护法规的完善情况的判断（%）

	十分完善	比较完善	不够完善	很不完善
总体	1.4	47.2	46.9	4.5
东部地区企业	1.5	48.7	45.2	4.6
中部地区企业	1.2	45.3	49.0	4.5
西部地区企业	1.7	44.1	49.7	4.5

关于企业所在地知识产权保护法规的执行情况，调查结果显示，认为“不够严格”的企业经营者占49%，“很不严格”的占5%，“比较严格”的占44.5%，“十分严格”的占1.5%。其中，西部地区企业认为“不够严格”的比重相对较高，东部地区企业认为“比较严格”的比重相对较高（见表7.84）。

调查表明，总体来看，企业经营者认为目前我国知识产权保护法规的完善和执行仍有待改进，特别是西部地区相对较差。

表7.84　对企业所在地知识产权保护法规的执行情况的判断（%）

	十分严格	比较严格	不够严格	很不严格
总体	1.5	44.5	49.0	5.0
东部地区企业	1.3	46.4	47.4	4.9
中部地区企业	0.9	42.3	51.9	4.9
西部地区企业	2.9	40.8	51.0	5.3

7.5.3　推进各项改革，促进企业转型升级

调查发现，一方面企业经营者主动转型和创新，应对当前发展中的困难与挑战，另一方面企业经营者也期待政府进一步深化改革，鼓励和推动企业转型升级。本次调查了解了企业经营者对今年以来政府推动的各项改革成效的评

价。调查结果显示，认为“完善资本市场”“不太有效”的占35.7%，“有些效果”的占48.9%，“成效很大”或“成效较大”的占15.4%（见表7.85）；认为“优化公平竞争的市场环境”“不太有效”的占34.6%，“有些效果”的占48.3%，“成效很大”或“成效较大”的占17.1%（见表7.85）；认为“大众创业、万众创新”“不太有效”的占32.2%，“有些效果”的占47.5%，“成效很大”或“成效较大”的占20.3%（见表7.85）；认为“营业税改征增值税”“不太有效”的占21.4%，“有些效果”的占57.5%，“成效很大”或“成效较大”的占21.1%（见表7.85）；认为“降低小微企业税负等减税措施”“不太有效”的占25.4%，“有些效果”的占47.9%，“成效很大”或“成效较大”的占26.7%（见表7.80）；认为“简政放权”“不太有效”的占22.7%，“有些效果”的占47.6%，“成效很大”或“成效较大”的占29.7%（见表7.85）；认为“实施新《环保法》”“不太有效”的占12%，“有些效果”的占53.2%，“成效很大”或“成效较大”的占34.8%（见表7.85）；调查表明，总体来看，大多数企业经营者认为今年以来政府推动的各项改革和政策的成效尚未显现，特别是在完善资本市场、优化市场环境、大众创业万众创新等方面成效相对较小（见表7.85）。

表7.85　　对今年以来推动的有关改革/政策的评价（%）

	成效很大	成效较大	有些效果	不太有效	成效很大+成效较大
实施新《环保法》	6.8	28.0	53.2	12.0	34.8
简政放权	6.6	23.1	47.6	22.7	29.7
降低小微企业税负等减税措施	5.1	21.6	47.9	25.4	26.7
营业税改征增值税	3.5	17.6	57.5	21.4	21.1
大众创业、万众创新	4.6	15.7	47.5	32.2	20.3
优化公平竞争的市场环境	2.6	14.5	48.3	34.6	17.1
完善资本市场	2.6	12.8	48.9	35.7	15.4

调查还发现，企业经营者认为仍有一些改革措施还有待进一步落实和完善。调查结果显示，超过三成（30.3%）的企业经营者表示对参与混合所有制改革“不太积极”，比2014年的调查结果高了12.4个百分点，表示“不感兴趣”的占23.9%，“比较积极”的占39.9%，“非常积极”的占5.9%。其中，

东部地区企业、小型企业、外资企业和民营企业表示“不感兴趣”的比重相对较高（见表7.86）。

表7.86　企业参与混合所有制经济改革的积极性（%）

		非常积极	比较积极	不太积极	不感兴趣
总体	2015年	5.9	39.9	30.3	23.9
	2014年	12.9	45.4	17.9	23.8
东部地区企业		4.5	37.4	30.8	27.3
中部地区企业		8.6	42.4	29.5	19.5
西部地区企业		7.1	44.8	29.9	18.2
大型企业		8.2	42.6	27.5	21.7
中型企业		6.5	38.4	32.4	22.7
小型企业		5.3	40.0	29.8	24.9
国有及国有控股公司		14.2	49.4	25.3	11.1
外商及港澳台投资企业		2.7	27.7	33.0	36.6
民营企业		5.4	37.6	31.0	26.0

今年以来，我国证券市场经历了较大幅度的波动，本次调查发现，企业经营者对于当前我国证券市场的发展现状对实体经济的影响的评价呈现明显分化：认为当前我国证券市场的发展对实体经济“有负面影响”的企业经营者占33.1%，认为“影响不大”的占35.8%，“有些积极作用”的占28.7%，“明显积极作用”的占2.4%。其中，东部和中部地区企业、小型企业、民营企业认为“有负面影响”的比重相对较高，西部地区企业、大型企业和国有及国有控股公司认为“有些积极作用”的比重相对较高（见表7.87）。

表7.87　当前我国证券市场的发展现状对实体经济的影响（%）

	明显积极推动	有些积极作用	影响不大	有负面影响
总体	2.4	28.7	35.8	33.1
东部地区企业	2.3	27.4	36.3	34.0
中部地区企业	2.4	29.0	35.4	33.2
西部地区企业	2.4	32.9	34.5	30.2

续表

	明显积极推动	有些积极作用	影响不大	有负面影响
大型企业	2.9	33.9	31.8	31.4
中型企业	2.9	27.8	37.1	32.2
小型企业	2.1	28.3	36.0	33.6
国有及国有控股公司	1.6	40.3	30.4	27.7
外商及港澳台投资企业	1.8	26.8	39.3	32.1
民营企业	2.4	26.5	36.9	34.2

此外，调查还发现，企业经营者希望政府稳步推进我国的金融市场开放。调查结果显示，认为应当“稳步推进”包括人民币国际化在内的金融市场开放政策的企业经营者占59%，认为“审慎发展”的占30.5%，认为“积极推进”的占9.1%，认为“暂不开放”的占1.4%（见表7.88）。

表7.88　企业家对包括人民币国际化在内的金融市场开放政策的态度（%）

	积极推进	稳步推进	审慎发展	暂不开放
总体	9.1	59.0	30.5	1.4
东部地区企业	9.6	59.8	29.4	1.2
中部地区企业	8.9	57.5	31.5	2.1
西部地区企业	7.0	58.6	33.2	1.2
大型企业	8.2	61.2	28.6	2.0
中型企业	10.8	59.0	29.2	1.0
小型企业	8.6	58.8	31.1	1.5
国有及国有控股公司	7.9	60.9	29.6	1.6
外商及港澳台投资企业	14.5	56.4	27.3	1.8
民营企业	8.7	59.0	31.1	1.2

调查还显示，与去年同期相比，今年以来企业与政府打交道的时间有所减少，同时企业经营者也希望，企业获得政府支持的程度进一步增强。调查结果显示，与去年同期相比，认为今年以来企业与政府打交道的时间“明显减少”或“有所减少”的企业经营者占36.5%，“基本未变”的占42.9%，“有所增加”或“明显增加”的占20.6%。与政府打交道时间减少的比增加的多15.9

个百分点，与2014年的调查结果大体一致，这表明今年以来企业与政府打交道的时间有所减少，这也在一定程度上反映出简政放权的相关措施取得了一定成效（见表7.89）。

表7.89　与去年同期相比，今年以来企业在“与政府打交道时间”方面的变化情况（%）

		明显减少	有所减少	基本未变	有所增加	明显增加	评价值
总体	2015年	8.9	27.6	42.9	15.0	5.6	2.81
	2014年	7.3	28.4	46.4	13.8	4.1	2.79
东部地区企业		8.8	27.6	45.5	12.4	5.7	2.79
中部地区企业		9.5	26.8	39.2	19.2	5.3	2.84
西部地区企业		8.6	28.9	38.8	18.0	5.7	2.83
大型企业		6.2	27.7	40.1	19.8	6.2	2.92
中型企业		7.5	29.8	43.8	12.8	6.1	2.80
小型企业		9.9	26.7	43.0	15.0	5.4	2.79
国有及国有控股公司		2.8	25.4	43.7	21.5	6.6	3.04
外商及港澳台投资企业		7.2	24.3	48.7	15.3	4.5	2.86
民营企业		9.7	28.2	42.4	14.0	5.7	2.78

注：评价值是由（“明显减少”＋“有所减少”×2＋“基本未变”×3＋“有所增加”×4＋“明显增加”×5）/100计算得出的，分值范围为1～5，中值为3，表示企业与政府打交道时间与去年相比没有变化。评价值高于3时，分值越高，表示企业与政府打交道时间比去年增加越多；评价值低于3时，分值越低，表示企业与政府打交道时间比去年减少越多。

不过值得注意的是，在与政府打交道的时间有所减少的同时，企业经营者也表示企业获得政府支持的程度未见增强。调查结果显示，与去年同期相比，认为今年以来企业获得政府支持的程度“明显减少”或“有所减少”的企业经营者占24%，“基本未变”的占57.7%，“有所增加”或“明显增加”的占18.3%。以5分制计算，企业在“获得政府支持的程度”方面的得分为2.86，低于中值3，与2014年的调查结果大致相当，这表明今年以来企业获得政府支持的程度未见增强（见表7.90）。

表 7.90　　与去年同期相比，今年以来企业在"获得政府支持的程度"方面的变化情况（%）

		明显减少	有所减少	基本未变	有所增加	明显增加	评价值
总体	2015 年	10.4	13.6	57.7	16.1	2.2	2.86
	2014 年	9.9	14.1	62.0	12.2	1.8	2.82
东部地区企业		10.3	14.1	59.3	14.9	1.4	2.83
中部地区企业		9.8	11.0	57.5	18.2	3.5	2.95
西部地区企业		11.6	15.7	51.5	17.8	3.4	2.86
大型企业		7.3	11.8	56.4	20.8	3.7	3.02
中型企业		11.4	12.6	57.9	16.5	1.6	2.84
小型企业		10.6	14.4	57.5	15.2	2.3	2.84
国有及国有控股公司		5.9	13.0	58.9	18.4	3.8	3.01
外商及港澳台投资企业		8.8	13.3	62.8	14.2	0.9	2.85
民营企业		11.3	13.7	57.2	15.7	2.1	2.84

注：评价值是由（"明显减少"＋"有所减少"×2＋"基本未变"×3＋"有所增加"×4＋"明显增加"×5）/100 计算得出的，分值范围为 1～5，中值为 3，表示企业获得政府支持的程度与去年相比没有变化。评价值高于 3 时，分值越高，表示企业获得政府支持的程度比去年增加越多；评价值低于 3 时，分值越低，表示企业获得政府支持的程度比去年减少越多。

调查发现，总体来看，企业经营者认为今年以来政府推动的各项改革和政策尚处于初步落实阶段，成效的取得会是渐进的，需要一个过程。因此，企业经营者期望政府加快落实与企业发展有关的一系列政策，积极推进各项改革，尤其是要减少企业税费负担，完善混合所有制改革的相关政策，引导证券市场健康有序发展，稳步推进包括人民币国际化在内的金融市场开放政策，为企业转型和"大众创业、万众创新"创造良好的外部环境。

（注：凡引用此报告者均需注明引自中国企业家调查系统
——《2015·中国企业经营者问卷跟踪调查报告》）

执笔：李兰

参考文献

[1] Afuah, Allan. (2003). Redefining firm boundaries in the face of the internet: are firms really shrinking? *Academy of Management Review*, 28 (1), 34 – 53.

[2] Afuah, Allan, & Tucci, Christopher L. (2012). Crowdsourcing as a solution to distant search. *Academy of Management Review*, 37 (3), 355 – 375.

[3] Alavi, Maryam, & Leidner, Dorothy E. (2001). Review: Knowledge management and knowledge management systems: Conceptual foundations and research issues. *MIS quarterly*, 107 – 136.

[4] Alt, Rainer, & Zimmermann, Hans – Dieter. (2001). Introduction to special section – business models. *Electronic Markets – The International Journal*, 11 (1), 1019 – 6781.

[5] Argyres, Nicholas, & Bigelow, Lyda. (2010). Innovation, modularity, and vertical deintegration: Evidence from the early US auto industry. *Organization Science*, 21 (4), 842 – 853.

[5] Baldwin, Carliss Young. (2008). Where do transactions come from? Modularity, transactions, and the boundaries of firms. *Industrial and corporate change*, 17 (1), 155 – 195.

[6] Baldwin, Carliss Young, & Clark, Kim B. (2000). *Design rules: The power of modularity* (Vol. 1): Mit Press.

[7] Bartol, Kathryn M, & Srivastava, Abhishek. (2002). Encouraging knowledge sharing: The role of organizational reward systems. *Journal of Leadership & Organizational Studies*, 9 (1), 64 – 76.

[8] Bauer, Hans H, Barnes, Stuart J, Reichardt, Tina, & Neumann, Marcus M. (2005). Driving consumer acceptance of mobile marketing: A theoretical framework and empirical study. *Journal of electronic commerce research*, 6 (3), 181 – 192.

[9] Berthon, Pierre R, Pitt, Leyland F, Plangger, Kirk, & Shapiro, Daniel. (2012). Marketing meets Web 2.0, social media, and creative consumers: Implications for international marketing strategy. *Business Horizons*, 55 (3), 261 – 271.

[10] Birkinshaw, Julian, & Gupta, Kamini. (2013). Clarifying the distinctive contribution of ambidexterity to

the field of organization studies. *The Academy of Management Perspectives*, amp. 2012. 0167.

[11] Bogers, Marcel, Afuah, Allan, & Bastian, Bettina. (2010). Users as innovators: a review, critique, and future research directions. *Journal of management.*

[12] Brynjolfsson, Erik, Malone, Thomas W, Gurbaxani, Vijay, & Kambil, Ajir. (1994). An empirical analysis of the relationship between information technology and firm size. *Management Science*, 40, 1628 – 1644.

[13] Cachon, Gérard P, & Fisher, Marshall. (2000). Supply chain inventory management and the value of shared information. *Management science*, 46 (8), 1032 – 1048.

[14] Callahan, John, & Lasry, Eytan. (2004). The importance of customer input in the development of very new products. *R&D Management*, 34 (2), 107 – 120.

[15] Cao, Lan, Mohan, Kannan, Ramesh, Balasubramaniam, & Sarkar, Sumantra. (2013). Evolution of governance: achieving ambidexterity in IT outsourcing. *Journal of Management Information Systems*, 30 (3), 115 – 140.

[16] Casadesus – Masanell, Ramon, & Ricart, Joan Enric. (2010). From strategy to business models and onto tactics. *Long range planning*, 43 (2), 195 – 215.

[17] Chandrasekar Subramaniam, Michael J Shaw. (2002). A study of the value and impact of B2B e – commerce: the case of web – based procurement. *International Journal of Electronic Commerce*, 6 (4), 19 – 40.

[18] Chatterjee, Patrali, Hoffman, Donna L, & Novak, Thomas P. (2003). Modeling the clickstream: Implications for web – based advertising efforts. *Marketing Science*, 22 (4), 520 – 541.

[19] Chen, Injazz J, & Paulraj, Antony. (2004). Towards a theory of supply chain management: the constructs and measurements. *Journal of operations management*, 22 (2), 119 – 150.

[20] Chesbrough, Henry, & Rosenbloom, Richard S. (2002). The role of the business model in capturing value from innovation: evidence from Xerox Corporation' s technology spin - off companies. *Industrial and corporate change*, 11 (3), 529 – 555.

[21] Childers, Terry L. (1986). Assessment of the psychometric properties of an opinion leadership scale. *Journal of Marketing Research*, 184 – 188.

[22] Chiu, Chao - Min, Wang, Eric TG, Fang, Yu - Hui, & Huang, Hsin - Yi. (2014). Understanding customers' repeat purchase intentions in B2C e - commerce: the roles of utilitarian value, hedonic value and perceived risk. *Information Systems Journal*, 24 (1), 85 – 114.

[23] Choi, Thomas Y, Dooley, Kevin J, & Rungtusanatham, Manus. (2001). Supply networks and complex adaptive systems: control versus emergence. *Journal of operations management*, 19 (3), 351 – 366.

[24] Christensen, Clayton. (2013). *The innovator' s dilemma: when new technologies cause great firms to fail*: Harvard Business Review Press.

[25] Christopher, Martin. (2000). The agile supply chain: competing in volatile markets. *Industrial marketing management*, 29 (1), 37 – 44.

[26] Cohen, Wesley M, & Levinthal, Daniel A. (1990) . Absorptive capacity: a new perspective on learning and innovation. *Administrative science quarterly*, 128 – 152.

[27] Croom, Simon. (2001) . Restructuring supply chains through information channel innovation. *International Journal of Operations & Production Management*, 21 (4), 504 – 515.

[28] Crossan, Mary M, & Apaydin, Marina. (2010) . A multi - dimensional framework of organizational innovation: A systematic review of the literature. *Journal of management studies*, 47 (6), 1154 – 1191.

[29] Cui, Tingru, Ye, Hua Jonathan, Teo, Hock Hai, & Li, Jizhen. (2014) . Information Technology and Open Innovation: A Strategic Alignment Perspective. *Information & Management.*

[30] Daft, Richard. (1998) . *Organization theory and design.* Georgetown: Southwestern College Press.

[31] Dahan, Ely, & Hauser, John R. (2002a) . Managing a dispersed product development process. *Handbook of Marketing, B. Weitz und R. Wensley, Eds. Thousand Oaks, CA: Sage Publications Inc.*

[32] Dahan, Ely, & Hauser, John R. (2002b) . The virtual customer. *Journal of Product Innovation Management*, 19 (5), 332 – 353.

[33] Dahan, Ely, & Srinivasan, V. (2000) . The predictive power of internet - based product concept testing using visual depiction and animation. *Journal of product innovation management*, 17 (2), 99 – 109.

[34] Dahl, Darren W, & Moreau, C Page. (2007) . Thinking inside the box: Why consumers enjoy constrained creative experiences. *Journal of Marketing Research*, 44 (3), 357 – 369.

[35] Darroch, Jenny. (2003) . Developing a measure of knowledge management behaviors and practices. *Journal of knowledge management*, 7 (5), 41 – 54.

[36] Deighton, John, & Kornfeld, Leora. (2010) . United breaks guitars. *HBS Case* (510 – 057) .

[37] Drucker, Peter, F. (1993) . Post – capitalist society. *NY: Harper Business.*

[38] Ellis – Chadwick, Fiona, & Doherty, Neil F. (2012) . Web advertising: The role of e – mail marketing. *Journal of Business Research*, 65 (6), 843 – 848.

[39] Ellison, Nicole B. (2007) . Social network sites: Definition, history, and scholarship. *Journal of Computer-Mediated Communication*, 13 (1), 210 – 230.

[40] Füller, Johann, Hutter, Katja, & Faullant, Rita. (2011) . Why co - creation experience matters? Creative experience and its impact on the quantity and quality of creative contributions. *R&D Management*, 41 (3), 259 – 273.

[41] FüLler, Johann, MüHlbacher, Hans, Matzler, Kurt, & Jawecki, Gregor. (2009) . Consumer empowerment through Internet – based co – creation. *Journal of Management Information Systems*, 26 (3), 71 – 102.

[42] Füller, Johann, & Matzler, Kurt. (2007) . Virtual product experience and customer participation—A chance for customer – centred, really new products. *Technovation*, 27 (6), 378 – 387.

[43] Finch, Byron J. (1999) . Internet discussions as a source for consumer product customer involvement and quality information: an exploratory study. *Journal of Operations Management*, 17 (5), 535 – 556.

[44] Forsythe, Robert, Nelson, Forrest, Neumann, George R, & Wright, Jack. (1992) . Anatomy of an experimental political stock market. *The American Economic Review*, 1142 – 1161.

[45] Franke, Nikolaus, & Hader, Christopher. (2014) . Mass or Only "Niche Customization"? Why We Should Interpret Configuration Toolkits as Learning Instruments. *Journal of Product Innovation Management*, 31 (6), 1214 – 1234.

[46] Franke, Nikolaus, & Piller, Frank. (2004) . Toolkits for user innovation and design: an exploration of user interaction and value creation. *Journal of Product Innovation Management*, 21 (6), 401 – 415.

[47] Franke, Ulrich J. (1999) . The virtual web as a new entrepreneurial approach tonetwork organizations. *Entrepreneurship & regional development*, 11 (3), 203 – 229.

[48] Funk, Jeffrey L. (2011) . Standards, critical mass, and the formation of complex industries: A case study of the mobile Internet. *Journal of Engineering and Technology Management*, 28 (4), 232 – 248.

[49] Garrigos, F, Gil, I, Narangajavana, Y, Beckford, AM, & Larsen, JP. (2011) . The impact of social networks in the competitiveness of the firms. *Competitiveness: psychology, production, impact and global trends. Nova Science Publishers, Inc, Hauppauge.*

[50] Gebauer, Johannes, Füller, Johann, & Pezzei, Roland. (2013) . The dark and the bright side of co – creation: Triggers of member behavior in online innovation communities. *Journal of Business Research*, 66 (9), 1516 – 1527.

[51] Gharavi, Hosein, Roger, & Sor, MD. (2006) . Population ecology, institutionalism and the internet: Travel agencies evolving into middlemen. *Journal of Organizational Change Management*, 19 (2), 104 – 118.

[52] Grant, Ian, & O' Donohoe, Stephanie. (2007) . Why young consumers are not open to mobile marketing communication. *International Journal of Advertising*, 26 (2), 223 – 246.

[53] Grieves, Jim. (2000) . Introduction: the origins of organizational development. *Journal of Management Development*, 19 (5), 345 – 447.

[54] Gruner, Kjell E, & Homburg, Christian. (2000) . Does customer interaction enhance new product success? *Journal of business research*, 49 (1), 1 – 14.

[55] Gulati, Ranjay. (1998) . Alliances and networks. *Strategic management journal*, 19 (4), 293 – 317.

[56] Gupta, Shalini, & Jones, Erick. (2014) . Optimizing Supply Chain Distribution using Cloud based Autonomous Information. *International Journal of Supply Chain Management*, 3 (4) .

[57] Håkansson, Håkan, & Ford, David. (2002) . How should companies interact in business networks? *Journal of business research*, 55 (2), 133 – 139.

[58] Harris, Lloyd, Russel – Bennett, Rebekah, Fisk, Ray, Grove, Stephen, Harris, Lloyd C, Keeffe, Dominique A, ... Wirtz, Jochen. (2010) . Customers behaving badly: a state of the art review, research agenda and implications for practitioners. *Journal of Services Marketing*, 24 (6), 417 – 429.

[59] Hedlund, Gunnar. (1994) . A model of knowledge management and the N - form corporation. *Strategic management journal*, 15 (S2), 73 - 90.

[60] Heinonen, Kristina, & Strandvik, Tore. (2007) . Consumer responsiveness to mobile marketing. *International Journal of Mobile Communications*, 5 (6), 603 - 617.

[61] Hende, Ellis A, Dahl, Darren W, Schoormans, Jan PL, & Snelders, Dirk. (2012) . Narrative transportation in concept tests for really new products: The moderating effect of reader - protagonist similarity. *Journal of Product Innovation Management*, 29 (S1), 157 - 170.

[62] Hende, Ellis A, & Schoormans, Jan PL. (2012) . The story is as good as the real thing: Early customer input on product applications of radically newtechnologies. *Journal of Product Innovation Management*, 29 (4), 655 - 666.

[63] Hendriks, Paul. (1999) . Why share knowledge? The influence of ICT on the motivation for knowledge sharing. *Knowledge and process management*, 6 (2), 91 - 100.

[64] Henfridsson, Ola, Mathiassen, Lars, & Svahn, Fredrik. (2014) . Managing technological change in the digital age: the role of architectural frames. *Journal of Information Technology*, 29 (1), 27 - 43.

[65] Hippel, Eric. (2001) . User toolkits for innovation. *Journal of product innovation management*, 18 (4), 247 - 257.

[66] Hoegg, Roman, Martignoni, Robert, Meckel, Miriam, & Stanoevska - Slabeva, Katarina. (2006) . Overview of business models for Web 2. 0 communities. *Proceedings of GeNeMe*, 2006, 23 - 37.

[67] Holweg, Matthias, & Pil, Frits K. (2005) . The second century: reconnecting customer and value chain through build - to - order moving beyond mass and lean in the auto industry. *MIT Press Books*, 1.

[68] Hong, Ilyoo B, & Cho, Hwihyung. (2011) . The impact of consumer trust on attitudinal loyalty and purchase intentions in B2C e - marketplaces: Intermediary trust vs. seller trust. *International Journal of Information Management*, 31 (5), 469 - 479.

[69] Hsu, I Chieh. (2006) . Enhancing employee tendencies to share knowledge—Case studies of nine companies in Taiwan. *International Journal of Information Management*, 26 (4), 326 - 338.

[70] Hsu, Meng - Hsiang, Ju, Teresa L, Yen, Chia - Hui, & Chang, Chun - Ming. (2007) . Knowledge sharing behavior in virtual communities: The relationship between trust, self - efficacy, and outcome expectations. *International Journal of Human - Computer Studies*, 65 (2), 153 - 169.

[71] Huang, Lei, Jin, Haoqiang, Yi, Liqi, & Chapman, Barbara. (2010) . Enabling locality - aware computations in OpenMP. *Scientific Programming*, 18 (3 - 4), 169 - 181.

[72] Huber, George P. (1990) . A theory of the effects of advanced information technologies on organizational design, intelligence, and decision making. *Academy of management review*, 15 (1), 47 - 71.

[73] Iansiti, Marco. (1995) . Shooting the rapids: Managing product development in turbulent environments. *California Management Review*, 38, 37 - 58.

[74] Jarvenpaa, Sirkka L, Tractinsky, Noam, & Saarinen, Lauri. (1999). Consumer trust in an internet store: a cross - cultural validation. *Journal of Computer - Mediated Communication*, 5 (2), 0 – 0.

[75] Jayasingam, Sharmila, Ansari, Mahfooz A, Ramayah, T, & Jantan, Muhamad. (2013). Knowledge management practices and performance: are they truly linked? . *Knowledge Management Research & Practice*, 11 (3), 255 – 264.

[76] Jeppesen, Lars Bo. (2005). User toolkits for innovation: Consumers support each other. *Journal of Product Innovation Management*, 22 (4), 347 – 362.

[77] Jin, Haoqiang, Jespersen, Dennis, Mehrotra, Piyush, Biswas, Rupak, Huang, Lei, &Chapman, Barbara. (2011). High performance computing using MPI and OpenMP on multi – core parallel systems. *Parallel Computing*, 37 (9), 562 – 575.

[78] Kaiser, Stephan, Müller – Seitz, Gordon, Lopes, Miguel Pereira, & e Cunha, Miguel Pina. (2007). Weblog – technology as a trigger to elicit passion for knowledge. *Organization*, 14 (3), 391 – 412.

[79] Kallinikos, Jannis, Aaltonen, Aleksi, & Marton, Attila. (2013). The ambivalent ontology of digital artifacts. *Mis Quarterly*, 37 (2), 357 – 370.

[80] Kano, Noriaki, Seraku, Nobuhiko, Takahashi, Fumio, & Tsuji, Shinichi. (1984). Attractive quality and must be quality.

[81] Kaulio, Matti A. (1998). Customer, consumer and user involvement in product development: A framework and a review of selected methods. *Total Quality Management*, 9 (1), 141 – 149.

[82] Kohler, Thomas, Fueller, Johann, Matzler, Kurt, & Stieger, Daniel. (2011). Co – creation in virtual worlds: the design of the user experience. *MIS quarterly*, 35 (3), 773 – 788.

[83] Kuan, Huei – Huang, Bock, Gee – Woo, & Vathanophas, Vichita. (2008). Comparing the effects of website quality on customer initial purchase and continued purchase at e – commerce websites. *Behaviour & Information Technology*, 27 (1), 3 – 16.

[84] Lüthje, Christian. (2004). Characteristics of innovating users in a consumer goods field: An empirical study of sport related product consumers. *Technovation*, 24 (9), 683 – 695.

[85] Leimeister, Jan Marco, Huber, Michael, Bretschneider, Ulrich, & Krcmar, Helmut. (2009). Leveraging crowdsourcing: activation – supporting components for IT – based ideas competition. *Journal of management information systems*, 26 (1), 197 – 224.

[86] Lengel, Robert H, & Daft, Richard L. (1984). An exploratory analysis of the relationship between media richness and managerial information processing: DTIC Document.

[87] Levy, Moria. (2009). WEB 2.0 implications on knowledge management. *Journal of knowledge management*, 13 (1), 120 – 134.

[88] Li, Shuliang, Li, Jim Zheng, & Li, Simon SL. (2013). *A Web – based hybrid system for evaluating marketing and e – commerce web site performance.* Paper presented at the Digital Manufacturing and Automation

(ICDMA), 2013 Fourth International Conference on.

[89] Lilien, Gary L, Morrison, Pamela D, Searls, Kathleen, Sonnack, Mary, & Hippel, Eric von. (2002). Performance assessment of the lead user idea – generation process for new product development. *Management science*, 48 (8), 1042 – 1059.

[90] Lin, Fu – ren, Lin, Sheng – cheng, & Huang, Tzu – ping. (2008) . Knowledge sharing and creation in a teachers' professional virtual community. *Computers & Education*, 50 (3), 742 – 756.

[91] Lojacono, Gabriella, & Zaccai, Gianfranco. (2012) . The evolution of the design – – inspired enterprise. *MIT Sloan management review*, 45 (3) .

[92] Lyytinen, Kalle, & Rose, Gregory M. (2003) . The disruptive nature of information technology innovations: the case of internet computing in systems development organizations. *MIS quarterly*, 557 – 596.

[93] Ma, Will WK, & Chan, Albert. (2014) . Knowledge sharing and social media: Altruism, perceived online attachment motivation, and perceived online relationship commitment. *Computers in Human Behavior*, 39, 51 – 58.

[94] MacCormack, Alan, Verganti, Roberto, & Iansiti, Marco. (2001) . Developing products on "Internet time": The anatomy of a flexible development process. *Management science*, 47 (1), 133 – 150.

[95] Madhavaram, Sreedhar, & Appan, Radha. (2010) . The potential implications of web - based marketing communications for consumers' implicit and explicit brand attitudes: A call for research. *Psychology & Marketing*, 27 (2), 186 – 202.

[96] Mahadevan, B. (2000) . Business models for Internet – based e – commerce. *California management review*, 42 (4), 55 – 69.

[97] Malone, Thomas W, Yates, Joanne, & Benjamin, Robert I. (1987) . Electronic markets and electronic hierarchies. *Communications of the ACM*, 30 (6), 484 – 497.

[98] Markus, M Lynne, & Robey, Daniel. (1988) . Information technology and organizational change: causal structure in theory and research. *Management science*, 34 (5), 583 – 598.

[99] Megdadi, Younes AA, & Nusair, Talal Taher. (2011) . Shopping Consumer Attitudes toward Mobile Marketing: A Case Study among Jordanian User' s. *International Journal of Marketing Studies*, 3 (2) .

[100] Mintzberg, Henry, & Van der Heyden, Ludo. (1999) . Organigraphs: Drawing how companies really work. *Harvard Business Review*, 77, 87 – 95.

[101] Molla, Alemayehu, & Licker, Paul S. (2001) . E – Commerce Systems Success: An Attempt to Extend and Respecify the Delone and MaClean Model of IS Success. *J. Electron. Commerce Res.*, 2 (4), 131 – 141.

[102] Morris, Michael, Schindehutte, Minet, & Allen, Jeffrey. (2005) . The entrepreneur' s business model: toward a unified perspective. *Journal of business research*, 58 (6), 726 – 735.

[103] Morrison, Pamela D, Roberts, John H, & Midgley, David F. (2004) . The nature of lead users and

measurement of leading edge status. *Research Policy*, 33 (2), 351 – 362.

[104] Nambisan, Satish. (2002) . Designing virtual customer environments for new product development: Toward a theory. *Academy of Management Review*, 27 (3), 392 – 413.

[105] Nambisan, Satish, & Baron, Robert A. (2010) . Different roles, different strokes: Organizing virtual customer environments to promote two types of customer contributions. *Organization Science*, 21 (2), 554 – 572.

[106] Nambisan, Satish, & Nambisan, Priya. (2008) . How to Profit From a Better¿ Virtual Customer Environment¿. *MIT Sloan management review*, 49 (3), 53 – 61.

[107] Nonaka, Ikujiro. (1994) . A dynamic theory of organizational knowledge creation. *Organization science*, 5 (1), 14 – 37.

[108] O' Keefe, Robert M, & McEachern, Tim. (1998) . Web – based customer decision support systems. *Communications of the ACM*, 41 (3), 71 – 78.

[109] O' Reilly, Tim. (2007) . What is Web 2. 0: Design patterns and business models for the next generation of software. *Communications & strategies* (1), 17.

[110] O Reilly, Charles A, & Tushman, Michael L. (2004) . The ambidextrous organization. *Harvard business review*, 82 (4), 74 – 83.

[111] Panahi, Sirous, Watson, Jason, & Partridge, Helen. (2012) . Social media and tacit knowledge sharing: developing a conceptual model. *World academy of science, engineering and technology* (64), 1095 – 1102.

[112] Panahi, Sirous, Watson, Jason, & Partridge, Helen. (2013) . Towards tacit knowledge sharing over social web tools. *Journal of Knowledge Management*, 17 (3), 379 – 397.

[113] Park, C Whan, Jun, Sung Youl, & MacInnis, Deborah J. (2000) . Choosing what I want versus rejecting what I do not want: An application of decision framing to product option choice decisions. *Journal of Marketing Research*, 37 (2), 187 – 202.

[114] Pavlou, Paul A. (2003) . Consumer acceptance of electronic commerce: Integrating trust and risk with the technology acceptance model. *International journal of electronic commerce*, 7 (3), 101 – 134.

[115] Persaud, Ajax, & Azhar, Irfan. (2012) . Innovative mobile marketing via smartphones: are consumers ready? *Marketing Intelligence & Planning*, 30 (4), 418 – 443.

[116] Piller, Frank T, & Walcher, Dominik. (2006) . Toolkits for idea competitions: a novel method to integrate users in new product development. *r&D management*, 36 (3), 307 – 318.

[117] Pinsonneault, Alain, & Rivard, Suzanne. (1998) . Information technology and the nature of managerial work: from the productivity paradox to the Icarus paradox? *MIS quarterly*, 287 – 311.

[118] Piramuthu, Selwyn. (2005) . Knowledge – based framework for automated dynamic supply chain configuration. *European Journal of Operational Research*, 165 (1), 219 – 230.

[119] Poetz, Marion K, & Schreier, Martin. (2012) . The value of crowdsourcing: can users really compete with

professionals in generating new product ideas? *Journal of Product Innovation Management*, 29 (2), 245 - 256.

[120] Prandelli, Emanuela, Verona, Gianmario, & Raccagni, Deborah. (2006) . Diffusion of web - based product innovation. *California Management Review*, 48 (4), 109 - 135.

[121] Rappa, Michael A. (2004) . The utility business model and the future of computing services. *IBM Systems Journal*, 43 (1), 32 - 42.

[122] Rayport, Jeffrey F. (1999) . The truth about Internet business models. *Strategy and Business*, 5 - 7.

[123] Rheingold, Howard. (1993) . *The virtual community: Homesteading on the electronic frontier*: MIT press.

[124] Roach, Gemma. (2009) . Consumer perceptions of mobile phone marketing: a direct marketing innovation. *Direct marketing: an international journal*, 3 (2), 124 - 138.

[125] Robbins, Stephanie S, & Stylianou, Antonis C. (2003) . Global corporate web sites: an empirical investigation of content and design. *Information & Management*, 40 (3), 205 - 212.

[126] Sawhney, Mohanbir, & Prandelli, Emanuela. (2000) . Managing distributed innovation in turbulent markets. *California Management Review*, 42 (4), 24 - 54.

[127] Schilling, Melissa A, & Hill, Charles WL. (1998) . Managing the new product development process: Strategic imperatives. *The Academy of Management Executive*, 12 (3), 67 - 81.

[128] Shankar, Venkatesh, Venkatesh, Alladi, Hofacker, Charles, & Naik, Prasad. (2010) . Mobile marketing in the retailing environment: current insights and future research avenues. *Journal of interactive marketing*, 24 (2), 111 - 120.

[129] Sharma, Arun, & Sheth, Jagdish N. (2004) . Web - based marketing: The coming revolution in marketing thought and strategy. *Journal of Business Research*, 57 (7), 696 - 702.

[130] Simsek, Z., Heavey, C., Veiga, J. F., & Souder, D. (2009) . A typology for aligning organizational ambidexterity' s conceptualizations, antecedents, and outcomes. *Journal of Management Studies*, 46 (5), 864 - 894.

[131] Slywotzky, Adrian J. (1996) . Value migration. *Harvard Business School Press*, *Boston*.

[132] Snehota, Ivan, & Hakansson, Hakan. (1995) . *Developing relationships in business networks*: Routledge.

[133] Soto - Acosta, Pedro, Colomo - Palacios, Ricardo, & Popa, Simona. (2014) . Web knowledge sharing and its effect on innovation: an empirical investigation in SMEs. *Knowledge Management Research & Practice*, 12 (1), 103 - 113.

[134] Soukhoroukova, Arina, Spann, Martin, & Skiera, Bernd. (2012) . Sourcing, filtering, and evaluating new product ideas: an empirical exploration of the performance of idea markets. *Journal of Product Innovation Management*, 29 (1), 100 - 112.

[135] Spann, Martin, Ernst, Holger, Skiera, Bernd, & Soll, Jan Henrik. (2009) . Identification of Lead Users for Consumer Products via Virtual Stock Markets * . *Journal of Product Innovation Management*, 26

(3), 322 – 335.

[136] Srinivasan, V, Lovejoy, William S, & Beach, David. (1997) . Integrated product design for marketability and manufacturing. *Journal of Marketing Research*, 154 – 163.

[137] Steier, Lloyd, & Greenwood, Royston. (2000) . Entrepreneurship and the evolution of angel financial networks. *Organization Studies*, 21 (1), 163 – 192.

[138] Stevens, Greg A, & Burley, James. (1997) . 3, 000 raw ideas equals 1 commercial success! *Research – Technology Management*, 40 (3), 16.

[139] Stewart, David W, & Zhao, Qin. (2000) . Internet marketing, business models, and public policy. *Journal of Public Policy & Marketing*, 19 (2), 287 – 296.

[140] Subramani, Mani R, & Rajagopalan, Balaji. (2003) . Knowledge – sharing and influence in online social networks via viral marketing. *Communications of the ACM*, 46 (12), 300 – 307.

[141] Sydow, Jörg, & Windeler, Arnold. (1998) . Organizing and evaluating interfirm networks: A structurationist perspective on network processes and effectiveness. *Organization science*, 9 (3), 265 – 284.

[142] Tarantilis, Christos D, Kiranoudis, Chris T, & Theodorakopoulos, ND. (2008) . A Web – based ERP system for business services and supply chain management: Application to real – world process scheduling. *European Journal of Operational Research*, 187 (3), 1310 – 1326.

[143] Teece, David J. (2010) . Business models, business strategy and innovation. *Long range planning*, 43 (2), 172 – 194.

[144] Thomke, Stefan H. (1998) . Managing experimentation in the design of new products. *Management Science*, 44 (6), 743 – 762.

[145] Thompson, Paul, & O' Connell Davidson, Julia. (1995) . The continuity of discontinuity: Managerial rhetoric in turbulent times. *Personnel Review*, 24 (4), 7 – 33.

[146] Timmers, Paul. (1998) . Business models for electronic markets. *Electronic markets*, 8 (2), 3 – 8.

[147] Tiwana, Amrit. (2003). *The knowledge management toolkit: orchestrating IT, strategy, and knowledge platforms.* Upper Saddle River, NJ: Prentice Hall.

[148] Toubia, Olivier. (2006) . Idea generation, creativity, and incentives. *Marketing Science*, 25 (5), 411 – 425.

[149] Toubia, Olivier, & Florès, Laurent. (2007) . Adaptive idea screening using consumers. *Marketing Science*, 26 (3), 342 – 360.

[150] Tsai, Wen – Hsien, Chou, Wen – Chin, & Leu, Jun – Der. (2011) . An effectiveness evaluation model for the web – based marketing of the airline industry. *Expert Systems with Applications*, 38 (12), 15499 – 15516.

[151] Urban, Glen L, Hauser, John R, Qualls, William J, Weinberg, Bruce D, Bohlmann, Jonathan D, & Chicos, Roberta A. (1997) . Information acceleration: validation and lessons from the field. *Journal of Marketing Research*, 143 – 153.

[152] Urban, Glen L, & Von Hippel, Eric. (1988) . Lead user analyses for the development of new industrial products. *Management science*, 34 (5), 569 – 582.

[153] Van den Hooff, Bart, & De Ridder, Jan A. (2004) . Knowledge sharing in context: the influence of organizational commitment, communication climate and CMC use on knowledge sharing. *Journal of knowledge management*, 8 (6), 117 – 130.

[154] Venkatraman, N, & Henderson, C. (1996) . The Architecture of Virtual Organization: Leveraging Three Independent Vectors. Boston. *System Research Center*, *Boston University School of Management.*

[155] Von Hippel, Eric. (1986) . Lead users: a source of novel product concepts. *Management science*, 32 (7), 791 – 805.

[156] Von Hippel, Eric. (1994) . "Sticky information" and the locus of problem solving: implications for innovation. *Management science*, 40 (4), 429 – 439.

[157] Von Hippel, Eric, & Katz, Ralph. (2002) . Shifting innovation to users via toolkits. *Management science*, 48 (7), 821 – 833.

[158] Von Krogh, Georg. (2012) . How does social software change knowledge management? Toward a strategic research agenda. *The Journal of Strategic Information Systems*, 21 (2), 154 – 164.

[159] Wasko, Molly, Teigland, Robin, Leidner, Dorothy, & Jarvenpaa, Sirkka. (2011) . Stepping into the internet: New ventures in virtual worlds. *MIS Quarterly*, 35 (3), 645 – 652.

[160] Weigelt, Carmen, & Sarkar, MB. (2012) . Performance implications of outsourcing for technological innovations: managing the efficiency and adaptability trade - off. *Strategic Management Journal*, 33 (2), 189 – 216.

[161] Yu, Tai – Kuei, Lu, Long – Chuan, & Liu, Tsai – Feng. (2010) . Exploring factors that influence knowledge sharing behavior via weblogs. *Computers in Human Behavior*, 26 (1), 32 – 41.

[162] Yu, Xiaoyu, Chen, Yi, Nguyen, Bang, & Zhang, Wenhong. (2014) . Ties with government, strategic capability, and organizational ambidexterity: evidence from China' s information communication technology industry. *Information Technology and Management*, 15 (2), 81 – 98.

[163] Zhang, Yixiang, Fang, Yulin, Wei, Kwok – Kee, Ramsey, Elaine, McCole, Patrick, & Chen, Huaping. (2011) . Repurchase intention in B2C e – commerce—A relationship quality perspective. *Information & Management*, 48 (6), 192 – 200.

[164] Zott, Christoph, Amit, Raphael, & Massa, Lorenzo. (2011) . The business model: recent developments and future research. *Journal of management*, 37 (4), 1019 – 1042.

[165] 曼纽尔·卡斯特. 网络社会的崛起. 北京：社会科学文献出版社，2001

[166] 张钢等. 企业组织网络化发展. 杭州：浙江大学出版社，2005

[167] 赵纯均，陈剑，冯蔚东. 虚拟企业及其建构研究. 系统工程理论与实践，2002，10：49 – 55